Annika Koch

Abenteuer mit Migrantinnen & Migranten

Reihe Pädagogik
Band 45

Annika Koch

Abenteuer mit Migrantinnen & Migranten

Ein erlebnisorientiertes Konzept für die Interkulturelle Arbeit

Centaurus Verlag & Media UG

Zur Autorin:
Annika Koch arbeitete während des Studiums der Sozialen Arbeit (B.A.) an der Fachhochschule in Dortmund als freiberufliche Erlebnispädagogin mit Kindern und Jugendlichen. Derzeit ist sie Sozialarbeiterin in einem Stadtteilzentrum.

Bibliografische Informationen der Deutschen Nationalbibliothek
Die Deutsche Nationalbibliothek verzeichnet diese Publikation in der Deutschen National-bibliografie; detaillierte bibliografische Daten sind im Internet über http://dnb.d-nb.de ab-rufbar.

ISBN 978-3-86226-190-1   ISBN 978-3-86226-956-3 (eBook)
DOI 10.1007/978-3-86226-956-3

ISSN 0930-9462

Gedruckt auf säurefreiem und chlorfrei gebleichtem Papier.

© *CENTAURUS Verlag & Media KG, Freiburg 2012*
www.centaurus-verlag.de

Umschlagabbildung: Dan Kuta, Boxenluder inklusive. www.photocase.de
Umschlaggestaltung: Jasmin Morgenthaler, Visuelle Kommunikation
Satz: Vorlage der Autorin

Kurzfassung

Die vorliegende Arbeit mit dem Thema !Abenteuer mit Migrantinnen und Migranten. Ein erlebnisorientiertes Konzept für die Interkulturelle Arbeit! setzt sich mit der Thematik auseinander, wie Interkulturelle Arbeit sinnvoll und effektiv auf die Anforderungen einer modernen Gesellschaft eingehen kann.

Interkulturelle Pädagogik ist eine Fachdisziplin der Sozialen Arbeit, die das Ziel verfolgt, ein harmonisches Zusammenleben vieler Menschen unterschiedlicher Kulturen mittels bestimmter Kompetenzen zu fördern. Nach einer Erläuterung des Kulturbegriffs inklusive der Aspekte von Lebenswelten, Deutungs- und Orientierungsmustern, setzt sich die Autorin im zweiten Kapitel mit den Grundlagen von Sprache und Kommunikation sowie von Stereotypen und Vorurteilen auseinander, mit der Schlussfolgerung, dass Interkulturelle Pädagogik ein wichtiger und nötiger Teil Sozialer Arbeit ist.

Im dritten Kapitel geht die Autorin auf die Entwicklung der Ansätze von Interkultureller Pädagogik ein. Besprochen werden die Ausländerpädagogik, die klassische Interkulturelle Pädagogik sowie die Antidiskriminierungs- und Antirassismuspädagogik. Aus ihren Kritikpunkten entwickelten sich verschiedene moderne Ansätze, die ihre Perspektiven insgesamt auf die Förderung von Interkultureller Kompetenz durch Interkulturelles Lernen legen. Diese Interkulturellen Handlungskompetenz sowie die Interkulturelle Kommunikation werden im Hinblick auf die Lernmodelle Interkulturellen Lernens diskutiert, nachdem knapp die Methoden Interkultureller Bildung untersucht wurden.

Im vierten Kapitel werden die Grundlagen der Erlebnispädagogik erläutert. Dazu folgen nach einer Begriffsbestimmung von Erlebnis und Abenteuer, die frühen Ansätze von Erlebnispädagogik, gefolgt von heutigen Lern- und Wirkungsmodellen. Es werden die Anforderungen an den Sozialarbeiter beschrieben und die Bedeutung der Gruppe in der Erlebnispädagogik benannt.

Nach einer kurzen Einführung in die Konzeptentwicklung samt der Definition von Zielen und Methoden wird von der Autorin im fünften Kapitel ein erlebnispädagogisches Konzept für die Interkulturelle Arbeit entwickelt. Die vorherigen Kapitel dienen hierfür als Grundlage. Es folgt ein praktisches Beispiel für eine Umsetzung des Konzeptes in einer Schule in Kooperation mit einem Stadtteilzentrum sowie eine persönliche Stellungnahme am Ende.

1. Einleitung

In der gängigen Literatur hat der Begriff der Interkulturellen Arbeit viele Namen und Bezeichnungen. Alternativ zu ! Arbeit! wird von Interkultureller Pädagogik, Erziehungswissenschaft, Bildung und/oder Erziehung gesprochen, die im Endeffekt denselben fachlichen Kontext beschreiben und synonym verwendet werden können (vgl. Krüger-Potratz 2005: 22). In diesen Kapiteln wird zwischen Interkultureller Arbeit (Pädagogik, Erziehung, Bildung, etc.), Interkulturellem Lernen und Interkultureller Kompetenz unterschieden. Innerhalb der vorliegenden Arbeit bezeichnet Interkulturelle Arbeit eine Fachdisziplin mit geschulten Fachkräften, welche Interkulturelle Kompetenzen benötigen, um interkulturelle Lernprozesse ihres Klientel anzuregen, sodass sie in der Lage sind in interkulturellen Räumen zu agieren. Das Klientel des Sozialarbeiters verfügt über Interkulturelle Kompetenz sobald die ersten positiven Erfahrungen in Bezug auf Interkulturelles Lernen gemacht wurden. Sowohl das Klientel als die Zielgruppe wie auch der Sozialarbeiter können ihre Interkulturelle Kompetenz durch Interkulturelles Lernen erweitern.

Interkulturelle Pädagogik ist eine Fachdisziplin der Sozialen Arbeit, die im Zuge der Globalisierung und der stetigen Zunahme von Vielfalt in diverse Arbeitsfelder integriert werden kann und muss (vgl. Freise 2007: 19). Interkulturelle Arbeit soll dazu beitragen, dass Menschen verschiedener kultureller Abstammungen miteinander zurechtkommen, sich tolerieren und vor allem akzeptieren. Sie sollen in Begegnung kommen, ihre individuellen Ressourcen sollen gefördert und Probleme in der Verständigung behoben werden. Die Bevölkerung soll Interkulturelle Kompetenz erlangen und interkulturell kommunizieren lernen (vgl. Freise 2007: 19).

Für den Sozialarbeiter impliziert dies, dass seine Klienten aus verschiedenen Kulturen stammen können. Er muss sie im Hinblick auf ihren individuellen Hintergrund spezifisch beraten und sein Fachwissen anwenden können. Besonders für Gemeinwesen-, Sozialraum- oder Stadtteiljugendarbeit in sozialschwachen und kulturell gemischten Gebieten ergeben sich spezielle Anforderungen, weil es dort häufig zu problematischen Begegnungen zwischen verschiedenen Kulturen kommen kann. Der Sozialarbeiter muss dem Wortteil ! inter! (zwischen) besondere Aufmerksamkeit schenken, denn die Adressaten Interkultureller Arbeit sind zum einen Migranten verschiedener kultureller Abstammungen sowie ! Einheimische! (Freise 2007: 20). Soziale Arbeit findet zwischen, aber auch mit den Kulturen statt.

Im Zuge der Globalisierung gibt es viele Menschen, die ins Ausland wollen oder müssen. Diese können mit spezifischen interkulturellen Übungseinheiten darauf vorbereitet werden (vgl. Freise 2007: 20). Interkulturelle Soziale Arbeit bedient sich vier zentralen Arbeitsbereichen. In der sozialpädagogischen Variante wird ressourcen- und kontaktorientiert gearbeitet, hingegen in der sozialarbeiterischen Form mediativ und konfliktlösend. Ersteres bezieht sich auf Innergesellschaftliches, wie vorurteilabbauende Maßnahmen durch das Organisieren gemeinsamer Feste. Auf internationaler Ebene sind z. B. politische internationale Jugendarbeit oder die Teilnahme an Interkulturellen Trainings zu nennen. Die sozialarbeiterischen innergesellschaftlichen Methoden können z. B. Stadtteilmediation oder Krisenintervention und auf internationaler Ebene Flüchtlingshilfe oder die Vorbereitung von Friedensdienstlern in Krisengebieten sein (vgl. Freise 2007: 21).

Aktuell werden immer mehr Hochseilgärten oder Kletterstationen sichtbar. Der Trend geht zu erlebnisreichen Ferienfreizeiten für Kinder oder intensiven und interaktiven Teambuilding-Aktionen oder Survival-Trainings für Manager o.ä. aus verschiedenen Bereichen. Die Erlebnispädagogik hatte ihren Höhepunkt in den 80er Jahren, ist aus der heutigen Zeit dennoch nicht weg zudenken. Flächendeckend gibt es und werden Ausbildungsangebote für Sozialarbeiter oder Pädagogen mit ähnlicher Qualifizierung angeboten und angenommen.

Das Erlebnis ist für die moderne Gesellschaft von elementarer Bedeutung, nicht umsonst wird die heranwachsende Gesellschaft oft als !Risiko-Gesellschaft! betitelt. Die Pädagogik kann sich dem Faktor des Erlebens mit gesteigerter Intensität von Risiko durchaus zu Nutze machen: mit Erlebnispädagogik werden nachweislich langanhaltende Ereignisse produziert, die nachhaltig Lerneffekte erzielen.

Interkulturelle Pädagogik kann sich die diese effektiven Faktoren zu Nutze machen. Folgt sie dem Trend des Erlebnisses und Risikos, kann sie zwei Fliegen mit einer Klappe schlagen: Die Teilnehmer erfahren und erleben Interkulturelles Lernen und werden effektiver interkulturell kompetent. Desweiteren gewinnt Interkulturelles Arbeiten an Attraktivität, weil es den Nerv der Zeit trifft und durch Begriffe wie Diversity-Management, Globalisierung und Integration bereits in aller Munde ist. Warum also nicht ein Abenteuer mit Migrantinnen und Migranten wagen?!

Diese Studie beschäftigt sich mit den Grundlagen Interkultuller Pädagogik, dazu zählen die Definition und Bestimmung von Kultur, Kommunikation und ihre Deutungs- und Orientierungsmuster. Es wird auf die Entwicklung der Ansätze von Interkultureller Pädagogik eingegangen, um zu beschreiben warum sich die Perspektive aus heutiger Sicht auf Interkulturelles Lernen und Interkulturelle Kompetenzen richtet. Verdeutlicht wird dies durch aktuelle Ansätze. Interkulturelle Kompetenzen und Interkulturelle Kommunikation werden anschließend auf die Lernmodelle Interkulturellen Lernens erörtert.

Darüber hinaus werden die Grundlagen der Erlebnispädagogik in dieser Studie beschrieben. Beginnend mit einer Begriffsbestimmung von Erlebnis und Abenteuer, hinführend zu frühsten Ansätzen der Erlebnispädagogik bis hin zu heutigen Lern-

und Wirkungsmodellen. Es werden die Anforderungen an den Sozialarbeiter beschrieben und die Bedeutung der Gruppe benannt.

Als eine Konsequenz für die Soziale Arbeit, wird nach einer kurzen thematischen Einführung in die Konzeptentwicklung ein erlebnispädagogischer Ansatz für die Soziale Arbeit entwickelt, die in ein praktisches Konzept für die Interkulturelle Arbeit und den besonderen Anforderungen an den Sozialarbeiter mündet.

In der vorliegenden Studie werden alle Personenbezeichnungen aus Gründen der besseren Lesbarkeit lediglich in der männlichen Form verwendet. Die weibliche Variante ist natürlich impliziert, außer es wird ausdrücklich anders erwähnt. Gleiches ergibt sich für die Berufsbezeichnung des Sozialarbeiters, gemeint sind auch die Sozialpädagogen.

2. Zentrale Begriffe im Kontext Interkultureller Arbeit

Interkulturelle Arbeit als eine der Fachrichtung der Sozialen Arbeit benutzt zentrale Begriffe, die auch in anderen Disziplinen verwendet werden. Dabei ist nicht immer deutlich, wie die Begriffe jeweils definiert sind. Manche können synonym verwendet werden, andere lauten gleich, meinen jedoch unterschiedliche Dinge.

Für die Soziale Arbeit gibt es den Versuch einer Definition der Begriffe, dessen sich der Sozialarbeiter bewusst sein muss, denn so wird die professionelle Ebene verdeutlicht, auf der in diesem Bereich gearbeitet werden soll und muss. Im Folgenden werden die Begriffe: Kultur, Lebenswelten, Orientierungs- und Deutungsmuster, Sprache und Kommunikation, Stereotype und Vorurteile sowie Fremdbilder beschrieben und in Beziehung zu einander gesetzt.

2.1 Kultur, Lebenswelten und Deutungsmuster

Wolfgang Nieke beschäftigt sich mit dem Terminus Kultur, der sowohl sehr allgemein wie auch als Fachwort verwendet wird. Seine Bedeutung ist breit gefächert (vgl. Nieke 2008: 387). Die ! heuristische Definition! (Nieke 2008: 387) versucht den Begriff der Kultur in Beziehung zur Interkulturellen Pädagogik zu beschreiben. Die Beziehung variiert je nach Aktualität und muss neu definiert werden, sobald es neue Erkenntnisse oder Fakten in der Interkulturellen Pädagogik gibt. Wenn man sich mit Interkultureller Sozialer Arbeit beschäftigt, stößt man auf den Begriff der Lebenswelt, die auch zum Begriff der Kultur gezählt werden muss. Kultur ist im alltäglichen Leben der Menschen wieder zu finden und nicht ausschließlich in der Malerei oder der Kunst (vgl. Freise 2007: 17f).

2.1.1 Differenzierung zwischen Kultur und Ethnie

Nieke differenziert zwischen den Begriffen Kultur und Ethnie, die in dem interkulturellen Kontext häufig und seiner Meinung nach fälschlicherweise synonym verwendet werden (vgl. Nieke 2008: 38).

Das Wort ! Ethnie! hat seinen Ursprung im griechischen Wort ! Ethnos! und wird mit Volk oder Volksstamm übersetzt (vgl. www.duden.de; Nieke 2008: 38). Eine Volksgruppe stammt von denselben Urahnen ab. Forscher fassen viele dieser Volksstämme zu einem Volk oder Ethnie zusammen, wenn sie sich in denen der von den

Forschern festgelegten Charakteristika ähneln. Dabei müssen nicht alle, aber mehrere der folgenden Charakteristika übereinstimmen: ! gemeinsame

- Sprache,
- Rasse,
- Religion,
- Kultur,
- Kollektive Selbstdefinition [...],
- sowie gemeinsamer Siedlungsraum! (Nieke 2008: 39).

Somit ist Kultur ein vergleichendes aber nicht so bedeutungsvolles Kriterium der Völker, wie die Sprache oder der Siedlungsraum. Denn Probleme zwischen verschiedenen Völkern haben meist nichts mit den verschiedenen Kulturen zu tun, sondern sind auf den gemeinsamen Lebensraum bezogen und deren wirtschaftlichen Ressourcen, über die sich die Völker nicht einig scheinen (vgl. Nieke 2008: 39).

Im Bereich der Pädagogik müsste man somit den Fachterminus ! interethnische Pädagogik! (Nieke 2008: 40) verwenden. Nieke präsentiert zu diesem Thema zwei mögliche Standpunkte. Der erste Standpunkt besagt, dass man die Begriffe Ethnie und Kultur durch die beschriebene Verbindung synonym verwenden kann und es nicht von Bedeutung ist, welchen Begriff man verwendet, da beide nicht detailliert definiert werden können. Der andere bezieht die damit einhergehenden Probleme mit ein. Mit beiden Begriffen wird immer ein spezieller Tenor ausgedrückt. Der Begriff Ethnie kann z. B. zu sehr auf die ! Volksgruppenbewegung! (Nieke 2008: 40) zielen. Die alleinige Benutzung des Begriffs Kultur kann dazu führen, dass man sich im Kulturalismus verliert und eine Reduktion von Problemen ausschließlich bezogen auf die kulturelle Ebene stattfindet (vgl. Nieke 2008: 40).

Trotz der Vor- und Nachteile dieser Standpunkte entscheidet sich Nieke den Begriff der Kultur zu verwenden. Seiner Meinung nach sind die Probleme zwischen Gruppierungen durch negativen Kontakt untereinander entstanden. Das Handeln der einzelnen Gruppierungen wird durch die jeweiligen ! Deutungs- und Orientierungsmuster! (Nieke: 2008: 40) in ihnen vorgegeben und diese sind besser mit dem Begriff der Kultur zu erfassen. Ein Deutungsmuster kann die Wahrnehmung und Bewertung des Fremden darstellen. Wird den Mitgliedern der Gruppe vermittelt, dass Unterschiede und das Fremde negativ behandelt werden sollen, können daraus problematische Kontakte entstehen (vgl. Nieke 2008: 40f).

2.1.2 Annäherung an den Begriff Kultur

Um sich dem Begriff der Kultur annähern zu können, müssen mehrerer Faktoren bedacht werden. Auernheimer führt zwei Hauptmerkmale von Kultur an, wie ! (a) den symbolischen Charakter, [und] (b) die Orientierungsfunktion! (Auernheimer 2010: 73), womit Werte und Normen in Form von Deutungs- und Orientierungsmuster bezeichnet werden, die unausweichlich zu jeder Kultur gehören (vgl. Auernheimer 2010: 74). Der symbolische Charakter umfasst die gesellschaftlichen Werkzeuge mit denen das Agieren in der Gesellschaft möglich wird, durch Rituale oder die Verwendung bestimmter Symbole in bestimmten Situationen (vgl. Auernheimer 2010: 74). Ein Symbol ist die Kombination aus Zeichen und dem dazugehörigen Sinn, wie das Händeschütteln zur Begrüßung als ein Ausdruck von Wertschätzung (vgl. Auernheimer 2010: 74; Hinz-Rommel 1996: 39). Die Orientierungsfunktion wird durch Orientierungs- und Deutungsmuster dargestellt (s. Kapitel 2.1.5).

Kultur in diesem Verständnis bezeichnet den Bestand an Kommunikations- und Darstellungsmittel einer Gesellschaft, womit Kultur zusätzlich eine Identitätskomponente erhält. Darstellen kann sich eine Person beispielsweise durch ihre Kleidung. Sie versucht darüber auszudrücken, wer sie ist und wo sie zugehört (vgl. Auernheimer 2010: 74). Kultur hilft der Gesellschaft sich selber zu verstehen und gibt ihr Handlungsmöglichkeiten oder Orientierungen vor. Sie ist der Schlüssel zum Verständnis bestimmter gesellschaftlicher Phänomene (vgl. Auernheimer 2010: 75; Hinz-Rommel 1996: 39).

Grundsätzlich muss festgehalten werden, dass Kultur generell vielfältig, zugänglich und dynamisch ist. Durch die Individualität der Personen einer Kultur und den Kontakt zu anderen Kulturen unterliegt sie immer wieder Anpassungsprozessen, die dazu führen, das neue Handlungs- und Orientierungsmuster entstehen (vgl. Auernheimer 2010: 75; Hinz-Rommel 1996: 39). Eine Veränderung der Lebensumstände innerhalb einer Kultur führt dazu, dass sich Kultur verändert oder dass neue Deutungs- und Orientierungsmuster entstehen können. Kultur ist somit das (nicht immer freiwillige) Produkt aus sozialer und ökonomischer Neuordnung (vgl. Auernheimer 2010: 75).

Als ein Beispiel für kulturelle Veränderung, die auf neuorganisierte Lebensverhältnisse zurück zuführen ist, soll folgendes stehen: In einem anatolischen Dorf fand ein starker Wandel der Arbeitswelt (von Subsistenzwirtschaft zur Lohnarbeiterexistenz) statt und damit einhergehend ein Wandel der Lebensverhältnisse. Die Einwohner sind nicht mehr durch den Warenaustausch aneinandergebunden, sondern nur noch abhängig von der Entlohnung der jeweiligen Arbeit (vgl. Auernheimer 2010: 76). Die Arbeiten werden zweckmäßig und nicht mehr geschlechtsabhängig oder rollentypisch verteilt, wodurch sich auch das System Familie anpasst. Das tägliche Leben konzentriert sich nicht mehr auf die Großfamilie, sondern auf die Kernfamilie. Somit werden sich die Erziehungsstile an die neuen Rollenerwartungen der Familienmitglieder ändern. Da es in dem anatolischen Dorf nun keine voneinander abhängige Gemeinschaft mehr gibt, wird sich die Sichtweise zur Religion ändern, da sie maßgeblich zu der ethischen Entwicklung und Identitätsbildung beiträgt (vgl.

Auernheimer 2010: 77). Dieses Beispiel verdeutlicht, wie Lebensverhältnisse und soziale Strukturen bei der Neuorganisierung von Kultur mitwirken.

Josef Freise bezieht sich besonders auf die Sichtweise der Interkulturellen Pädagogik im Kontext der klassischen Sozialen Arbeit. Seiner Ausführung nach kann Kultur in vier Dimensionen unterteilt werden und in Form eines Eisberges visualisiert werden (vgl. Freise 2007: 16).

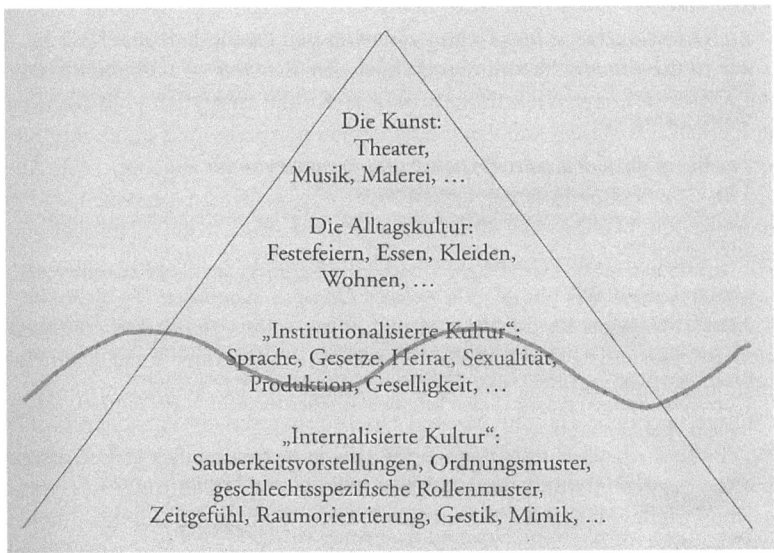

Abbildung 1: Eisbergmodell (vgl. Freise 2007: 16)

An der Spitze des Eisberges befinden sich die künstlerischen Faktoren von Kultur, wie das Theater, die Museen, die Musik und vieles mehr. Darunter folgt die Alltagskultur. In ihr sind Feier-, Essen-, oder Kleidergewohnheiten sowie die Wohnkultur zu finden, welche maßgeblich den Alltag bestimmen (vgl. Freise 2007: 16; Losche/Püttker 2009: 12). Dieser Teil ist in der Abbildung oberhalb des Meeresspiegels zu finden und symbolisiert das Bewusstsein der Menschen. Unter der Oberfläche existieren die institutionalisierten und internalisierten Dimensionen von Kultur. Ersteres meint die Sprache, Gesetze oder Ehe sowie Werte und Normen im sozialen Miteinander. Die Mitglieder ihrer Kultur lassen sich darauf weitestgehend unterbewusst und widerspruchlos ein und halten sich an diese ! Regeln!. Darunter befinden sich kulturelle Begebenheiten, die deutlich im Unterbewussten einzuordnen sind, sodass sogar behauptet werden könnte, diese sind veranlagt oder vererbt. Gemeint sind unter anderem die Sauberkeitsgrundsätze, Gestik und Mimik sowie das Rollen-verhalten (vgl. Freise 2007: 17).

2.1.3 Die Bedeutungsfelder des Kulturbegriffs

Nieke hat die Faktoren und Bereiche des !Kulturbegriff[s]! (Nieke 2008: 41) einzeln beschrieben und in Beziehung zueinander gesetzt. Seine sechs Bedeutungsfelder sind (vgl. Nieke 2008: 41ff):

1. Kultur als Kontrast zur Natur (vgl. Nieke 2008: 41; Freise 2007: 16): Kultur (lat. cultura) ist das das Endprodukt der Natur, welches der Mensch mit und durch sie erschaffen hat. Religion und Landwirtschaft können zur Kultur ge-zählt werden. Früher war dies noch bezeichnender, da es heute kaum noch unberührte Natur gibt und in der Schlussfolgerung alles an Natur zur Kultur gemacht wurde (vgl. Nieke 2008: 41; Freise 2007: 16). Auernheimer fasst Kultur als !zweite Natur! (Auernheimer 2010: 73) zusammen, in der die Richtlinien für das menschliche Leben enthalten sind.

2. Kultur als Kontrast zur Zivilisation (vgl. Nieke 2008: 42): Zivilisation be-zeichnet die Möglichkeit und das Wohlergehen der Menschheit in Gemein-schaft in einem natürlichem Kontext. Kultur hingegen beschreibt das menschlich erschaffene Gedankengut, welches kein bestimmtes und definier-tes Ziel verfolgt, wie Kultur als !Kunst, Religion und Philosophie!.

3. Der Mensch als Kulturwesen im Kontrast zum Tier (vgl. Nieke 2008: 42): Tiere sind nicht in der Lage eine Kultur zu erschaffen, da Kultur durch das Verwenden von Symbolen und die Fertigkeit diese zu benutzen geprägt wird. Der Mensch ist im Gegensatz zum Tier in der Lage diese Symbole zu abstra-hieren oder neue Symbole und Zeichen zu entwickeln. Kultur bezeichnet in dem Sinne alle gesammelten Symbole.

4. Kultur als Werkzeugkultur, Sozialkultur und Symbolkultur (vgl. Nieke 2008: 42f): Die Werkzeugkultur symbolisiert die Mittel, durch die sich die Menschheit die Natur so zu erschaffen versucht, wie es die Menschheit braucht (auch materielle Dinge), um sich wohl zu fühlen. Die Sozialkultur beinhaltet alle sozialen Leitsätze, die das gemeinschaftliche Leben regeln, wie Sitten, Riten, Werte und Normen. Die Symbolkultur charakterisiert den kulturellen Kontrast zur Zivilisation. Dies schließt die Kunst, die Philosophie oder auch die Religion ein sowie die Sprache. Kultur in diesem Sinne kann Handlungsabläufe vorgeben, an denen man sich je nach gesellschaftlichen

Lebensformen orientiert (vgl. Nieke 2008: 43). Diese Orientierungen sind ein fortwährender Prozess und ausweichlich (vgl. Hinz-Rommel 1994: 39).

5. Sub- oder Teilkulturen (vgl. Nieke 2008: 43f): Es gibt eine Vielzahl von bestehen Kulturen, die kein wesentliches Vergleichskriterium aufweisen, um sie zu systematisieren oder bewerten zu können (vgl. Nieke 2008: 43). Vor allem in der Kulturantrophologie wird dies als Kulturrelativismus (Gleichstellung der Kulturen) bezeichnet. Gerade in Kulturen aus fernöstlichen Gebieten wurde eine starke Heterogenität innerhalb einer Kultur festgestellt, da sie aus vielen Teilkulturen entstanden sind. Die Subkulturen einer größeren Kultur können entweder eine kleine Minderheit darstellen und niedrig positioniert bleiben oder Anklang finden und plötzlich sehr beliebt werden. Besonders häufig ist dies bei Mode-, Lebens- oder Musikstilen erkennbar, die aus gewissen niedrigen kulturellen Ebenen plötzlich zum Trend werden (vgl. Nieke 2008: 44).

6. Der Mensch als kulturelles Wesen (vgl. Nieke 2008: 44): Der Mensch wird in seine Kultur hineingeboren und unbewusst von den Deutungsmustern und Lebensweltorientierungen sozialisiert. Dies zu reflektieren muss vom Mensch erst erlernt werden. Das kulturelle Reflexionsvermögen ist in jungen Jahren sehr einschränkt. Kulturelle Begebenheiten werden durch die bereits länger in der Kultur Lebenden vermittelt, weil sich die Vielzahl von unübersichtlichen und schwer zu erfassenden Lebensorientierungen selber zu erschließen für eine Person alleine zu langwierig und eventuell gefährlich sein würde. Außerdem soll der Mensch früh in seinem Leben möglichst sozial und adäquat handeln können (vgl. Nieke 2008: 44f).

Der Mensch übernimmt die vorgelebten Muster nicht identisch. In dem Prozess des Internalisierens der Kultur werden meist Kleinigkeiten kaum merkbar verändert, was zu einer großen Veränderung führen kann. Begünstigt wird dies dadurch, dass Kultur keine definierten Grenzen hat und Raum für Interpretationen der jeweiligen Symbole bietet (vgl. Hinz Rommel 1994: 40). Dies ist zeitgleich ein wünschenswerter Effekt der Kultur. Es ist die Voraussetzung dafür, dass eigenständig denkende Individuen heranwachsen können, die die Fähigkeit besitzen auf neue Situationen angemessen zu reagieren. Es existiert aber ein Hilfssystem, an dem sich die Individuen orientieren und gleichzeitig ihre eigenen Erfahrungen und Bewertungen aneignen können (vgl. Nieke 2008: 45).

Zusammenfassend wird transparent (auch in Bezug zu dem definierten Kulturbegriff von Auernheimer 2010: 73-77), dass der Kultur und den Zielen Interkultureller Arbeit zwei elementare Faktoren zugrunde liegen:

- ! Kultur [ist] ein System von Symbolen, und zwar nicht von irgendwelchen beliebigen, sondern [von] Interpretations-, Ausdrucks- und Orientierungsmuster[n];
- das Zusammenleben von Menschen mit unterschiedlichen Kulturen geht nicht ohne kulturelle und soziale Konflikte ab! (Nieke 2008: 47).

Dies zeigt, dass Menschen nicht einer Kultur angehören, nur weil sie dieselbe Sprache sprechen oder in derselben Region oder Nation wohnen. In der Türkei beispielsweise gibt es trotz gemeinsamer Sprache und einem Bundesland viele Kulturen und Subkulturen, aber keine ! Gesamtkultur! (Nieke 2008: 49). Nieke führt als Beispiel an, dass es mit diesem Hintergrundwissen nicht rechtens ist, die Türkei als eine Gesamtkultur oder als türkische Kultur zu bezeichnen (vgl. Nieke 2008: 49).

Sub- oder Teilkulturen können ihren Ursprung in einer sozialen Schicht haben, in der sich eine Bevölkerungsgruppe befindet. Dort findet sich auch ein System von gemeinsamen Symbolen und anderen Anforderungen wieder, die für eine größere Gruppe gleichermaßen wirken. Nieke kommt zu der Ansicht, dass diese Sub- oder Teilkulturen als Lebenswelten bezeichnet werden können und Einfluss auf die Kultur haben. Er fasst Kultur zusammen, als ! die Gesamtheit der kollektiven Orientierungsmuster einer Lebenswelt! (Nieke 2008: 50). In ihnen sind die Deutungsentwürfe für die Gestaltung des Alltags enthalten, mit denen die Inhaber der Kultur sozial miteinander umgehen können und sich in ihrer Welt zurechtfinden. Diese Deutungsmuster sind von ihrer Kultur als Regeln, Werte und Normen anerkannt (vgl. Nieke 2008: 49f).

Diese Ansicht führt dazu, sich mit dem Begriff der Lebenswelten auseinander zusetzten, um Kultur zu begreifen, die Schlussfolgerung und Ziele für die Interkulturellen Arbeit zu ziehen und um Probleme im Hinblick auf Kultur besser verstehen zu können. Auernheimer bezeichnet den Begriff der Lebenswelten als gut gewählt im Kontext von Kultur, da er die ! Selbstverständlichkeit [und] Unreflektiertheit unserer Orientierungsmuster verdeutlicht [...] und von fragwürdigen umgangssprachlichen Nebenbedeutungen frei ist! (vgl. Auernheimer 2010: 76).

2.1.4 Lebenswelten

Die Lebenswelt eines Individuums umfasst die physische und soziale Umwelt in der sich die Person befindet, mit den in ihr vorherrschenden und unbewussten Orientierungen des alltäglichen Lebens. Problematisch kann es werden, wenn unterschiedliche Orientierungsmuster aufeinander treffen und die in der Person verankerten Handlungsperspektiven nicht mehr ausreichen, um einen positiven Kontakt zu erreichen. Bei positivem Gelingen eines Kontaktes werden neue Verhaltensweisen erprobt und in die bestehenden Orientierungen integriert (vgl. Nieke 2008: 51).

Der Begriff der Lebenswelt kann dazu beitragen Ethnozentrismus (die eigenen kulturellen Standards werden als besser und höherwertig definiert) verständlicher zu machen und Konflikte zwischen verschiedenen Kulturen zu veranschaulichen. Lebenswelten sind die Grundlage auf der sich Kulturen entwickeln können, wenn man davon ausgeht, dass sie als !normal! für den jeweiligen Personenstamm gilt. In ihr ist das Repertoire an Handlungsvorschlägen enthalten, die den Menschen helfen können erprobte Deutungsmuster und Interaktionsmuster besser zu verstehen (vgl. Nieke 2008: 52).

Die Grundlage einer Lebenswelt sind verschiedene und zusammengefasste Sinnwelten, die die Ziele und Weltdefinitionen einer Person beschreiben. Die zusammengefasste Lebenswelt gilt für eine Gemeinschaft, wird aber durch die Faktoren, wie Geschlecht, Alter, Religion oder Hautfarbe individualisiert und getrennt. Dies kann Konflikte, Rassismus oder Rechtsextremismus begünstigen (vgl. Nieke 2008: 53).

2.1.5 Deutungs- & Orientierungsmuster

Die beiden Begriffe Deutungs- und Orientierungsmuster können synonym verwendet werden (vgl. Nieke 2008: 64). Nieke Bezieht sich auf den Begriff der Deutungsmuster, um die Bedeutung beider Begriffe zu erläutern und um zu erklären, welchen er bevorzugt verwendet.

Beginnend kann gesagt werden, dass kulturelle Deutungsmuster !Sinn und Bedeutung aus Bedeutungssystemen einer Gesellschaft! (Nieke 2008: 54) darstellen können. Deutungsmuster werden in einem Kollektiv gebildet und können sich ausdifferenzieren, indem kulturelle Symbole durch das Kollektiv einen Sinn zugeschrieben bekommen (vgl. Nieke 2008: 54).

Die Verbindung zwischen der Lebenswelt und den Deutungsmuster entsteht über die Handlung eines Menschen und nicht über das Verhalten. Das Verhalten geschieht ähnlich wie bei Tieren aus dem Affekt. In einer Handlung kommt ein Sinn zum Ausdruck, den ein anderer Mensch für sich deuten muss, um die Handlung zu verstehen (vgl. Nieke 2008: 55). Dazu benötigen beide ihre individuellen Deutungsmuster, die mit denen des Kollektivs abgeglichen werden. Es wird zwischen !kollektiven! und !individuellen! Deutungsmustern differenziert (vgl. Nieke 2008: 56).

Individuelle Deutungsmuster entstehen während der Persönlichkeitsentwicklung und beschreiben das psychische sowie geistige Potenzial eines Menschen. Diese sind weniger von Bedeutung als die kollektiven Deutungsmuster, die von anderen

Menschen vorgelebt und dann angenommen werden (vgl. Nieke 2008: 56). Die individuellen Deutungsmuster entstehen aktiv, da sich das Individuum der kollektiven Deutungsmuster bedient und diese mit seiner spezifischen Lebenswelt abgleicht und weiter entwickelt (vgl. Nieke 2008: 56). Dies beschreibt die Dynamik, mit der sich kulturelle Deutungsmuster weiterentwickeln können (vgl. Nieke 2008: 51).

Der Weg zu den kollektiven Deutungsmustern verläuft über das Individuum und seine persönlichen Deutungsmuster, die jeweils angeglichen werden. Deutungsmuster sind !immer individuell und kollektiv geteilt! (Nieke 2008: 62). Sie helfen dem einzelnen Menschen sich zurechtzufinden, müssen aber im Kollektiv akzeptiert werden. Dies führt zu der Annahme, dass sich innerhalb von einer Kultur und deren Lebenswelten zwischen mehreren Deutungsmustern zurechtgefunden werden muss. Man kann von einem anpassungsfähigen System sprechen, dass sich jeweils an anderen Systemen orientiert und sich anpasst. Der Kulturbegriff erhält dadurch eine weitere dynamisch Komponente (vgl. Nieke 2008: 63).

Kollektive Deutungsmuster sind so stark im Bewusstsein der Menschen verankert, dass sie diese unbewusst anwenden. Menschen orientieren sich stets an ihrer Lebenswelt und ihren vorherrschenden kollektiven Deutungsmustern, bei rein kognitiven Dingen sowie für soziale Interaktionen (vgl. Nieke 2008: 57).

Orientierungs- oder Deutungsmuster können verbalisiert werden. Je nachdem, wie fest Sprache an Deutungssysteme gebunden wird oder die Beziehung zwischen Denken und Sprechen gesetzt wird, wird der Kulturbegriff (die Lebenswelt mit der Gesamtheit aller Deutungsmuster) neu definiert, denn entweder zählt die Sprache unweigerlich zur Kultur oder nicht (vgl. Nieke 2008: 58). Die versprachlichten kollektiven Deutungsmuster können als Kollektivsymbole oder kulturelle Codes bezeichnet werden. Sie erfordern einen gewissen Standard an kognitivem Wissen und Fertigkeiten, da auch Gefühle und Bilder innerhalb eines Deutungsmusters ausgedrückt werden können (vgl. Nieke 2008: 60f).

Diese Ausführungen zeigen, dass mit Deutungsmuster das menschliche Orientieren in einer Lebenswelt und das darauf ausgerichtete Handeln gemeint ist, was kognitive Fähigkeiten des Menschen impliziert. Nieke führt an, dass der für ihn passendere Begriff !Orientierungsmuster! ist (vgl. Nieke 2008: 64f).

Als Zusammenführung der Lebenswelt und der Deutungsmuster und um Kultur zu definieren, wird wiederholt:

- !Kultur ist die Gesamtheit der kollektiven Orientierungsmuster einer Lebenswelt! (Nieke 2008: 50).
- !Die Lebenswelt eines Menschen oder einer Gruppe besteht wesentlich aus Orientierungsmustern, mit denen sie sich in ihrer jeweiligen Lebenswelt orientieren! (Nieke 2008: 65).

2.2 Sprache und Kommunikation

Sprache und Kommunikation können nicht nur im interkulturellen Kontext zu Problemen führen, sondern bereits in der einfachen Interaktion zwischen Menschen, die denselben Sprachwortschatz und kulturellen Hintergrund haben (vgl. Losche/Püttker 2009: 37). Im Folgenden werden die Grundlagen von Kommunikation und Sprache besprochen, bevor im Kapitel 3.4.4 gezielter auf Interkulturelle Kommunikation eingegangen wird.

Grundvoraussetzung für eine soziale Kommunikation ist das Vorhandensein von einer Person, die Informationen enkodiert und sendet sowie einer weiteren Person, die diese Informationen empfängt und dekodiert (vgl. Forgas 1999: 106). Dieser Prozess verläuft in beide Richtungen, denn auch der Empfänger sendet Signale, die der Sender wiederum interpretiert (vgl. Schulz von Thun 1977: 9; Losche/Püttker 2009: 38). Eine Nachricht oder Information kann nicht nur explizit die jeweilige Information wieder geben, sondern auch Gefühle im Empfänger hervorbringen, die erneut Gefühle im Sender anregen (vgl. Losche/Püttker 2009: 38).

Es lassen sich vier Seiten oder Ebenen einer Nachricht und Information unterscheiden, die sich auf das Kommunikationssystem und die Interaktion auswirken:

- der Sachinhalt oder die Informationsebene: die reine Information ist von Bedeutung,
- die Ebene der Selbstoffenbarung: Informationen über den Sender werden offenbart,
- die Beziehungsebene: Beziehung zwischen Sender und Empfänger wird deutlich,
- die Seite des Appells: als eine offensichtliche oder versteckte Aufforderung, Einflussnahme oder Manipulation (vgl. Schulz von Thun 1977: 9, 18f; Losche/Püttker 2009: 38; Erll/Gymnich 2010: 91).

Sender und Empfänger benötigen einen konformen Wissenshintergrund, einen ähnlichen Bezugsrahmen oder einen ! gemeinsamen Code! (Losche/Püttker 2009: 39) mit denselben Erfahrungen und Symbolen, damit die Nachrichten auf der richtigen Ebene verschlüsselt und enkodiert werden (vgl. Schulz von Thun 1977: 20). Hier wird der erste Punkt deutlich, der in Bezug auf Interkulturelle Kommunikation hinderlich sein kann. Bei verschiedenen Kulturen kann es verschiedene Bezugs- oder Bedeutungssysteme geben, die sich nicht ähneln. Es kann nicht klar untereinander kommuniziert werden. Wenn der der Kommunikationsrahmen stimmt ist es wahrscheinlich, dass der Empfänger die Nachricht richtig dekodiert, die der Sender enkodiert hat (vgl. Losche/Püttker 2009: 39).

Ein Sender untermalt seine Nachrichten oder Informationen mit Gestik und Mimik (nonverbaler Kommunikation). Dies muss stimmig, also kongruent zu der verbalen Äußerung sein, damit der Empfänger die Nachricht richtig und authentisch dekodieren kann. Ist die nonverbale Kommunikation mit der verbalen Kommunikation inkongruent, neigen die Menschen dazu der Körpersprache mehr Bedeutung bei zu messen als der Sprache. Es werden beispielsweise Gefühle nicht in allen kulturellen Kreisen offen verbalisiert, weil man auf den Gesprächspartner gegenüber nicht unhöflich wirken oder sich selbst nicht offenbaren möchte. Durch das Nutzen nonverbaler Kommunikation hat man den Gesprächspartner nicht in eine peinliche Situation gebracht, sich aber dennoch mitgeteilt. Der Empfänger der Nachricht kann entscheiden, wie er mit dieser Botschaft umgehen möchte (vgl. Losche/Püttker 2009: 45).

Kommunikation kann sich in drei verschiedene Richtungen entwickeln: ! Verstehen, Nichtverstehen und Missverständnis! (vgl. Losche/Püttker 2009: 54). Eine richtige Entschlüsselung der Nachricht des Senders vom Empfänger ist das Verstehen. Herrscht zwischen Empfänger und Sender bewusste Unklarheit, verläuft der Kommunikationsprozess in die Richtung des Nichtverstehens. Als Missverständnis bezeichnet man die Variante, bei der irrtümliches Verstehen die Grundlage bildet. Nur eine Seite glaubt die andere Person verstanden zu haben und hat daher Erwartungen und Vorstellungen, die der Gegenüber aufgrund des Nichtverstehens nicht erfüllen kann. Sowie das Nichtverstehen führt das Missverständnis dazu, dass die Kommunikation abgebrochen wird oder durch Unklarheiten Aggressionen entstehen können. Dies kann auf andere Begegnungen mit dem Fremden übertragen werden, sodass Vorurteile entstehen können und keine Motivation vorhanden ist, sich mit dem anderen auseinanderzusetzten und generell Kontakt vermieden wird (vgl. Losche/Püttker 2009: 54).

Da Kommunikation ein wechselseitiger Prozess ist, spielt es nicht nur eine Rolle, was oder wie der Sender kommuniziert, sondern auch wie der Empfänger die Nachricht behandelt. Der Empfänger muss zuerst wahrnehmen, was oder wie der Sender etwas kommuniziert, dies wird dann interpretiert und anschließend bewertet, immer unterschiedlich in Abhängigkeit des kulturellem Kontext (vgl. Losche/Püttker 2009: 58).

Um seinen Gesprächspartner besser einschätzen zu können (und um zu beschreiben, warum etwas wahrgenommen wird) verwenden Menschen Stereotype, an denen sie sich orientieren. Sie werden einerseits durch die Kultur, aber auch durch die eigenen subjektiven Erfahrungen beeinflusst (vgl. Losche/Püttker 2009: 59).

Im Folgenden wird sich mit den Begriffen Stereotyp und Vorurteil beschäftigt, da Interkulturelle Arbeit mit beiden arbeitet.

2.3 Stereotyp und Vorurteil

Stereotype sind ein Mechanismus, um seine persönliche Welt im Gleichgewicht zu halten und um sich orientieren zu können. Menschen werden kategorisiert und zu Typen zusammengefasst, um leichter mit dem Unbekannten umgehen zu können (vgl. Losche/Püttker 2009: 62; Erl/Gymnich 2010: 72f). Solche Stereotypen können positiv wie negativ sein. Zu bedenken ist dabei, dass ein negativer Stereotyp nicht mit einem Vorurteil gleichgesetzt werden darf. Der Unterschied zwischen einem Vorurteil und einem Stereotyp liegt in der Verbindung mit der Gefühlswelt. Vorurteile entstehen durch Gefühle während Stereotype aus rein !kognitiven Überzeugungen! (Losche/Püttker 2009: 62) produziert werden.

Wie Stereotype oder Vorurteile entstehen, probiert die Psychologie mit dem kognitiven, psychodynamischen, lern- und sozialpsychologischen Ansatz zu erklären (vgl. Losche/Püttker 2009: 63).

Der kognitive Ansatz beschreibt die Bildung von Stereotypen, als Mittel die anderen nicht als fremd sondern als gewohnt wahrzunehmen und sich nicht in Unsicherheit zu begeben. Über Stereotypen bildet man ein !Scheinwissen! (Losche/Püttker 2009: 63) über die anderen, um sicher mit der neuen Situation umgehen zu können. Je weniger ein Mensch in Wirklichkeit über eine andere Person weiß, desto eher bilden sich Stereotypen in seinem Denken aus (vgl. Losche/Püttker 2009: 63).

Der psychodynamische Ausgangspunkt zeugt von einem defensiven Verhalten der Menschen, die sich durch Stereotype und Vorurteilen gegen Unwissenheit und Furcht schützen wollen, indem sie sich dieser bedienen. Der Mensch überträgt seine Befürchtungen oder Annahmen auf die anderen und geht davon aus, dass diese real sind, um so der Furcht vor dem Unbekannten zu entgehen. Je eher der Mensch zwischen seiner subjektiven Realität und der äußeren Wirklichkeit unterscheiden kann, desto weniger Vorurteile oder Stereotypen entstehen (vgl. Losche/Püttker 2009: 63; Auernheimer 2007: 84).

Der lernpsychologische Ansatz geht davon aus, dass Vorurteile und Stereotypen aktiv übernommen und erlernt werden, besonders im Alter von Grundschulkindern. Später sollten sie in der Lage sein zwischen Stereotypen, Vorurteilen und der Wirklichkeit unterscheiden zu können (vgl. Losche/Püttker 2009: 64).

Der sozialpsychologische Ansatz beschreibt die Entstehung von Vorurteilen und Stereotypen im Rahmen von Gruppengeschehnissen. Ein starkes Gruppengefühl wird erzeugt, indem man sich von anderen Gruppen abgrenzt und seine eigene Gruppe emporhebt. Die andere Gruppe wird erniedrigt und es werden Vorurteile erzeugt, um sich so sicherer in seiner Gruppe zu fühlen (vgl. Losch/ Püttker 2009: 64; Auernheimer 2007: 85).

Stereotype und Vorurteile rechtfertigen unangebrachte Denkweisen und ermöglichen der Menschheit sicheres Handeln. Sie können dazu beitragen, dass Aggressionen gegenüber einer bestimmten Person auf die ganze Gruppe übertragen werden. Stereotype erfüllen kognitive, soziale und affektive Funktionen (vgl. Losche/Püttker 2009: 64, 72; Auernheimer 2007: 84).

Ein Risikofaktor ergibt sich, wenn das einzelne Individuum sich nicht mehr im Klaren darüber ist, dass Stereotype nicht der Realität entsprechen müssen. Interkulturelles Arbeiten wird durch diesen Faktor wesentlich erschwert (vgl. Erl/Gymnich 2010: 72f). Vorurteile können je nach Persönlichkeit schnell in Rassismus übergehen, schärfer lässt sich formulieren, dass ein verbales Vorurteil bereits Rassismus ist (vgl. Auernheimer 2007: 91).

Kommunikative Missverständnisse zwischen verschiedenen Kulturen und Vorurteile können das Miteinander verschiedener kultureller Gruppen stark beeinträchtigen. Wo Probleme bereits existieren muss intervenierend gearbeitet werden, gefolgt von präventiven Maßnahmen, damit es nicht erneut zu Problemen kommt. Welche Ziele dabei verfolgt und Methoden angewandt werden, wird das folgende Kapitel über Ansätze und Ziele der Interkulturellen Arbeit verdeutlichen.

2.4. Zusammenfassung

Kultur, als ein Vergleichskriterium in der Ethnologie, um Volksstämme zusammenzufassen, hat einen symbolischen und orientierenden Charakter. Als Symbole können bestimmte Handlungsabläufe, Rituale, Kleidung oder Sprache bezeichnet werden. Orientierungsmuster helfen bei der Entscheidung für eine bestimmte Handlung.

Kultur ist dynamisch und unterliegt einem stetigen Anpassungsprozess aufgrund von Veränderungen der jeweiligen Lebensverhältnisse oder Auseinandersetzung mit anderen Kulturen. Sie kann in vier Dimensionen unterteilt werden, in die Kultur als bearbeitete Natur, also Kunst, Musik, etc. in die Alltagskultur mit ihren Bräuchen und Ritualen im Leben, in die institutionalisierte Kultur mit Sprache, Gesetzen oder Regeln des gemeinschaftlichen Lebens und als letztes in die internalisierte Kultur, welche Rollenmuster sowie Gestik und Mimik beinhaltet.

Subkulturen größerer Kulturen können sehr heterogen sein, eine kleine Minderheit bleiben oder sich großem Zuwachs erfreuen. Grundsätzlich muss bedacht werden, dass man sich seine Kultur nicht selber aussucht, sondern das man sie internalisiert und in diesem Prozess individuelle Anpassungen unbewusst vornimmt.

Kultur ist ein System von Symbolen und das Kollektiv aller Orientierungsmuster einer Lebenswelt. Die Lebenswelt eines Individuums beeinflusst seine Kultur. Eine Lebenswelt ist die psychische und soziale Umwelt einer Person mit allen Handlungs- und Orientierungsmöglichkeiten. Orientierungsmuster (oder auch Deutungsmuster) sind für das gesamte Kollektiv von zentraler Bedeutung, sie bilden eine

Handlungsperspektive, Sinn und Bedeutung von gesellschaftlichen Bezugsystemen und erklären Symbole einer Kultur. Sie sind ebenfalls dynamisch, da man seine individuellen stets mit den kollektiven Orientierungsmustern abgleicht und anpasst. Das Agieren eines Individuums in einer Lebenswelt auf der Grundlage von Orientierungsmustern bezeichnet man als Handeln, da es einen Sinn verfolgt und nicht im Affekt geschieht, was Verhalten hieße.

Die Rolle der Sprache einer Kultur hängt davon ab, wie fest man sie daran bindet, unabdingbar für den Ausdruck von Symbolen und Orientierungsmustern zu sein. Sprache bedarf spezieller kognitiver Fähigkeiten, die somit Voraussetzung für die Kultur sind. Kultur ist die Gesamtheit der kollektiven Orientierungsmuster einer Lebenswelt, an denen sich der Mensch oder die Gruppe orientiert (vgl. Nieke 2008: 50).

Damit Kommunikation stattfinden kann, werden mindesten zwei Personen benötigt, wobei eine Person den Empfänger und die andere Person den Sender darstellt. Eine Nachricht wird von dem Sender enkodiert und der Empfänger dekodiert diese. Kommunikation ist ein wechselseitiger Prozess, der auch nonverbal ablaufen kann. Der Empfänger reagiert auf eine empfangene Nachricht und sendet unmittelbar (nonverbal oder verbal) eine neue Nachricht, die erneut entschlüsselt werden muss. Sender und Empfänger müssen auf dasselbe Bezugsystem zurückgreifen können, damit Kommunikation positiv verlaufen kann. Als nonverbale Kommunikation werden Gestik, Mimik und Körpersprache bezeichnet, welche die Sprache unterstützt, aber auch allein gültig sein kann. Gelungene Kommunikation kann als Verstehen bezeichnet werden. Nichtverstehen impliziert, dass beide Gesprächspartner sich bewusst darüber sind, dass keine gelungene Kommunikation stattgefunden hat, bei Missverständnissen ist dies zumindest bei einer Person nicht der Fall. Dies ist das größte Problem von Kommunikation, da aus Missverständnissen falsche Erwartungen einhergehen, oder Vorurteile und Aggressionen entstehen können.

Vorurteile und Stereotypen helfen dem Menschen sicher mit Unbekanntem umgehen zu können, indem er es kategorisch Bekanntem zuordnet und handlungsfähig wird. Vorurteile sind im Gegensatz zu kognitiv begründeten Stereotypen mit Emotionen behaftet, Vorurteile entstehen häufig aus Ängsten heraus.

3. Von der Ausländerpädagogik zu Interkulturellem Lernen und Interkultureller Handlungskompetenz

Dieses Kapitel beschäftigt sich mit den Zielen und Maßnahmen von Interkultureller Arbeit sowie der entwickelten Möglichkeiten zur jeweiligen Zielerreichung. Es werden die Leitmotive Interkultureller Arbeit, ihre Handlungsansätze mit Beispielen sowie eine zusammengefasste Übersicht methodischer Herangehensweisen vorgestellt. Abschließend endet das Kapitel mit einem Beitrag zu Interkulturellen Lernen und Interkultureller Handlungskompetenz.

3.1 Leitmotive und Hauptthemen Interkultureller Arbeit

Grundlegendes Ziel der praktizierten Interkulturellen Arbeit ist für die heutige und an kultureller Vielfalt zunehmenden Gesellschaft, dass sich innerhalb dieser Pluralität mit Anerkennung und dem Verständnis der Gleichheit begegnet wird (vgl. Auernheimer 2010: 20).

Auernheimer beschreibt, dass die Anerkennung für einzelne Persönlichkeiten oder Gruppierungen von großer Bedeutung ist. Ihre Identitäten bleiben dadurch erhalten, dass man sich untereinander zusammengehörig fühlen darf und kann. Dies bedeutet nicht, dass kulturelle Gruppierungen als ein geschlossenes System verstanden werden dürfen. Um das Ziel der Anerkennung anderer und fremder Persönlichkeiten zu erreichen, müssen gewisse Einstellungen und Kompetenzen aufgewiesen werden, wie ! das Wissen um strukturelle Benachteiligung, Sensibilität für mögliche Differenzen, [und] die Fähigkeit zum Perspektivenwechsel! (Auernheimer 2010: 21).

Gleichbehandlung bedeutet egal welcher kulturellen Gruppierung man angehört, seine Rechte und Sozialchancen zu beanspruchen und Sorge dafür zu tragen, dass diejenigen, die diese nicht selber einfordern können, dieselben Rechte erhalten (vgl. Auernheimer 2010: 21).

Ein weiteres Ziel Interkultureller Arbeit ist nach Auernheimer Interkulturelles Verstehen. Dieses ist gleichzeitig die Voraussetzung für die Fähigkeit zum Interkulturellem Dialog, Begegnung und Kontakt (vgl. Auernheimer 2010: 21). Interkultureller Dialog meint, dass man während des Vorgangs des Verstehens wertneutral fremde Dinge auf Sinngehalt und Bedeutsamkeit zu überprüfen probiert, um im Anschluss mit den Betroffenen selbst darüber zu diskutieren. Nur durch die Begegnung mit dem vermeintlich Fremden erhält man die reale Chance, den Sinngehalt sowie die wahre Bedeutung fremder Dinge zu erschließen und Missverständnisse zu beseitigen (vgl. Auernheimer 2010: 21).

Das Hauptziel Interkultureller Arbeit ist Menschen zu interkulturell-kompetenten Personen zu machen, was z. B. für Minderheitsangehörige bedeutet, sich zwischen zwei Kulturen zurechtzufinden (vgl. Nieke 2008: 71). Genauso müssen die Mehrheitsangehörigen andere Kulturen mit ihren Lebenswelten und Deutungsmuster respektieren und lernen empathisch auf die Mitmenschen im täglichen Leben einzugehen (vgl. Nieke 2008: 71).

Grob zusammen gefasst sind die Hauptthemen Interkultureller Arbeit:

- ! Interkulturelles Lernen als Soziales Lernen,
- Umgang mit kultureller Differenz oder mit Differenzen,
- Befähigung zum Interkulturellen Dialog,
- multiperspektivische Allgemeinbildung,
- mehrsprachige Bildung,
- antirassistische Erziehung! (Auernheimer 2010: 124),

die in den jeweiligen Ansätzen mit Beispielen genauer im Kapitel 3.3 beschrieben werden.

3.2 Verschiedene Handlungsansätze Interkultureller Arbeit

Auernheimer nennt vier pädagogische Ansätze Interkultureller Arbeit. Dies sind der Verständigungs-Ansatz, der Diversity-Ansatz, der Antirassismus-Ansatz und der Interkulturelle-Kompetenz-Ansatz (vgl. Auernheimer 2010: 123). Erstgenannter zielt auf Begegnung und somit auf die Reduktion von Konflikten. Der zweite soll Ressourcen und Chancen erwecken, indem man das Potenzial der Vielfalt nutzt (vgl. Auernheimer 2010: 123). Der dritte Ansatz macht auf Diskriminierung aufmerksam und soll Lösungen anbieten, um dagegen anzukämpfen. Der vierte Ansatz zielt auf die Förderung der einzelnen Individuen und auf die jeweilige persönliche Kompetenz im Umgang miteinander, sodass beispielsweise Sprachbarrieren umgangen werden können, indem man Interkulturelle Kommunikation stärkt (vgl. Auernheimer 2010: 123).

Auch Arnd-Michael Nohl unterteilt die Ansätze Interkultureller Pädagogik in ähnliche Bereiche. Er beschreibt sie in ihrer Entwicklung von der Ausländerpädagogik über die klassische Interkulturelle Pädagogik zur Antidiskriminierungspädagogik und Antirassismuspädagogik bis zu den modernen Ansätzen der Diversitypädagogik und weiterer Entwicklungen, wie der Vermittlung von Interkultureller Kompetenz und dem vorhergehenden Interkulturellen Lernen (vgl. Nohl 2006: 9).

50/60er	Ausländerpädagogik
70er	Klassische Interkulturelle Pädagogik
80er	Antirassismus und Antidiskriminierungspädagogik
90er	Interkulturelle Kompetenz und Interkulturelles Lernen

Abbildung 2: Grobe zeitliche Entwicklung Interkultureller Pädagogik
(vgl. Krüger-Potratz 2005: 52)

Die ersten drei bezeichneten Ansätze haben jeweils eine besondere und zu bearbeitende Komponente. Das sind ! 1. Defizit, 2. Differenz und 3. Diskriminierung! (Nohl 2006: 10). Der letzte von Nohl entwickelte Ansatz soll die genannten Komponenten in der Interkulturellen Pädagogik positiv mit einbeziehen und ergänzen (vgl. Nohl 2006: 10).

3.2.1 Ausländerpädagogik

Der ausländerpädagogische Ansatz richtet sich an die Kinder von Einwanderern (vgl. Nohl 2006: 15; Krüger-Potratz 2005: 121). Von 1955 bis 1973 wurden dringend Arbeitskräfte gesucht, die Deutschland aus dem Bereich Süd- und Südosteuropa anwerben wollte. Die Gastarbeiter und die deutsche Wirtschaft planten einen kurzen Aufenthalt sowie ein kurzes Beschäftigungsverhältnis in Deutschland, doch mit dem Anwerbestopp 1973 wurden die Gastarbeiter in Bezug auf ihre Familie und dessen Aufenthaltsort beunruhigt. Es war nicht abzusehen, ob sie wieder nach Hause kehren würden, sodass die Gastarbeiter ihre Familien nach Deutschland holten (vgl. Nohl 2006: 16). Dadurch stieg der Anteil der ausländischen schulpflichtigen Kinder in Deutschland rasant von beispielsweise 0,4 % im Jahr 1970 auf 3% im Jahr 1973 an (vgl. Nohl 2006: 17).

Das damalige Konzept der Schule beruhte darauf, dass eine homogene Lerngruppe (gleiches Alter, gleiche Sprache) geschaffen wird, um sich gegenseitig positiv zu beeinflussen. Zum Problem innerhalb des Schulalltags wurde, dass die Kinder der Einwanderer kein Deutsch sprachen (vgl. Nohl 2006: 17). Ein ! richtiges! Konzept für diese besondere Anforderung im Schulalltag entwickelte Deutschland nicht. Es ging davon aus, dass die jüngeren Kinder die deutsche Sprache eigenständig und schnell durch den Kontakt mit deutschsprachigen Kindern lernten. Ältere oder nicht schnell genug lernende Kinder sollten in homogenen Vorbereitungsklassen unterrichtet werden. Die Fülle von unterschiedlichen Sprachen und Nationen ließ dies aber nicht realisieren. Für die regulären Klassen und zur Beruhigung der einheimischen Eltern wurde festgelegt, dass die Anzahl der Einwander-Kinder unter 20% bleiben würde. Gab es insgesamt einen zu hohen Anteil von Einwanderer-Kindern, wurden Nationalklassen oder Ausländerklassen gebildet, in denen in der Herkunftssprache unterrichtet wurde (vgl. Nohl 2006: 18). Diese Strategie verfolgte das Ziel, dass die Kinder in ihrem Erwachsenenleben in ihr Herkunftsland zurückkehren würden, da nach wie vor der politische Gedanke des kurzen Aufenthaltes der Gastarbeiter angestrebt wurde. Die Einwanderer-Kinder sollten unterrichtet werden, um in Deutschland leben zu können, dennoch sollten sie den Anschluss an ihr Herkunftsland nicht durch sprachliche oder kulturelle Unterschiede verlieren (vgl. Nohl 2006: 19).

Ein weiterer wichtiger Aspekt für die Ausländerpädagogik ist, dass durch den Wunsch der Gleichheit bei den ausländischen Kindern die Defizite besonders betont wurden, die es radikal zu kompensieren galt. Dieses Konzept kann daher als kompensatorisch (ausgleichend) und assimilatorisch (angleichend, übernehmend) bezeichnet werden (vgl. Nohl 2006: 19,42). Es ist generell defizitorientiert (vgl. Nohl 2006: 9,20). Die Eingewanderten wurden im Unterschied zu den Einheimischen betrachtet, sodass die Konzepte darauf ausgerichtet wurden, diese Unterschiede zu verdecken. Die Einheimischen wurden nicht mit einbezogen (vgl. Krüger-Potratz 2005: 122; Nohl 2006: 20).

Das Bildungswesen wollte den ausländischen Kindern Chancengleichheit ermöglichen. Es gab zu diesem Zweck sprachliche oder soziokulturelle Förderangebote, wie zusätzlicher Deutsch- oder Ergänzungsunterricht bei fehlender vorschulischer Erziehung (vgl. Krüger-Potratz 2005: 122). Problematisch war dies, weil Deutschland den bisherigen Bildungsstandart dafür nicht senken wollte, was das angestrebte Unterfangen der Chancengleichheit einfach nicht möglich machte (vgl. Nohl 2006: 19).

Zu dem größten Defizit in der Sprache wurde angeführt, dass eine defizitäre Primärsozialisation bei Einwanderer-Familien vorliegen sollte (vgl. Nohl 2006: 21). Die Primärsozialisation findet innerhalb der Familie statt. Dadurch werden kulturbedingt andere Schwerpunkte in der Erziehung gesetzt. Beispielsweise wird auf entwicklungsförderndes Spielzeug verzichtet, weil es im Herkunftsland nicht bekannt ist. Es werden außerdem andere Denkmuster oder Grundhaltungen vermittelt, als es in Deutschland als üblich galt (vgl. Nohl 2006: 21f; Krüger-Potratz 2005: 123).

Die Schichtenzugehörigkeit hat ebenso Auswirkungen auf die Primärsozialisation. Je nach Schicht sind die Möglichkeiten von Erziehung oder Förderung anders. Die Gastarbeiter gehörten der Arbeiterschicht an, wodurch die älteren Kinder die Aufgabe erhielten, sich um ihre jüngere Geschwister zu kümmern, anstelle in die Schule zu gehen. Durch diese Form der Erziehung sollte gewährleistet werden, dass durch zwei Einkommen mehr Geld zur Verfügung stand, da Mutter und Vater arbeiten gingen (vgl. Nohl 2006: 22f; Krüger-Potratz 2005: 123).

Ein Lösungsvorschlag solle die komplette Assimilation darstellen (vgl. Krüger-Potratz 2005: 124). Die defizitäre Primärsozialisation und die anderen Wert- und Normvorstellungen gefährden angeblich nicht nur die Kinder der Einwanderfamilien, sondern sie ist auch eine Bedrohung für die Stabilität der einheimischen und homogenen Gesellschaft (vgl. Nohl 2006: 23).

Weitere Defizite finden sich wie bereits erwähnt in der Verwendung der Sprache. Die Ausländerpädagogik geht davon aus, dass die Einwanderer-Kinder Sprache anders und fälschlich gebrauchen, wobei dies auch auf die Schichtenzugehörigkeiten zurückgeführt werden könnte (vgl. Nohl 2006: 23f). Diese Annahme impliziert zeitgleich, dass die Gastarbeiterkinder kognitiv nicht in der Lage sind Sprache und somit Gedanken nach den Normvorstellungen der Deutschen zu gebrauchen (vgl. Nohl 2006: 25).

Hinzu kommt, dass die nichtdeutschen Kinder die deutsche Sprache erst noch erlernen müssen. Den Kindern wurde unterstellt, dass sie verschiedene Sprachen (die Muttersprache und die Zweitsprache) vermischen würden und später keine von beiden fehlerfrei beherrschen würden. Um das zu verhindern, sollte zahlreiche Sprachtrainings geben, die leider die einzige Form von Förderung in diesem Bereich blieb (vgl. Nohl 2006: 26).

Dies verdeutlicht, dass Ausländerpädagogik eine Zielgruppe erreichen soll, die in dessen Augen als defizitär und anders als die Norm wahrgenommen wurde. Diese Differenzen sollen durch Ansätze ausgeglichen werden, die keine repräsentativen empirischen Studien als Anhaltspunkt hat, sondern nur auf Hypothesen basieren. Die Defizite und Differenzen entstanden aus der Mehrheitsgesellschaft, die vorgab und heute noch vorgibt, was der Norm entspricht. Vermeintliche Versuche diese Differenzen zu überbrücken und sich mit dem Anderssein zu beschäftigen, verstärkten die Stereotype und Vorurteile (vgl. Krüger-Potratz 2005: 136).

Erste Kritik gab es besonders in zwei Bereichen Mitte der 80er Jahre. Einerseits wurde der defizitorientierte Blickwinkel kritisiert, wodurch der Start in die Richtung der Differenz-Perspektive initiiert wurde. Andererseits wurde den damaligen Mitbegründern vorgeworfen, dass sie sich dadurch für den eigenen Vorteil neue Arbeitsfelder erschufen und der Politik fälschlicherweise Probleme abnahmen. Ihnen wurde vorgeworfen, dass sie die Probleme im schulischen Kontext und auf anderen gesellschaftlichen Ebenen kulturalisieren und nicht allumfassend behandelt würden (vgl. Nohl 2006: 40).

Es wurde die Frage gestellt, ob sich die Politik nicht lieber mit der Tatsache beschäftigen sollte, dass Deutschland ein Einwanderungsland ist und ob demnach politische Umstrukturierungen notwendig wären. Dies ging soweit, dass die Ausländerpädagogik ganz aufgegeben werden sollte. Den Sozialarbeitern wurde die eigennützige Entwicklung eines Arbeitsfeldes vorgeworfen, das sie durch die bestehende politische Handhabung eine zusätzliche Gruppe von Klienten zu Verfügung hatte. Dies hatte zur Folge, dass die Zielgruppe von den Gastarbeitern auf die gesamte deutsche Bevölkerung erweitert wurde. Der Blick fokussiert anstelle der Defizite die Differenzen (vgl. Nohl 2006: 40).

3.2.2 Klassische Interkulturelle Pädagogik

Der Ansatz der klassischen Interkulturellen Arbeit verfolgt die Perspektive der Differenz zwischen verschiedenen Kulturen und hat die Einheimischen wie die Ausländer zur Zielgruppe (vgl. Nohl 2006: 45,85). Allerdings kann durch eine Fokussierung auf und durch die Bewertung der Unterschiede zwischen den Kulturen eine leicht defizitäre Perspektive entstehen (vgl. Krüger-Potratz 2005: 137). Neuartig ist in diesem Ansatz, dass die Unterschiede akzeptiert werden und man versucht, durch Begegnung, interkulturellen Austausch und Anerkennung der anderen Kultur, eine positive Entwicklung zu einer neuen Heimat anzuregen sowie die eigene Kultur durch die andere zu verbessern (vgl. Krüger-Potratz 2005: 136f; Nohl 2006: 85).

Beeinflusst wurde dieser Ansatz der Interkulturellen Pädagogik durch die Friedenspädagogik und durch Communitiy-Ansätze, der frühen Form von gemeinwesensorientierter Arbeit (vgl. Nohl 2006: 50).

Nach dem man sich davon gelöst hatte die einzelnen ethnischen Gruppen als eine Gemeinschaft und als Zielgruppe zu betrachten, ist der neue Blick auf alle Personen in ihrem gesamten Lebensumfeld gerichtet (vgl. Nohl 2006: 50). Der Blick wandte sich von den Defiziten ab. Zwischen den Menschen soll Begegnung gefördert, Vorurteile sollen abgebaut und sich untereinander kennen gelernt werden (vgl. Nohl 2006: 51). Man kann diesen Ansatz als einen begegnungs- oder konfliktpädagogischen Ansatz beschreiben (vgl. Krüger-Potratz 2005: 136; Nohl 2006: 54). Begegnung fördert ein friedliches Verhältnis zwischen den Kulturen untereinander und Konflikte durch Vorurteile, Rassismus oder Diskriminierung können bekämpft werden (vgl. Nohl 2006: 54).

Zeitgleich wurde der Ansatz der klassischen Interkulturellen Pädagogik auf die Bildungsebene ausgeweitet. Die institutionellen Einrichtungen mussten sich ändern, um erfolgreich Ungleichheiten und Benachteiligung beseitigen zu können (vgl. Krüger-Potratz 2005: 137). Das Lehrerkollegium und weiteres Fachpersonal sollte aus- und weitergebildet werden, Materialien für den Unterricht sollte entwickelt und benutzt werden. Interkulturelle Öffnung wurde angestrebt (vgl. Nohl 2006: 55; Krüger-Potratz 2005: 140). Dieses Konzept nennt sich ! Interkulturelle Bildung und Erziehung in der Schule! und verfolgt die Ziele, dass die Schulkinder

- ! sich ihrer jeweiligen kulturellen Sozialisation und Lebenszusammenhänge bewusst werden;
- über andere Kulturen Kenntnisse erwerben;
- Neugier, Offenheit und Verständnis für andere kulturelle Prägungen entwickeln;
- andere kulturelle Lebensformen und -orientierungen begegnen und sich mit ihnen auseinandersetzen und dabei Ängste eingestehen und Spannungen aushalten;
- Vorurteile gegenüber Fremden und das Fremde wahr- und ernstnehmen;
- das Anderssein der anderen reflektieren, kritisch prüfen und Verständnis für andere Standpunkte entwickeln;
- Konsens für gemeinsame Grundlagen für das Zusammenleben in einer Gesellschaft bzw. in einem Staat finden;
- Konflikte, die aufgrund unterschiedlicher ethnischer, kultureller und religiöser Zugehörigkeiten entstehen, friedlich austragen und durch gemeinsam vereinbarte Regeln beilegen zu können! (Nohl 2006: 56f zit. n. Krüger-Potratz/Puskeppeleit 1999: 61).

3.2.3 Antidiskriminierungs- und Antirassismuspädagogik

Diese Pädagogik liegt einem struktur- oder systemtheoretischen Ansatz zugrunde (vgl. Nohl 2006: 125; Gogolin/Krüger-Potratz 2010: 127). Anders als die Ausländerpädagogik oder die klassische Interkulturelle Pädagogik, geht die Antidiskriminierungspädagogik davon aus, dass Kultur ein Konstrukt der Menschheit ist, womit Kultur zum Differenzmerkmal gemacht wird (vgl. Nohl 2006: 87; Gogolin/Krüger-Potratz 2010: 129; Krüger-Potratz 2005: 154). Laut diesem Ansatz ist Kultur aber keine Charakteristik, sondern eine ! Zuschreibung! (vgl. Nohl 2006: 88). Die Kultur ist konstruktivistischen Ursprungs und wird als die Deskription der Realität verstanden. Dieser Ansatz beschäftigt sich nicht mit der Frage ! Was ist ein Migrant?! sondern mit der Frage ! Weshalb wird er so beschrieben?! (vgl. Nohl 2006: 88). Als Zielgruppe rücken die Einheimischen in den Blickwinkel, da sie die Migranten beschreiben, konstruieren und die anderen als fremd bezeichnen (vgl. Nohl 2006: 88).

Als Konstrukt eines Gesellschaftsteils, entstand parallel zu der Interkulturellen Pädagogik das Bild der ! multikulturellen Gesellschaft! (Nohl 2006: 90). Deutlich wird, dass in der multikulturellen Gesellschaft zwischen den Einheimischen und den Einwanderern unterschieden wird. Den Einwanderern werden ethnisch-kulturelle, den Einheimischen individuelle Eigenschaften zu geschrieben. Es wird offensichtlich, dass die einheimische Mehrheitskultur die Minderheitskultur konstruiert (vgl. Nohl 2006: 91). Kultur wird zu einem Unterscheidungsmerkmal, das eine tragende

Komponente bei Diskriminierung ist, ähnlich wie das Alter, das Geschlecht oder die Schichtenzugehörigkeit (vgl. Nohl 2006: 92).

Diese Form der Interkulturellen Arbeit nimmt politische Fragen mit in ihr Handeln auf. Es wird aber nicht ausschließlich politisch auf die Thematik der Einwanderung eingegangen, sondern es soll mit erzieherischen Maßnahmen auf Personen eingewirkt werden, die ein positives Miteinander verhindern oder kein Interesse gegenüber dieser Thematik zeigen. Sowohl die Einheimischen als die Migranten werden angesprochen (vgl. Nohl 2006: 92).

Rassismus erhält ähnliche Betrachtungsperspektiven. Er ist vermeintlich nur ein Problem von bestimmten Personen oder Gruppen samt deren Überzeugungen. Diese sozialpsychologische Komponente impliziert, dass sich der Mensch mit seinen Überzeugungen verändert muss. Dies kann nur durch den Staat und gezielte Erziehung geschehen. Angeprangert wird, dass Interkulturelle Pädagogik mit dieser Betrachtungsweise erst die Lösung des Problems begründete und im Nachgang die Erlaubnis für die Handhabung mit dem Problem der Einwanderung angebracht hat. Es wird deutlich, dass das Problem zumindest teilweise konstruiert bzw. umgedeutet wurde, sodass es in das Lösungsschema passt (vgl. Nohl 2006: 93; Gogolin/Krüger-Potratz 2010: 127).

Rassismus entsteht durch Vorurteile mit einem Machtvorteil des Vorurteiläußernden und seinem gesellschaftlichen Einfluss. Es muss zwischen strukturellem und alltäglichem Rassismus unterschieden werden, da nicht nur einzelne Individuen rassistischer Natur sein können. Auch Organisationen und Institutionen benachteiligen Minderheiten, wie es in dem Bildungswesen Schule leider häufig vorkommt, da nicht alle Kinder dieselben Chancen erhalten (vgl. Auernheimer 2007: 91).

Diskriminierung kann definiert werden als eine Unterscheidung, der eine Bewertung anhängig ist und nur einem Detail Aufmerksamkeit schenkt. Dies ist ein natürlicher Prozess des Wahrnehmens (Unterschiede bemerken und sie benennen) und geschieht nicht per se feindselig. Dieser Prozess des Wahrnehmens vollzieht sich auch in Organisationen oder Institutionen, die ihrer Zielgruppe eigentlich helfen wollen. Es gibt es dort ein verbindliches und systematisches Vorgehen, um Unterschiede auszumachen, das aber nicht kontrolliert wird. Unabhängige Kontrolleure müssten dafür Sorge tragen, dass nach den Grundsätzen von gleicher und gerechter Behandlung differenziert wird und nicht nur ein Teil der Menschheit besondere Aufmerksamkeit erhält und durch besondere Gesetzte oder spezielle Behandlungen bei Ämtern etc. diskriminiert wird (vgl. Nohl 2006: 96).

Es wird zwischen direkter institutionalisierter und indirekter, nicht intendierter institutioneller Diskriminierung unterschieden. Erste findet allein durch die bloße Unterscheidung zwischen ! Inländern! und ! Ausländern! statt. In der Arbeitsvermittlung bekam nach dem ! Inländerprivileg! ein ! Ausländer! (ohne allgemeine Arbeitserlaubnis) nur einen Arbeitsplatz, wenn dieser nicht durch einen ! Inländer! oder eine andere Person mit mehr Rechten besetzt werden konnte (Nohl 2006: 96). Indirekte, nicht intendierte Diskriminierung bezeichnet die Art von Diskriminierung, die durch Organisationen oder Institutionen stattfindet, die eigentlich ohne voreingenommen zu sein nach den Normen der Gerechtigkeit und Gleichheit agieren, die aber !indirekt! dennoch zu Unterscheidungen und Diskriminierungen führen. Sie entsteht, weil eine nicht diskriminierende Institution mit einer diskriminierenden zusammenarbeitet.

Ein Beispiel: eine alleinerziehende Mutter kann sich weniger Schulsachen für ihre Kinder leisten, da sie wahrscheinlich weniger verdienen wird, als eine Familie mit zwei verdienenden Elternteilen. Die Institution Schule und die Institution Arbeitgeber ergänzen sich negativ. Auch Nachwirkungen früherer Diskriminierung existieren noch und bergen heutzutage neu Diskriminierungen. Z. B. sollten Promovierende beim Antritt einer Professorenstelle in der Vergangenheit um die 35 Jahre alt sein (Altersdiskriminierung). Diese Regelung ist heute noch aktuell und kaum realisierbar. Schon gar nicht mehr für diejenigen, die ihr Abitur erst auf dem zweiten Bildungsweg erhalten und einfach länger für ihre Ausbildung brauchen (vgl. Nohl 2006: 96). Eine andere Form von Diskriminierung zeigt sich, wenn für ein Mitwirken in einer Organisation bestimmte körperliche Merkmale erfüllt werden müssen, wie bei körperlichen Eignungstest bei der Polizei oder für ein Sportstudium (vgl. Nohl 2006: 97).

Ein Vorschlag, um diese Diskriminierung zu beseitigen, lautet die !Verteilungsgerechtigkeit! (Nohl 2006: 97) zu messen. Somit würden die Institutionen und Organisationen in den Blickpunkt geraten und nicht die diskriminierte Person. Verteilungsgerechtigkeit meint, dass die Produkte gleichermaßen die gesamte Bevölkerung erreichen. Bildung als Produkt ist beispielsweise ungerecht verteilt, wenn bei den 19 Jahre alten Gymnasiasten (10 % Ausländeranteil) keine 10 % Migranten unter den Abiturienten sind (vgl. Nohl 2006: 97).

Gerade im Bildungswesen kommt es häufig zu indirekter, nicht intendierter Diskriminierung von Schülern mit Migrationshintergrund. Das deutsche dreigliedrige Schulsystem ist dafür ein Beispiel. Schon früh wird über die Schullaufbahn eines Kindes entschieden oder über die Überweisung an eine Sonder- oder Förderschule (vgl. Gogolin/Krüger-Potratz 2010: 128; Nohl 2006: 103). Bei der Bewertung über den Besuch einer weiterführenden Schule werden den Migranten seltener Empfehlungen für den Besuch eines Gymnasiums ausgesprochen. Man möchte die Kinder vor Überforderung schützen, weil man ihren Eltern weniger Kompetenzen in der Unterstützung zuschreibt aufgrund der Annahme, dass diese vermeintlich nicht mit dem deutschen Schulsystem vertraut sind. Auch die Überweisungen von Migranten an Sonder- oder Förderschulen werden mit kultureller Fremdheit oder Sprachdefiziten begründet, die dem Schutz des Kindes dienen sollen. Das somit die späteren

Karrierechancen verringert werden, wird außer Acht gelassen (vgl. Gogolin/Krüger-Potratz 2010: 128f; Nohl 2006: 103,107).

Das Problem ist, dass viele pädagogische Maßnahmen nicht greifen können, wenn sich in der Struktur von Diskriminierung nichts ändert. Es gilt den Anstoß für Diskriminierung ausfindig zu machen und zu beseitigen, womit man zur Konstruktion von Migranten und Unterschieden kommt, wie eingangs des Kapitels beschrieben (vgl. Gogolin/Krüger-Potratz 2010: 128).

Antirassistische Pädagogik zielt gegen strukturellen Rassismus und hat ihren Ursprung in den 80er Jahren (vgl. Auernheimer 2007: 150). Politischer oder sozialer Rassismus kann definiert werden als eine Diskriminierung von Menschen, die nach spezifischen und vererbt bedingten Merkmalen unterschieden und so minderwertig dargestellt werden. Menschen mit einer rassistischen Einstellung fühlen sich der nach ihnen benannten anderen Rasse überlegen und lassen Vorurteile und Feindschaften entstehen (vgl. www.bpb.de).

Entstanden ist die Antirassistische Erziehung in England, durch die Benachteiligung der ! Schwarzen Minderheit!, gegen die sich die Angehörigen dieser Minderheit selber wehrten. In Deutschland gab es den Anstoß für eine Antirassistische Erziehung Ende der 80er Jahre im Zuge der Zunahme rechtsextremer Jugendlicher. Hier waren es jedoch die Mehrheitsangehörigen, die gegen ! Gewalt und Rechtextremismus! (Auernheimer 2007: 150) ankämpfen wollten.

Der antirassistische Ansatz kann in drei Erklärungsmodelle, dem holistischen, dem individualistischen und dem mehrdimensionalen unterteilt werden.

Das erste Erklärungsmodell macht die Regierung des Landes, die Wirtschaftswissenschaft und das gesellschaftliche Kollektiv für den Rassismus verantwortlich und fordert eine kompromisslose und gänzliche Umstrukturierung (vgl. Krüger-Potratz 2005: 145). Die Menschheit richtet sich in diesem Verständnis unbewusst nach den Umständen, die sie durch ihr Land und die Politik vermittelt bekommen. So können sie nicht mehr in die Verantwortung für ihre Taten genommen werden und aus Rechtsextremisten werden sogar Opfer gemacht, da sie nach diesem Konzept von einer dritten Instanz beeinflusst worden (vgl. Krüger-Potratz 2005: 145).

Wie der Name anklingen lässt, geht der individualistische Ansatz von der einzelnen Person und ihrer individuellen persönlichen Neigung aus. Mögen der Staat oder andere Beteiligte noch so fehlerhaft sein, so ist diese Person für sich selbst und für ihre rassistischen Meinungen sowie Taten verantwortlich (vgl. Krüger-Potratz 2005: 145).

Der multidimensionale Ansatz führt beide vorherigen Ansätze zusammen. Die persönlichen wie die institutionellen oder die gesellschaftlichen Dimensionen dürfen nicht nur in die eine oder in die andere Richtung zusammenhängend betrachtet werden. Sie müssen als sich gegenseitig manipulierend verstanden werden (vgl. Krüger-Potratz 2005: 145).

Besonders häufig wird der individualistische Ansatz in Skripts oder Trainings umgesetzt, da dieser auf den Menschen abgestimmt wird. Der teilnehmende Rassist erfährt durch Rollenspiele etc. Rassismus negativ an sich selbst und lernt dieser Szene entweichen zu wollen (vgl. Krüger-Potratz 2005: 145). Der Rassist als Mensch soll sich verändern, wobei auch die strukturellen Probleme angesprochen und in Konzepte als eine thematische Übungseinheit eingebaut werden, sodass dem Ziel der Perspektivenerweiterung näher gekommen wird (vgl. Krüger-Potratz 2005: 146).

In England wurde die Antirassistische Erziehung als Kritik gegenüber der multicultural education entwickelt, die bisher eine Lösungsstrategie in Gebieten mit hoher Rassismus- und Konfliktrate darstellte (vgl. Auernheimer 2007: 150; Krüger-Potratz 2005: 143). Multicultural education ist vergleichbar mit der klassischen Interkulturellen Pädagogik aus Deutschland. Anders als diese wurde die Antirassistische Erziehung von den Minderheitsangehörigen und somit von den Diskriminierten selber initiiert (vgl. Auernheimer 2007: 150).

Anhänger der Antirassistischen Erziehung Kritisieren die Konzepte der multicultural education, sie seien !paternalistisch und individualisierend! (Krüger-Potratz 2005: 143), da der kulturelle Wissensaustausch oder eine generelle Kulturvermittlung durch Nichtangehörige der Kultur gelingen soll. Dadurch könnten Stereotype mit negativen Folgen entwickelt werden. Außerdem konzentriert man sich bei der Vermittlung kulturellen Wissens besonders auf kulturelle Unterschiede, die wiederum Diskriminierung hervorrufen können. Den vermittelnden Fachkräften bzw. dem Konzept nach dem diese arbeiten wird Paternalismus vorgeworfen, da sie als Mehrheitsangehörige der Minderheit etwas über dessen Kultur vermitteln sollen, ohne diese selber zu leben. Dadurch kann es geschehen, dass die Fachkräfte die Minderheit bevormunden (vgl. Auernheimer 2007: 151).

Weiter kritisiert Antirassistische Pädagogik an der Interkulturellen Pädagogik, dass sie Rassismus als ein individuelles Problem betrachtet, welches durch Unwissenheit und Ahnungslosigkeit einzelner Menschen entsprungen ist. Die sozialen und politischen Komponenten werden dabei komplett ausgeklammert, doch die Antirassistischen Erziehung könnte dem entgegenwirken (vgl. Auernheimer 2007: 151). Zum einen könnte die Politik Sorge tragen, dass Rassismus in der Schule nicht mehr möglich ist und nicht mehr als persönliches Problem der Schule bzw. der Schüler betrachtet wird. Politik könnte zum anderen auch dafür sorgen, dass Rassismus auf beiden Seiten angesprochen, also !enttabuisiert! wird. Aufklärung lautet das Ziel. Die Minderheitsangehörigen müssen gestärkt werden sich gegen Rassismus zu wehren, die Mehrheitsangehörigen müssen für Rassismus sensibilisiert werden, so dass sie nicht selber in negative Denkmuster fallen. Beide Seiten müssen gleichermaßen die Fähigkeiten erhalten mit- und übereinander in Gespräche zu kommen, ohne dass dies in Vorwürfe oder eine Verstärkung von Vorurteilen mündet (vgl. Auernheimer 2007: 152).

Ende der 80er Jahre wurde an dieser Form von Antirassistischer Erziehung kritisiert, dass sie Rassismus verallgemeinert behandelt. Aufklärung oder kulturelle Begegnung reichen für die Bekämpfung von (alltäglichem) Rassismus nicht aus (vgl. Auernheimer 2007: 152). Dies hatte eine Weiterentwicklung der Antirassistischen Erziehung in den 90ern zur Folge. Im Bildungswesen wird der Schwerpunkt auf Sprache und damit auf hinterfragende Reflexion gelenkt. Außerdem werden weitere Merkmale der Kultur bei der Betrachtung der Bevölkerung und dem Entgegenwirken von Rassismus in der Antirassistischen Erziehung mit einbezogen, wie das Geschlecht, das Alter oder die persönliche Einstellungen als ein Vorläufer des Diversity-Ansatzes.

Antirassistische Erziehung im Unterricht hat in den 90ern die Ziele ! Ähnlichkeiten und Unterschiede mit den Kindern zu erkunden, die Kinder die eigenen Aspekte ihrer Kultur entdecken lassen! und die Kinder ! erkunden zu lassen, welche Personen in ihrer Umgebung Macht und Einfluss haben, [und] welche Gruppen benachteiligt sind! (Auernheimer 2007: 153f). Es entstand zahlreiches Lehrmaterial für den Unterricht und es wurde besonders darauf geachtet, die Kinder selber auf Entdeckungsreise gehen zu lassen. Den Lehrern wurde vermittelt, dass sie besonders darauf achten sollten, die Sinne und Empfangsbereitschaft für rassistische Äußerungen zu schärfen, damit sich aus diesen keine neuen Vorurteile und Stereotype bilden können. Desweiteren sollen verbale rassistische Äußerungen sofort besprochen und entschärft werden (vgl. Auernheimer 2007: 154).

Antirassistische Erziehung hatte in England den Erfolg, dass die Vorgehensweise Interkultureller Arbeit überarbeitet wurde und neue Konzepte mit einer besseren Wirkung erarbeitet wurden. Diese führten zu dem Konzept von Interkultureller Bildung und einer Förderung von Interkultureller Kompetenz (vgl. Auernheimer 2007: 154) sowie dem Zusammenschluss von Interkultureller Arbeit und Antirassistischer Erziehung mit politischem Wirken gegen strukturelle Ungerechtigkeiten (vgl. Auernheimer 2007: 155).

In Deutschland drückt sich der Unterschied von Antirassistischer Erziehung gegen Rechtsextremismus zu Interkultureller Erziehung vor allem darin aus, dass auf die Jugend- oder Erwachsenenarbeit eingewirkt wird und man sich auf den Alltagsrassismus beschränkt statt auf den politisch strukturell bedingten (vgl. Krüger-Potratz 2005: 144; Auernheimer 2010: 150).

Der Schwerpunkt wird auf Selbsterfahrung und Aufklärung gelegt. Diese wirken am besten in Kombination, da reine Aufklärungsversuche nicht wahrgenommen werden und Selbsterfahrungsangebote eher ans Gewissen appellieren, ohne dass das Handeln verändert oder erweiter wird (vgl. Auernheimer 2007: 155).

Zusätzlich der politischen Aufklärung kommt für Deutschland hinzu, Erinnerungsarbeit zu leisten und die antisemitische Vergangenheit nicht unter den Tisch zu kehren, denn in dieser finden sich viele Einstellungen und Ansichten die Rassismus aufkeimen lassen könnten. Antirassistische Erziehung muss immer in Hinblick auf die eigene Nation und die eigene Geschichte entwickelt werden und sollte nicht von anderen übernommen werden, denn Rassismus hat von Nation zu Nation unterschiedliche Darstellungsweisen und Auslöser (vgl. Auernheimer 2007: 156).

In England und Deutschland entwickelte sich ein Schulansatz der Gesamtheit, worin eine positive Lernatmosphäre Grundvoraussetzung ist. Dies impliziert z. B. dass zu Beginn eines Konzeptes Antirassistischer Erziehung erst die emotionale Ebene (Ausdruck von Ängsten oder Wünschen) angesprochen wird, bevor die Teilnehmer oder Schüler bereit sind, sich kognitiv mit Stereotypen oder Vorurteilen zu beschäftigen (vgl. Auernheimer 2007: 156). Antirassistische Erziehung in der Schule fordert ein gutes Lehrer-Schüler-Verhältnis, sodass Schule nicht nur reine Wissensvermittlung zum Ziel hat, sondern generell Wert auf Kooperation und Teamarbeit legt (vgl. Auernheimer 2007: 156).

Die Antidiskriminierungs- und Antirassismuspädagogik ist nicht frei von Kritik, der Ansatz gilt als sehr radikal und einseitig betrachtend, weswegen es nicht verwunderlich ist, dass auch diese Konzepte weiterentwickelt wurden und an die aktuelle Diskussion angeglichen wurde.

3.2.4 Weiterentwicklungen Interkultureller Pädagogik

In der aktuellen Debatte, um eine moderne Interkulturelle Arbeit, gibt es mittlerweile mehrere Konzepte. Die vielen Konzepte führen entweder zu weiter ausgebauten, ergänzen sich oder haben andere Schwerpunkte gesetzt. Dies ist nicht verwunderlich, wurde der Kulturbegriff als hermeneutisch und somit als sich in Angesicht der Zeit wandelnd bezeichnet. In diesem Kapitel werden knapp einige Weiterführungen vorgestellt, womit aber nicht alle Konzeptionen genannt sind.

3.2.4.1 Reflexive Interkulturelle Pädagogik (Hamburger)

Dieser Ansatz geht davon aus, dass der zuvor beschriebene Antidiskriminierungsansatz eine gute Ausgangslage zur Abwendung von Rassismus und Diskriminierung ist (vgl. Nohl 2006: 127). Doch gerade das Betonen von Differenz und das vermeintliche Zusammenführen schürt Ungerechtigkeit und Diskriminierung (vgl. Hamburger 2009: 107). Der Ansatz einer reflexiven Interkulturellen Pädagogik verfolgt die Meinung, dass Interkulturelles Lernen Hauptbestandteil Interkultureller Arbeit sein muss, einhergehend mit einem reflexivem Bewusstsein dafür. Differenzen können nur als normal verstanden und akzeptiert werden, wenn sie betont, herausgearbeitet, reflektiert, ausgehalten und verarbeitet werden (vgl. Hamburger 2009: 107).

Dies kann auch zu Problemen führen, denn obwohl es im schulischen Kontext normal ist, dass dort auch Kinder mit Migrationshintergrund lernen, kann dieser Zustand nicht als wirkliche Normalität wahrgenommen werden, wenn die Differenzen in der Klassengemeinschaft zu sehr und zu oft betont werden. Die Aufgabe Interkulturellen Lernens ist die Förderung, dass eine heterogene Klassengemeinschaften diesen Zustand durch Toleranz und durch das Vermitteln des Gleichheitsgedanken als normal empfindet (vgl. Hamburger 2009: 108, Nohl 2006: 128).

Um dabei erfolgreich zu sein, schlägt dieses Konzept vor gezielter auf Situationen einzugehen, kleinschrittiger zu agieren und die Ziele näher zu stecken (vgl. Hamburger 2009: 128). Reflexivität spielt in diesen Zusammenhang eine essentielle Rolle und meint in diesem Kontext, den realen Umgang mit verschiedenen Kulturen aus denen das Wissen hervorgeht, dass es Unterschiede gibt. Bei der nächsten Begegnungen können diese hinterfragt und reflektiert werden und sollen zu einer anderen Betrachtungsweise führen (vgl. Hamburger 2009: 127). Nämlich zu dieser, dass es Unterschiede und somit auch Gemeinsamkeiten zwischen mehreren Kulturen gibt (vgl. Hamburger 2009: 129). Fremd- und Eigeninterpretationen dürfen nicht einfach übernommen werden, es gilt sie wahrzunehmen und zu überprüfen, warum diese Deutungsmuster so verwendet werden (vgl. Nohl 2006: 128).

Desweiteren plädiert die reflexive Interkulturelle Pädagogik dafür Spannungen und Auseinandersetzungen nicht voreilig immer auf der interkulturellen Basis bearbeiten zu wollen, weil andere Komponenten unbeachtet blieben und Stereotype intensiviert werden würden (vgl. Nohl 2006: 127f). Aus diesen Überlegungen können folgende Ziele formuliert werden, die in ihrer Auslegung einen großen Spielraum lassen (vgl. Hamburger 2009: 133):

- Das Agieren des Sozialarbeiters muss situationsgerecht sein und nicht rein durch theoretisches Wissen begründet werden.
- Es sollen Prinzipien hervorgehoben werden, die für jeden Menschen von gleicher Bedeutung sind und sich nicht zu sehr auf Unterschiede konzentrieren.
- Solange Benachteiligung negativ im Raum steht, muss sie thematisiert werden.
- Differenz muss als Normalzustand betrachtet werden und alle Personen erhalten einen ! allgemein anerkannten Verfassungsrahmen! (Hamburger 2009: 133).

Dabei muss jedem Menschen individuell ermöglicht werden, sich zu entfalten und über seine Grenzen zu gelangen. Wie beschrieben ist es hinderlich, wenn sich zu sehr auf die Unterschiede fixiert wird, da sich die jeweiligen Personen angegriffen fühlen und sich abgrenzen könnten. Gefordert wird eine gezielte Thematisierung und eine reflexive Interkulturelle Arbeit (vgl. Hamburger 2009: 133).

Gleiches gilt generell für die Soziale Arbeit. Sie soll ihre Methoden und Ziele reflektieren und stets überprüfen, ob sie ihr Handeln nicht routiniert und zu schnell auf interkulturelle Probleme ausrichtet. Reflexive Interkulturelle Pädagogik will verschiedene Ansätze in ihrem Methodenrepertoire integrieren. Sie soll aber den Rückschluss auf Kultur und die damit verbundenen interkulturelle Perspektiven nicht komplett außer Acht lassen. Eine reflexive Interkulturelle Soziale Arbeit muss entscheiden können, Interkulturelle Arbeit anzuwenden, wenn sie nötig ist und kein anderer Ansatz besser wirken würde (vgl. Hamburger 2009: 142f; Nohl 2006: 128).

3.2.4.2 Migrationspädagogik (Mecheril)

Migrationspädagogik hat das Hauptziel Rassismus zu bekämpfen, der dadurch zustande kommt, dass die Mehrheitsgesellschaft nach wie vor eine Unterscheidung zwischen den Einheimischen und den anderen macht und so die eigene kulturelle Persönlichkeit als höherwertig versteht (vgl. Nohl 2006: 130). Diese Ansicht soll durch eine Neustrukturierung der kulturellen Hierarchien gelingen (vgl. Nohl 2006: 130).

Die Leitlinien der Migrationspädagogik erschaffen eine Neuordnung zugunsten einer Gleichstellung von Migranten und Einheimischen durch Bildung, kritisches Selbsthinterfragen und ein kleinwenig Humor im pädagogischen Handeln. Es muss sich dafür eingesetzt werden, dass sich im Zuge der Gleichstellung alle verwirklichen und sich treu bleiben können. Für die Gesellschaft soll es möglich sein verschiedenen Kulturen anzugehören, beispielsweise der Kultur des Herkunftsland sowie der Kultur des Einwanderungslandes. Dieser Ansatz bezieht sich nur auf den kulturellen Kontext. Andere Faktoren, die eine Gleichstellung berücksichtigen (Geschlecht, Alter, etc.) werden vernachlässigt (vgl. Nohl 2006: 130).

Dieser Ansatz ist entstanden, weil die bisherige Interkulturelle Pädagogik, welche Kultur als Differenzkriterium beschreibt, selber nicht genau genug definiert ist. Sie wird als reine Fachdisziplin verstanden, die sich nur mit der Vielzahl von Kulturen und der Differenzen in der Gesellschaft beschäftigt und nicht konkret und aktiv mit ihr arbeitet (vgl. Nohl 2006: 128). Weiter ist das Problem, dass sich Interkulturelle Pädagogik im klassischen Sinn zu sehr auf die andere Kultur beschränkt und die damit einhergehenden Faktoren vernachlässigt, wie die durch Einwanderung bedingte neukonstruierten und -entstanden Gesellschaftsformen sowie neue Identitätskonstrukte der Individuen. Dies ist nicht nur für die andere Kultur relevant, sondern auch für die einheimische, die auf diese Entwicklung reagieren muss (vgl. Nohl 2006: 129).

Aus diesem Ansatz der Migrationspädagogik in Kombination mit dem Ansatz der Reflexiven Interkulturellen Arbeit kann eine nicht-technische, aber reflektive Interkulturelle Kompetenz für die Soziale Arbeit entwickelt werden (vgl. Nohl 2006: 129):

- Der interkulturell kompetente Handelnde muss sein Augenmerk nicht darauf lenken, dass der Migrant eine andere Kultur hat, sondern darauf wie Kultur verwendet wird und welche Voraussetzungen damit einhergehen.
- Der interkulturell kompetente Handelnde muss akzeptieren, dass der Klient der Experte seiner Selbst ist. Er muss zwischen !Wissen und Nicht-Wissen! (Nohl 2006: 129) differenzieren und die dazugehörige Grenze kennen.
- Der interkulturell kompetente Handelnde weiß über die Machtverhältnisse der Gesellschaft gegenüber der Minderheit Bescheid und kann feinfühlig damit umgehen. Zeitgleich sind ihm die Machtverhältnisse zwischen sich als Fachkraft und seinem Klienten im Bewusstsein.

3.2.4.3 Pädagogik der Vielfalt (Prengel)

Der Ansatz einer Pädagogik der Vielfalt ist eine Weiterentwicklung der klassischen Interkulturellen Pädagogik, neu bestückt mit Elementen aus der feministischen Pädagogik und der Integrationspädagogik (vgl. Prengel 2006: 181). Aus dem zusammengeführten Differenzverständnis der drei pädagogischen Richtungen werden die Komponenten in einer Pädagogik der Vielfalt begründet.

Zusammengefasst lässt ein !demokratischer Differenzbegriff! (Prengel 2006: 181) keine Hierarchien zu, er zielt auf eine Gleichbehandlung von Differenz. Mit dieser Differenz geht einher, dass die Menschen offen auf Neues reagieren, Unterschiede sollen in ihrer Vielfalt wahrgenommen werden und nicht in ein schwarz-weiß Schema wie !ich und der andere! integriert werden (vgl. Prengel 2006: 181). Differenz kann es zwischen aber auch in Gruppen geben und so enthält Differenz eine Makro- und Mikroebene (vgl. Prengel 2006: 181f).

Gesellschaftliche Differenzen kommen durch unterschiedliche Lebenswelten und Erfahrungen zustande, die durch Sozialisation und Konstruktion entstehen. Es muss davon Abstand genommen werden, bestimmte Bilder von Menschen (Frauen, Behinderte, etc.) als unweigerlich richtig und nicht wandelbar zu sehen. Differenz ist wandelbar, weil das Leben und die Deutungsmuster Angehöriger verschiedener Kulturen ebenso dynamisch und wandelbar sind. Durch die Geschichte und Entstehung von Differenzen kann man Rückschlüsse auf seine eigene Identität ziehen und besser verstehen, warum manches zur Tradition geworden ist und manches nicht (vgl. Prengel 2006: 182).

Demokratische Differenz fordert, dass Unterschiede von Minoritäten und anderen früher Benachteiligten akzeptiert und nun gleichbehandelt werden. Durch eine übermäßige ! Wiedergutmachungsbehandlung! würden sie weiter benachteiligt. Differenzen dürfen nicht definiert werden, da man so nie zu einer gerechten und richtigen Definition kommen würde und Menschen etikettiert würden. Auch Menschen derselben Kultur können Differenzen aufweisen, da sich Lebensweisen und Einstellungen sowie die Kultur sich weiter entwickeln. Differenzen beeinflussen sich gegenseitig und können nicht strikt voneinander getrennt werden (vgl. Prengel 2006: 183). Alle differenten Gruppierungen müssen das gleiche Recht erhalten ihre Differenzen ausleben zu dürfen. Gleichheit ist also Voraussetzung für Differenz (vgl. Prengel 2006: 184). Aus diesem Verständnis von Gleichheit und demokratischer Differenz leiten sich siebzehn Thesen für die Pädagogik der Vielfalt ab.

Der Kern der siebzehn Thesen der Pädagogik der Vielfalt bezieht sich vor allem auf die schulische Ebene, die aber auf andere Kontexte übertragbar ist (vgl. Prengel 2006: 185).

Selbstachtung und Akzeptanz gegenüber dem anderen verhelfen dazu, dass Rassismus und Diskriminierung nicht möglich sind. Ein respektvoller Umgang mit Vielfalt soll angestrebt werden und dies ist nur möglich, wenn man auch seine eigene Persönlichkeit wertschätzt (vgl. Prengel 2006: 186).

Daraus leitet sich die Motivation ab, das andere und den anderen mit den Facetten der Gemeinsamkeiten und der Unterschiede kennenzulernen (vgl. Prengel 2006: 186). Es wird möglich Gemeinsamkeit zu spüren und zu leben, indem die Vielfalt integriert ist (vgl. Prengel 2006: 187).

Durch das Kennenlernen der anderen werden neue Perspektiven für das individuelle eigene Handeln ergründet. Es findet wechselseitig eine kognitive und emotionale Weiterentwicklung statt und ein einseitiger oder vorurteilsbelasteter Verlauf in eine rassistische Richtung wird verhindert (vgl. Prengel 2006: 187).

Gemeinsamkeiten und Unterschiede entstehen durch ähnliche Erfahrungen in verschiedenen Gruppen und sollten thematisiert werden. Auch homogene Gruppen können mit dem Bewusstsein der Vielfalt unter sich sein, nur dürfen sie sich nicht zu stark abgrenzen (vgl. Prengel 2006: 188f).

Aufgabe einer Pädagogik der Vielfalt ist es die Wahrnehmung und Selbstachtung der Individuen zu schulen. Dadurch erkennen sie, dass auch die eigene Persönlichkeit vielfältig ist und dass man keine Angst vor diesen noch unbekannten Aspekten zu haben braucht (vgl. Prengel 2006: 189).

Den Pädagogen muss bewusst sein, dass Selbstwertschätzung und Anerkennung des anderen prozessweise entwickelt werden und sie diesen Prozess nicht beschleunigen oder gar für den Klienten übernehmen können. Wenn dieser Prozess sich aus der intrinsischen Motivation des Klienten vollzieht, lernt der Klient für das Leben. Die Erfahrungen aus dem Prozess können ihm nie wieder abhandenkommen. Mischt sich der Pädagoge zu sehr ein, kann er den gewünschten Entwicklungsprozess verhindern (vgl. Prengel 2006: 191).

Pädagogen sollten Abstand wahren Lernziele der Klienten zu fest zustecken oder zu sehr nach Leitbildern zu arbeiten. Den Klienten muss der Weg frei stehen sich in einem grob vorgezeichneten Rahmen zu entfalten (vgl. Prengel 2006: 191). Die Pädagogen stellen ihnen nötigen Mittel zur Verfügung, um das Ziel zu erreichen (vgl. Prengel 2006: 192).

Die Pädagogik der Vielfalt lehnt sich methodisch an die Reformpädagogik an, in der die Klienten ihre eigenen Erfahrungen sammeln und diese besser begreifen. Ihnen muss individueller Raum gelassen werden, um Fertigkeiten und Fähigkeiten zu entwickeln (vgl. Prengel 2006: 193). Damit dies für alle gleichermaßen gelten kann, muss es in einer Gruppe Regeln geben, die sie sich selber erschlossen hat und an die sich jedes Gruppenmitglied halten kann und möchte. !Grenzen setzen und Grenzen respektieren lernen sind zentrale Bildungsziele der Pädagogik der Vielfalt, ohne die die Haltung der Selbstachtung und Anerkennung der anderen keinen Boden hat! (Prengel 2006: 194).

Alle zuvor genannten Fakten gelten natürlich auch für die Pädagogen, die dennoch an die Institution gebunden sind und daraus ableitend immer eine ranghöhere Position enthalten. Pädagogen müssen sich dieser Bewusstsein und offen damit umgehen. Das impliziert, dass sie ihren Klienten Freiheiten lassen, ihnen aber sagen können, ob sie etwas gut oder schlecht finden (vgl. Prengel 2006: 194f).

Aus dieser Zusammenfassung der siebzehn Thesen folgt, dass eine Pädagogik der Vielfalt nur erfolgreich sein kann, wenn im Bildungsbereich alle Kinder dasselbe Recht auf Bildung erhalten sowie dieselben Chancen haben (vgl. Prengel 2006: 195). Auch wenn dies nicht immer möglich scheint, muss es zur Begegnung von Differenzen und Vielfalt kommen. Klassenverbände sollten daher möglichst gemischt zusammengestellt werden. Die Lehrer selber brauchen mehr Freiraum, um auf die individuellen Lernbedürfnisse der Kinder zu reagieren, was selten möglich ist in der Fülle von heutigen Curricula. Das Fachpersonal der Schule muss ebenjene Vielfalt der Realität widerspiegeln und sich auf alle Ebenen ausweiten (vgl. Prengel 2006: 196).

Dieser Ansatz enthält wie die anderen auch ein paar kritisch zu betrachtende Punkte. Der erste ist, dass die Kultur an sich außen vor bleibt bzw. nur am Rande und nicht präzise besprochen wird. Es besteht die Gefahr, dass Kultur generell zu verallgemeinert wird (vgl. Krüger-Potratz 2005: 150). Der zweite Punkt ist, dass man nicht einfach nur auf Unterschiede oder Gleichheiten achten darf. Man muss sich bewusst sein, dass es mehrere Komplexe und Schnittpunkte gibt, die aus einem etwas anderen Blickwinkel ganz anders aussehen können, stärker werden oder sich sogar in eine noch größere Komplexität ausweiten (vgl. Krüger-Potratz 2005: 149). Als nächstes gilt es zu bedenken, dass die pädagogischen Fachkräfte auch einer Kultur entstammen und daher nicht ausschließlich objektiv in der Arbeit mit anderen Kulturen sein können. Die Bewusstwerdung der eigenen Kultur und die damit verbundene Rückbesinnung auf das Selbst werden nicht besprochen (vgl. Krüger-Potratz 2005: 151). Es wird auch nicht ausreichend auf die Bedeutung der Generationen eingegangen, da Kultur wandelbar ist, indem sie von der einen in die andere Generation überliefert wird. Eine weitere Gefahr bildet sich dadurch, dass dieser Ansatz nicht alle Kategorien von Unterschieden berücksichtigt bzw. dass sie allgemein zu den kulturellen Unterschieden hinzugezählt werden (vgl. Krüger-Potratz 2005: 151).

3.2.4.4 Diversity-Pädagogik und Mehrdimensionalität

Der Diversity-Ansatz arbeitet mit der Begrifflichkeit der Kultur und unterteilt ihn in mehrere Ebenen, die sich gegenseitig beeinflussen (vgl. Nohl 2006: 132; Krüger-Potratz 2005: 152). Diese Ebenen kann man als Differenzlinien bezeichnen. Differenzlinien sind z. B. der soziale Status, das Geschlecht, die Sprache, das Alter oder die Sexualität (vgl. Nohl 2006: 132).

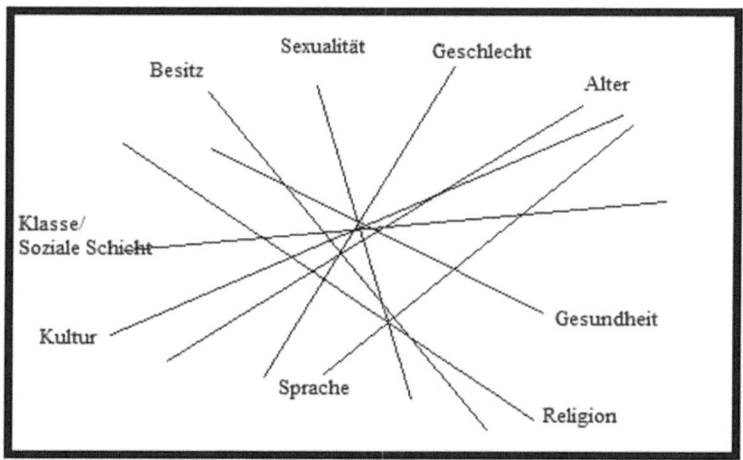

Abbildung 3: Differenzlinien im sozialen Raum
(vgl. Nohl 2006: 133, Krüger-Potratz 2005: 153)

Menschen, die der gleichen Kultur entwachsen sind, können zwar dasselbe Alter und Geschlecht haben, dennoch sind weitere Differenzlinien individuell in ihnen vereint. Es gibt bestimmte Selbst- oder Fremdinterpretationen, doch die allein sind nicht aussagekräftig genug, um eine Zuschreibung als gültig zu erklären (vgl. Nohl 2006: 133).

Mit diesem Ansatz soll die Wahrnehmung für die restlichen Differenzlinien sowie die Lebenserfahrungen, Lebenswelten und Perspektiven geschult werden. Aus pädagogischer Sicht kann dies dazu beitragen, dass Konflikte und Probleme sowie Diskriminierungen beseitigt werden. Allerdings muss die Pädagogik es schaffen, dass Unterschiede oder Vielfalt als normal und/oder sogar bereichernd wahrgenommen werden, wenn man verschiedene Erfahrungen und Sichtweisen geschickt kombiniert (vgl. Nohl 2006: 134).

Der Diversity-Ansatz probiert jene Schnittpunkte der Differenzlinien aufzuzeigen, durch die andere Menschen Diskriminierung oder Rassismus erzeugen könnten, wie Machtverhältnisse oder politische Bedingungen und sie in eine positive Richtung um zu wandeln. Diversity-Pädagogik als Interkulturelle Arbeit fordert, dass sich die alten gesellschaftlichen kulturellen Muster und die dadurch entstandenen Problemen lösen. Angestrebt wird, dass Differenzerfahrungen gemacht und reflektiert werden, sodass daraus das Potenzial entstehen kann, seine eigene Identität zu konstruieren und stetig den Umgang mit anderen Personen zu überprüfen (vgl. Nohl 2006: 135). Auch hier gilt es zu hinterfragen, ob das Individuum der richtige Ansatzpunkt für Interkulturelle Arbeit ist. Die bestehenden Deutungsmuster und Lebenswelten sind so im Bewusstsein der Menschen verankert, dass es schwierig ist, diese alleine zu durchbrechen (vgl. Nohl 2006: 136).

Der Diversity-Ansatz verfolgt den Grundgedanken der Akzeptanz gegenüber einzelner Individuen in ihrem persönlichem Kontext und ihrer Kultur. Der Blick soll auf Ähnlichkeiten zwischen den Unterschieden gelegt werden (vgl. Krüger-Potratz 2005: 149; Auernheimer 2010: 135) und fordert deutlich Gleichberechtigung auf politischer wie rechtlicher Ebene. Es darf sich nicht mehr nur auf die Ursachen für die Unterschiede konzentriert werden (vgl. Krüger-Potratz 2005: 149; Auernheimer 2010: 135).

3.2.4.5 Pädagogik kollektiver Zugehörigkeiten (Nohl)

Ein Ansatz, der die Schwachstellen ausklammern soll und die wirkungsvollen Faktoren der zuvor beschriebenen Ansätze kombiniert, findet sich in der Pädagogik kollektiver Zugehörigkeiten. Kollektive Zugehörigkeiten sind ! Einbindungen! (Nohl 2006: 137) aller Menschen, wie die kulturelle, ! generationelle, geschlechtsspezifische [oder] regionale und andere kollektive Einbindungen! (Nohl 2006: 137).

Dabei wird von einem zweiseitigen Kulturbild ausgegangen. Kultur besteht aus ! kulturellen Repräsentationen! (Nohl 2006: 138) mit denen sich die Mitglieder eines Milieus (die kollektiven Erfahrungen einer Gemeinschaft = Lebenswelten) den Mitgliedern eines anderen Milieus darstellen. Diese Milieus sind mehrdimensional und können sich überschneiden. Ein Individuum gehört nie nur einem sondern mehreren Milieus an, je nachdem welche Dimensionen für das Individuum relevant sind. Diese Dimensionen sind vergleichbar mit den Differenzlinien (vgl. Nohl 2006: 140f).

Hauptsächlich wird die Dimension der ethnischen Unterschiede zur Beurteilung von Milieus einer heterogenen Gesellschaft herangezogen. Die Gesellschaft ist durch eine Milieuvielfalt schon immer voller Pluralität und das Ziel einer Pädagogik kollektiver Zugehörigkeiten ist es, dies zu verdeutlichen (vgl. Nohl 2006: 151f). Dieser Ansatz geht davon aus, dass die Individuen interkulturell sozialisiert werden bzw. dass sie die Milieuvielfalt als immer gegeben und somit als normal empfinden. Sich das Wissen über andere Milieus anzueignen ist mit Interkulturellem Lernen zu vergleichen (vgl. Nohl 2006: 169, 17). Die Individuen erlangen eigene Handlungskompetenzen, die den Umgang mit der Vielfalt erleichtern und stetig fördern sollen. Geschieht dies im professionellen Kontext und mit der Möglichkeit die Begegnungen zu reflektieren, kann von Interkultureller Bildung gesprochen werden (vgl. Nohl 2006: 180). Der Pädagoge soll in der Begegnung erst unterstützend eingreifen, sobald Probleme entstehen, die Begegnung negativ verläuft oder überhaupt nicht stattfindet (vgl. Nohl 2006: 180).

Eine Pädagogik kollektiver Zugehörigkeiten erfüllt die Funktion eines Katalysators, der ermöglicht, dass zwischen den Milieus kommuniziert wird und ggf. neue Milieus ohne Probleme entstehen können (vgl. Nohl 2006: 227). Der Pädagoge muss dafür Sorge tragen, dass seinen Klienten viele Möglichkeiten erhalten, mehrere Dimensionen verschiedener Milieus auszuprobieren und zu reflektieren, beispielsweise durch Kontakt zu Mitgliedern anderer Milieus (vgl. Nohl 2006: 229). Der Sozialarbeiter begleitet dies, weiß selber über die anderen Milieus Bescheid und kann bei Konflikten zu einer Lösung verhelfen. Dadurch werden die Klienten befähigt, andere Milieus zu entdecken und angemessen darauf zu reagieren (vgl. Nohl 2006: 232).

Die Institutionen oder Organisationen des Sozialarbeiters müssen berücksichtigen, dass viele unterschiedliche Milieus angesprochen werden sollen und das sie selber mehren Milieus angehören. Gerade dabei kann es zu Diskriminierung diverser benachteiligter Milieus kommen. Pädagogen dürfen sich in ihrer Interkulturellen Arbeit nicht von den kulturellen Repräsentationen ihres Klientel beeindrucken oder beeinflussen lassen. Sie müssen diese möglichst objektiv in ihrer Arbeit mit aufgreifen. Zusätzlich muss sich der Pädagoge auch seinem eigenen Milieu und seiner kulturellen Repräsentationen bewusst sein. Die Pädagogik kollektiver Zugehörigkeiten kann ein erfolgreicher Ansatz in der Interkulturellen Arbeit sein, wenn die genannten Faktoren bedacht und in den richtigen Bezug gebracht werden (vgl. Nohl 2006: 244).

Im Folgenden werden spezifische Knackpunkte dieser Ansätze gesondert herausgearbeitet, wie die generellen !methodischen Zugänge! (Auernheimer 2010: 158) Interkultureller Arbeit und Interkultureller Kompetenz mit der Voraussetzung des Interkulturellen Lernens.

3.3 Methoden Interkultureller Bildung

Je nach Zielvorgabe können unterschiedliche Methoden für die Interkulturelle Arbeit ausgesucht werden, um beispielsweise Menschen in ihrer Interkulturellen Kompetenz zu fördern. Es ergeben sich an eine Person, die eine begrenzte Zeit im Ausland verbringen wird, andere Anforderungen als an eine Person, die auf Dauer mit Menschen einer anderer Kulturen zusammen leben muss. Von daher werden verschiedene Methoden gebraucht (vgl. Hinz-Rommel 1994: 67).

Es gibt erkenntnisorientierte Ansätze, die entweder erlebnisorientiert oder handlungsorientiert sein können (vgl. Auernheimer 2010: 158).

Egal welcher methodische Ansatz verfolgt wird, die Übungssettings sollten so gestaltet sein, dass die Teilnehmer keine Angst davor haben ihre Emotionen auszudrücken oder Wünsche und reflektierende Äußerungen zu verbalisieren. Auernheimer fasst ein Methodenrepertoire Interkultureller Trainingsprogramme nach Grosch/ Groß und Leenen aus dem Jahr 2000 zusammen (vgl. Auernheimer 2010: 158):

- ! explorative Verfahren (Befragung, Sozialstudie),
- aufsuchende Verfahren (Exkursion, Erkundung, Feldstudie),
- analytische Verfahren (Arbeit mit Fällen, Filmen, Fotos, Belletristik),
- rezeptive Verfahren (Referat etc.),
- kreative Verfahren (z. B. Szenario-Technik, Brainstorming),
- produktionsorientierte Verfahren (Collagen, Theaterarbeit, Fotoserien, Videoproduktion),
- selbstreflexive Verfahren (z. B. Biographiearbeit, Selbsteinschätzungsübungen)
- Simulationsverfahren (Rollen- und Planspiele),
- interaktive Verfahren (z. B. Konfliktlösungsübungen) [oder]
- meditative Verfahren! .

Für die Jugendarbeit (auch im schulischen Kontext) bieten sich vor allem Methoden an, die biografisch, literarisch oder sozialökologisch ausgerichtet sind. Auch ! Medienanalysen, Rollenspiele, Interaktionsspiele und -übungen, Planspiele, Filmen, Herstellung von Bildcollagen [und] szenisches Spiel! (Auernheimer 2010: 158) sind für die Arbeit wertvolle Elemente.

Mit ! sozialen oder politischen Aktionen (z. B. einer Patenschaft für Flüchtlinge, einer Aktion gegen Rassismus)! (Auernheimer 2010: 158) oder mit einem Schüleraustausch kann man den Lehrraum beispielsweise auf den außerschulischen Bereich ausdehnen.

Diese Methoden sind hilfreich, um Themen der Herkunft anzusprechen oder sinnvoll auf Differenzen einzugehen und das Reflexionsvermögen zu schulen (vgl. Auernheimer 2010: 158). Gruppenübungen tragen dazu bei, dass das Einfühlungsvermögen, die sprachlichen Kompetenzen und die Handlungsperspektiven ausgebaut werden, indem man sich selbst wahrnimmt, Vertrauen in die Gruppe erlangt oder dynamische Prozesse verstehen lernt (vgl. Auernheimer 2010: 159).

Gerade der Arbeitsprozess mit medialen Mitteln (Theater, Kunst, Musik, Computer) bietet die Möglichkeit (auch außerschulisch) kritisch auf Kultur und Unterschiede zu blicken und diese sichtbar zu machen, sei es durch Videos, Theater oder Plakate (vgl. Auernheimer 2010: 159). Für den Sozialarbeiter ergeben sich die besonderen Anforderungen, dass er über die Teilnehmer und deren Biografie Kenntnis haben sollte, um gezielt bei der Erfahrungsverarbeitung unterstützend tätig werden zu können (vgl. Auernheimer 2010: 159).

Auernheimer führt als seiner Meinung nach geeignetste Methode die Theaterarbeit an, da sie vielfältig ist und unterschiedliche Möglichkeiten beinhaltet. Hauptkriterium ist die !Verfremdung!. Mitspieler können beispielsweise etwas darstellen, ohne dass sie dies als persönliche Erfahrung offenbaren müssen (vgl. Auernheimer 2010: 160). Durch das Spielen verschiedener Szenen werden Handlungsvariationen erprobt. Durch unterschiedliche Theatermethoden z. B. aus anderen Kulturen, wird die Interkulturelle Bildung angeregt (vgl. Auernheimer 2010: 160).

Die Methode des Schüleraustauschs oder andere Begegnungsprogramme zielen besonders auf eine direkte Auseinandersetzung mit einer anderen Kultur sowie den dazugehörigen Lebensstandards (vgl. Auernheimer 2010: 162). Es soll durch Erfahrung gelernt werden. Auernheimer führt an, dass dies problematisch sein kann, da diese Ziele meist nicht bei den jeweiligen Austauschveranstaltern vertreten werden und selten auf die Interessen der jeweiligen Teilnehmer eingegangen wird. Vorherrschend ist der Glaube daran, dass Interkulturelle Begegnung in dem Sinne per se Wirkung zeigt (vgl. Auernheimer 2010: 162).

Die meisten Aufenthalte sind laut Auernheimer nicht gut durchstrukturiert und verfolgen nicht die Ziele des Interkulturellen Lernens, wobei ökologische und ökonomische Themen durchaus eine Rolle spielen. Kulturelle Differenzen aufzuarbeiten oder Vorurteile abzubauen kann nur gelingen, wenn die Verantwortlichen dafür Sorge tragen, dass die jeweiligen Akteure nicht nur oberflächlich ins Gespräch kommen (vgl. Auernheimer 2010: 162). Vorurteile könnten durch den nichtreflektierten interkulturellen Umgang sogar verfestigt werden, daher sind Vorbereitung und Reflexion unabdingbar bei Austauschprogrammen (vgl. Auernheimer 2010: 163).

3.4 Interkulturelle Handlungskompetenz

!Interkulturelle Handlungskompetenz! nennt Wolfgang Hinz-Rommel die Fähigkeit eines Menschen mit einem anderen Menschen mit einem anderen kulturellen Hintergrund effektiv zu kommunizieren (vgl. Hinz-Rommel 1994: 56). Dies ist in Deutschland im Vergleich zu anderen Einwanderungsländern auf professioneller Ebene seit kurzer Zeit ein Thema. Mit der Bewusstwerdung, dass Deutschland ein Land mit vielen Einwohnern unterschiedlicher Kulturen ist, wird die Kompetenz von Fachkräften und Pädagogen erst recht erwartet (vgl. Hinz-Rommel 1994: 56).

In den USA hatte diese Entwicklung wirtschaftliche Gründe, wie die internationale Expansion, die aktuell auf Deutschland übertragbar sind. Man versprach sich durch das Verstehen und Akzeptieren von (zukünftigen) Mitarbeitern aus anderen Kulturen eine Steigerung der Qualität und Effektivität der Arbeit sowie des Arbeitsklimas innerhalb eines Betriebes (vgl. Hinz-Rommel 1994: 56f). Durch die Entwicklung von Konzepten und Übungen zur Förderung Interkultureller Handlungskompetenz, wurden die Ziele der Mitarbeiteroptimierung und Arbeitssteigerung erreicht (vgl. Hinz-Rommel 1994: 57).

Heute wird Interkulturelle Handlungskompetenz als Schlüsselkompetenz vor allem im pädagogischen Segment gefordert, durch Globalisierung und Internationalisierung ist sie auch in der Wirtschaftswelt unabdingbar geworden ist (vgl. Erll/ Gymnich 2010: 7).

Um sich über das Anforderungsprofil des Sozialarbeiters bewusst zu werden, muss man allgemein den Begriff der Kompetenz definieren, den Bezug zur Sozialen Kompetenz herstellen, um letztendlich zu den Begriffen der Interkulturellen Handlungskompetenz und abschließend zu der Interkulturellen Kommunikation zu gelangen (vgl. Hinz-Rommel 1994: 57f).

3.4.1 Annäherung an den Begriff (Soziale) Kompetenz

Der Begriff !Kompetenz! ist lateinischen Ursprungs (competentia) und bedeutet im groben !Zusammentreffen!. Hierbei sind der !Sachverstand!, !Fähigkeiten! oder auch !Zuständigkeit! gemeint (www.duden.de).

Soziale Kompetenz umfasst das Handeln einer Person und die gesamten individuellen Fertigkeiten, die es ihr ermöglichen adäquat und erfolgreich mit einer oder mehreren Personen in Kontakt zu sein (vgl. Mund 2007: 855). Sie wird durch Erfahrungen im Umgang mit Menschen erweitert und ist nicht durch pure Theorie erlernbar. Soziale Kompetenz ist im Kontext zwischenmenschlicher Beziehungen zu betrachten und darf nie von nur einer Person ausgehend als richtig verstanden werden. Die an einen sozialkompetenten Menschen angestellten Anforderungen hängen vom Umfeld, der Kultur und der Persönlichkeit des Gegenübers ab, sodass eine gezielte und flächendeckende Definition von Sozialer Kompetenz nicht möglich ist (vgl. Mund 2007: 855).

In der Psychologie werden Soziale Kompetenzen in ansteigenden Anforderungs-stufen kategorisiert (vgl. Mund 2007: 855). Die erste Stufe impliziert, dass der Mensch fähig ist seine Bedürfnisse und seinen Standpunkt gegenüber anderen deut-lich zu machen. Die zweite Stufe bedeutet, dass der Mensch sein Umfeld (die Grup-pe und deren dynamische Geschehnisse) wahrnimmt und bewusst reflektiert (vgl. Mund 2007: 856). In der dritten Stufe ist der Mensch in der Lage Kritik zu verste-hen, sich damit und dem anderen Menschen auseinander setzen, um auf der vierten Stufe die eigenen Verhaltensweisen und Verantwortungen bewusst zu wählen und auf andere Gruppenmitglieder abzustimmen (vgl. Mund 2007: 856.) Der Mensch ist fähig in Interaktion mit anderen Menschen zu treten, sich in einer Gruppe zurechtzu-finden und Kritik zu üben. Spätere aufkommende Probleme und Konflikte innerhalb der Gruppe kann er analysieren und lösen (vgl. Mund 2007: 856).

Auch in wirtschaftlichen Bereichen wird der Begriff der Sozialen Kompetenz ge-nutzt. Sie zählt zu dem Bereich der Schlüsselqualifikationen (vgl. Handschuck/ Klawe 2006: 43) und den soft-skills. Sie sind nicht objektiv überprüfbar im Gegen-satz zu den formalen Qualifikationen, wie z. B. Allgemeinbildung. Sie gelten als Mittel, um hohe berufliche Anforderungen zu bestehen, wie es Führungskräfte in der Regel müssen (vgl. Mund 2007: 856). Seitdem werden in Bildungsinstitutionen nicht nur Wissen und formale Qualifikationen vermittelt, sondern es werden Lern-angebote konzeptioniert, die dazu beitragen, dass Soziale Kompetenzen wie Team-fähigkeit, Kommunikation oder Empathie praktisch erprobt werden können.

Weitere Kriterien Sozialer Kompetenz sind ! Offenheit, Flexibilität, Konfliktfä-higkeit, Reflexionsfähigkeit [und] Kreativität! (Handschuck/Klawe 2006: 42).

3.4.2 Annäherung an den Begriff Interkulturelle Kompetenz

Es gibt zwei Arbeitsebenen von Interkultureller Kompetenz: die innergesellschaftli-che und die internationale Ebene. Erste bezieht sich auf den Kontakt zwischen ver-schiedenen Kulturen am selben Ort und die zweite auf den Kontakt mit Kulturen, die nicht mit der eigenen Heimat verbunden sind, wie z. B. durch Auslandsaufenthalte oder Schüleraustausche (vgl. Erll/Gymnich 2010: 10).

Für die Soziale Arbeit ergibt sich ein bestimmtes Anforderungsprofil von Sozial-arbeitern sowie für alle anderen Personen, die in dem Feld der Migrationsarbeit tätig sind oder in Kontakt zu Klienten mit Zuwanderungsgeschichte stehen. Sie sollten sicher, feinfühlig und gerecht im Umgang mit ihren Klienten sein (vgl. Schirilla 2007: 497) und verschiedene kulturelle Umstände samt ihren Vor- und Nachteilen begreifen (vgl. Handschuck/Klawe 2006: 41). Desweiteren muss ein interkulturell kompetenter Sozialarbeiter sich an den jeweiligen kulturellen Kreisen orientieren können und in ihnen adäquat agieren. Er muss offen auf kulturelle Lernprozesse reagieren und sollte die Lernprozesse anderer initiieren (vgl. Handschuck/Klawe 2006: 41).

Die Sozialen Kompetenzen, wie Kommunikationsfähigkeit, Interaktionsfähigkeit und Empathie, bilden den Grundstock für Interkulturelle Kompetenz. Hinzukommen weitere Soziale Kompetenzen, wie Ambiguitätstoleranz (die !Fähigkeit, Wider-sprüchlichkeiten zu ertragen! (Hinz-Rommel 1994: 63) und Authentizität (vgl. Schirilla 2007: 497), womit zum einen das Aushalten von Doppeldeutigkeiten und Unsicherheiten und zum andren die Echtheit der eigenen Person beschrieben wird.

Interkulturelle Kompetenz setzt voraus, dass der Sozialarbeiter über theoretische Kenntnisse seiner eigenen kulturellen Aspekte sowie über generelle Fakten der Migration, Diskriminierung und Sprache verfügt (vgl. Schirilla 2007: 497). Zusätz-lich kann er seine Kompetenz erweitern, indem er sich mit methodischen Fertigkei-ten auseinandersetzt und persönliche Eigenschaften sowie die sprachliche Kompe-tenz durch praktische Erlebnisse (Auslandsaufenthalt) ausbaut (vgl. Handschuck/ Klawe 2006: 41).

Daraus lassen sich drei Bereiche von Interkultureller Kompetenz erkennen, die sich gegenseitig beeinflussen: ! die kognitive Kompetenz, die affektive Kompetenz und die pragmatisch-kommunikative Kompetenz! (Erll/Gymnich 2010: 11).

Ersteres bezeichnet das theoretische Wissen über die fremde Kultur und den da-mit einhergehenden anderen Bezugsrahmen der jeweiligen Person (vgl. Erll/Gym-nich 2010: 11), womit auch die Fähigkeit zur Selbstreflexion und das Bewusstsein seiner eigenen kulturellen Abstammung inbegriffen sind (vgl. Erll/Gymnich 2010: 11). Die affektive Kompetenz bezieht sich auf die Fähigkeiten der Empathie, dem Interesse das Neue kennenzulernen und sich darauf einzulassen, auch dann wenn man die neuen Erfahrungen nicht unmittelbar zu verstehen scheint (vgl. Erll/Gym-nich 2010: 11).

Hier wird die erste Überschneidung deutlich, denn ohne Selbstreflexion wäre man beispielsweise nicht in der Lage Ambiguitätstoleranz (das Aushalten von Dop-peldeutigkeiten oder Unklarheiten) auszubauen, welche in der Entwicklung von Kenntnissen über eine andere Kultur wesentlich effektiver ist. Der reine Sachverhalt über eine andere Kultur zeigt nicht, dass man die andere Kultur anerkennt (vgl. Erll/Gymnich 2010: 12). Der dritte Bereich befasst sich mit der Kommunikation zwischen Kulturen. Dieser ist auch mit den anderen Teilbereichen verbunden. Aus ihnen geht die antreibende Kraft hervor (affektiv) mit einer anderen Person zu kommunizieren (pragmatisch-kommunikativ) und dies durch Wiederholungen (kog-nitiv) möglichst fehlerfrei zu vollführen (vgl. Erll/Gymnich 2010: 13).

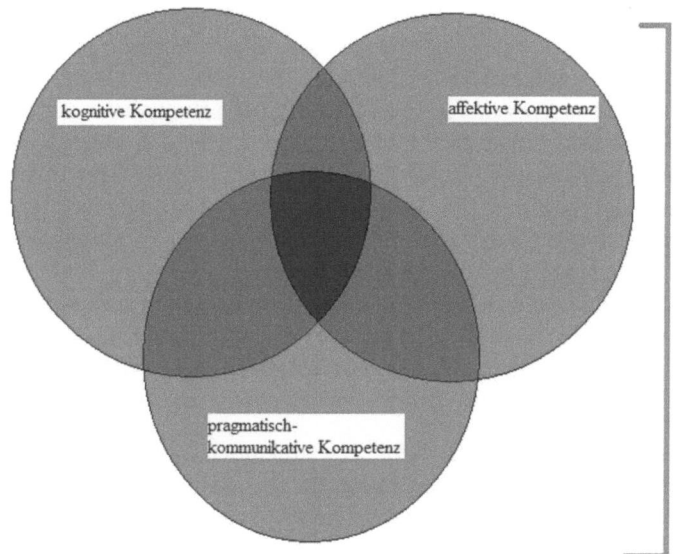

Abbildung 4: Teilbereiche Interkultureller Kompetenz
(vgl. Erll/Gymnich 2010: 11)

Die Sprache ist nicht ausschlaggebend für Interkulturelle Kompetenz, das Beherrschen einer Fremdsprache gilt aber als förderlich, da so das Interesse an einer anderen Kultur widergespiegelt wird (vgl. Erll/Gymnich 2010: 14I).

Durch die Einteilung in drei Bereiche wird das Modell der Lernspirale zum !Erwerb Interkultureller Kompetenz! gestützt (s. Kap. 3.5.2). Die Bereiche beeinflussen sich gegenseitig und mit jeder neuer Erfahrung wird ein neuer Lernprozess in Gang gesetzt. Dies impliziert ein dauerhaftes und nie endendes Lernen (vgl. Erll/Gymnich 2010: 14).

3.4.3 Der Perspektivenwechsel von Interkultureller Kompetenz

In der Vergangenheit ging man davon aus, dass man sich am besten Interkulturelle Kompetenz aneignen kann, indem man die Wissenslücke über andere Kulturen füllt. Fortbildungen über Religionen fremder Kulturen und Informationen über verschiedene Länder galten als Mittel zur Förderung von Interkultureller Kompetenz. Dies erwies sich als unnütz, denn reine Informationen setzten nicht die gewünschten Lernprozesse in Gang, sondern förderten den Eindruck, dass alle fremden Kulturen gleichartig wären (vgl. Handschuck/Klawe 2006: 41). Ein weiterer schwieriger Punkt bei dieser Umsetzung ist die stetige Steigerung der Anzahl von Kulturen mit denen man in Kontakt kommt, sodass eine umfassende Informationsvermittlung nicht realisierbar ist (vgl. Handschuck/Klawe 2006: 41).

Als zweite Variante zur Erweiterung von Interkulturelle Kompetenz galt: Begegnung und Dialog mit den vermeintlich Fremden. Dies erwies sich auch als unnütz, da Begegnungen nicht in die gewünschte Tiefe gingen, um prozessorientiert arbeiten zu können. Es bestand außerdem die Gefahr, dass positiven Begegnungen als Ausnahmen verstanden wurden und Vorurteile gegenüber den Nicht-Ausnahmen verstärkt werden könnten (vgl. Handschuck/Klawe 2006: 42).

Als Schlussfolgerung dieser nicht erfolgreichen Vermittlung Interkultureller Kompetenz, fokussierte man den Sozialarbeiter mit seinen persönlichen Kompetenzen, die gezielter trainieren werden sollten. Zusammengefasst heißt sich Interkulturelle Kompetenz als Sozialarbeiter anzueignen, dass er (vgl. Handschuck/Klawe 2006: 42):

- sein Reflexionsvermögen schult bzw. neu strukturiert,
- sensibel mit seiner Selbstwahrnehmung, für Differenzen, Ambivalenzen und Eigenbehauptungen gegenüber der anderen Kultur ist, um adäquater agieren zu können,
- seine spezifischen Wahrnehmungen erkennen, benennen und anderen gegenüber erklären kann,
- bereit ist, seine sozialen und kommunikativen Kompetenzen auszubauen.

Dadurch tritt deutlich hervor, dass der biografische und kulturelle Kontext von zentraler Bedeutung ist sowie die kommunikativen Fertigkeiten (vgl. Handschuck/ Klawe 2006: 42).

Hinz-Rommel fasst die Komponenten Interkultureller Kompetenz zu folgenden Spiegelpunkten zusammen (vgl. Hinz-Rommel 1994: 62,63):

- die Bereitschaft in Kontakt zu kommen und zu wollen,
- die gängigen Regeln der eigenen sowie der fremden Kommunikation beherrschen und offen für neue zu sein (Gestik und Mimik),
- sprachliche Fertigkeiten,
- Einfühlungsvermögen, Respekt und Toleranz,
- Bewusstsein der eigenen Kultur, Wissen über andere Kulturen und Lernbereitschaft,
- sich darauf einlassen zu können, Dinge nicht sofort zu verstehen, wertfrei bleiben
- und eigene persönliche soziale Kompetenzen (vgl. Hinz-Rommel 1994: 62, 63).

Diese Punkte ermöglichen es, sich mit anderen Kulturen und deren Inhabern auseinander zu setzen und sind hilfreich, wenn man selbst !Fremder! in anderer Umgebung ist (vgl. Hinz-Rommel 1994: 62,63).

Da neben den persönlichen und Sozialen Kompetenzen auch kommunikative genannt werden, widmet sich das nächste Unterkapitel der Interkulturellen Kommunikation gesondert.

3.4.4 Interkulturelle Kommunikation

Interkulturelle Kommunikation ist nicht als Interkulturelle Teilkompetenz zu behandeln, denn Kommunikation geschieht zumindest in der Muttersprache weitestgehend unbewusst und automatisiert, in der Form des Sprechens und der tatsächliche Interaktion. Interkulturelle Kompetenz ist gleichermaßen Bedingung wie Konsequenz aus Interkultureller Kommunikation (vgl. Erll/Gymnich 2010: 76).

Interkulturelle Kommunikation findet auf das Kleinste reduziert statt, wenn mindestens zwei Personen mit verschiedenen kulturellen Wurzeln in Interaktion stehen (vgl. Erll/Gymnich 2010: 77). Wie im Kapitel über Sprache und Kommunikation angesprochen, kann es vor allem auf der Beziehungsebene von Kommunikation zu Verständigungsproblemen kommen, so auch im interkulturellen Kontext. Durch unterschiedliche kulturelle Gewohnheiten kann dem Gesprächspartner vor den Kopf gestoßen werden, wie z. B. bei dem Begrüßungsritual. Wenn es für einen der Gesprächspartner normal ist sich zur Begrüßung auf die Wange zu küssen, für den anderen aber nicht und dieser ihm stattdessen nur die Hand reicht, prallen unterschiedliche Vorstellungen aufeinander, die nicht besprochen problematisch werden können (vgl. Auernheimer 2010: 107).

Dies verdeutlicht, dass Kommunikation nicht nur über Sprache sondern auch über Körpersprache gelingt, wie Gestik, Mimik, die Nähe zum Gesprächspartner oder der Blickkontakt, die im jeweiligen kulturellen Kontext unhinterfragt bzw. automatisch in das Kommunikationsverhalten mit aufgenommen werden. Handelt bzw. kommuniziert man nicht nach denselben Automatismen, kann es zu Verständnisproblemen oder zu Unsicherheiten untereinander führen (vgl. Auernheimer 2010: 107; Erll/ Gymnich 2010: 84).

Es spielen vor allem die jeweiligen Fremdbilder eine Rolle, da sie die Interaktion und Erwartungen der Akteure beeinflussen sowie die Art und Weise wie die Akteure Botschaften empfangen. Eine Person mit viel Diskriminierungserfahrung wird schneller Diskriminierung in eine Botschaft interpretieren und sich auf der Beziehungsebene erniedrigt fühlen (vgl. Auernheimer 2010: 107).

Erwartungen der jeweiligen Personen werden auch durch andere Elemente beeinflusst. Sind diese Erwartungen zu unterschiedlich, führt dies zu Problemen in der

Kommunikation. Auernheimer definiert vier Dimensionen, die die jeweiligen Erwartungen der Akteure und somit ihre Interaktion beeinflussen können (vgl. Auernheimer 2010: 108):

- ! Machtasymmetrien
- Kollektiverfahrungen
- Fremdbilder (Stereotypen, Vorurteile)
- Differenz der Codes (Scripts, Kulturstandards)!

Machtasymmetrie beeinträchtigt Interkulturelle Kommunikation besonders, wenn es zwischen den Akteuren bereits zum Kontakt gekommen ist, mit speziellen oder negativen Erfahrungswerten, die ein zwiespältiges Fremdbild verursachen können (vgl. Auernheimer 2010: 108). Ist man durch schlechte Erfahrung oder schlichte Unkenntnis über eine kulturelle Begebenheit unsicher und hat keine klar definierten Erwartungen, kann ein Machtgefälle im sozialen Status oder des Wohlstandes fehlerhafte Kommunikation begünstigen. Denn wer weniger Macht hat, hat weniger Ressourcen und Handlungsstrategien für Kommunikation zu Verfügung und somit nicht das Recht die Kommunikation zu leiten (vgl. Auernheimer 2010: 108).

Dieses Recht wird als die ! Definitions- und Deutungsmacht! (Auernheimer 2010: 109) beschrieben. Der Machthöhere gibt nonverbal die Rahmenbedingungen für ein Gespräch vor, dem der andere unterliegt. Desweiteren gibt er vor was innerhalb dieses Settings angesprochen werden darf und was nicht. Er legt die jeweiligen Normen fest, muss sich dafür nicht rechtfertigen und nur ihm bleibt die Erlaubnis Fragen zu stellen und in das Privatleben der anderen Gesprächspartners Einblicke zu erhalten (vgl. Auernheimer 2010: 109). Nur dem Machthöheren ist es gestattet seinen Gesprächspartner zu unterbrechen oder ironisch zu kommentieren, was aufgrund sprachlicher Defizite des anderen eventuell nicht wahrgenommen werden kann. Der Dominantere fixiert die Interaktionsbeziehung (vgl. Auernheimer 2010: 110).

Die Ethnopsychoanalyse zeigt, dass aus früheren Erfahrungen einer gesellschaftlichen Gruppe eine Verallgemeinerung oder Übertragung auf ähnliche Situationen stattfinden kann, die die Kommunikation erschweren (vgl. Auernheimer 2010: 111). Fremdbilder oder Vorurteile sind Ursprung der Kollektiverfahrung, die im Austausch mit direktem Kontakt veränderbar sind (vgl. Auernheimer 2010: 112). Ähnlich der Machtasymmetrie entwickelt die Mehrheitsgesellschaft Vorurteile und Stereotypen, da sie auf eine Fülle von (überlieferten) Vorstellungen zurückgreifen kann. Die Minderheitengruppe verfügt ebenfalls über Fremdbilder, sie kann aber auf einen nicht so großen Erfahrungsschatz zurückgreifen und nur geringen Einfluss ausüben (vgl. Auernheimer 2010: 112).

Über manche Vorurteile oder Stereotypen sind sich die einzelnen Kulturen bewusst. Ihre Mitglieder wollen diese Stigmata nicht bedienen und verhalten sich konträr zu diesen Erwartungen. Je nach Zweckmäßigkeit kann es förderlich sein die

Fremdbilder auszunutzen oder zu bedienen. Der Tourismus nutzt sie zur Unterhaltung (vgl. Auernheimer 2010: 112). Fremdbilder können ihren Ursprung in Projektionen haben. Die andere Kultur erfüllt die Tabus oder Wünsche, die in der eigenen nicht erfüllt werden (vgl. Auernheimer 2010: 112).

Kulturelle Codes sind die Prinzipien nach denen Zeichen und Symbole verstanden werden. Kulturell unterschiedliche Codes können falsche Erwartungshaltungen schüren und Kommunikationsprobleme herauf beschwören (vgl. Auernheimer 2010: 113).

Durch Sprache werden eigene kulturelle Standards ausgedrückt, indem bei den meisten Formulierungen nicht direkt ausgesprochene Wertungen mitklingen, wie z. B. !Die Südländer sind nicht so genau mit der Zeit! (Losche/Püttker 2009: 40). Es klingt mit, dass der eigene kulturelle Standard !Pünktlichkeit! als sehr wertvoll erachtet wird. Der Gebrauch von Sprache kann problematisch werden, wenn man beim Benutzen oder Übersetzen einer Fremdsprache von seinen kulturellen Eigenstandards ausgeht. Im Englischen meint das Wort !friend! eher !Bekannter! als !guten Freund!. Bei der Benutzung des Wortes wird je nach kultureller Zugehörigkeit eine etwas andere Erwartungshaltung von einem !friend! erwartet. Es kann zu Verstimmungen und falschen Erwartungen führen (vgl. Losche/Püttker 2009: 41; Erll/Gymnich 2010: 80f).

Auch in der Art und Weise wie man Sprache benutzt, also ob man schnell, langsam, laut oder leise spricht, gibt es kulturelle Unterschiede, die zu Irritationen führen können. Was Afrikanern normal erscheint ist für Asiaten oder Europäer sehr unhöflich oder störend, wie z. B. laute Kommunikation oder Gesang in öffentlichen Verkehrsmitteln (vgl. Losche/Püttker 2009: 42).

Probleme und Missverständnisse entstehen, wenn zwei Gesprächspartner nicht denselben sprachlichen Hintergrund besitzen sowie wenn nur einer der Beiden in der Muttersprache sprechen kann und der andere dadurch in einer Fremdsprache kommunizieren muss. Wörter können aufgrund falscher Benutzung fehlverstanden werden (vgl. Erll/Gymnich 2010: 82).

Nonverbale Kommunikation wie Gestik, Mimik oder Körperhaltung, durch die sich eine Person ausdrücken möchte (vgl. Losche/Püttker 2009: 45) ist von kulturellen Standards geprägt und zwar in Bezug darauf, wann Gestik und Mimik eingesetzt werden dürfen (vgl. Losche/Püttker 2009: 46). Biologische Aspekte wie das Erröten der Wangen oder das Zucken der Mundwinkel sind zwar bei allen Menschen ähnlich, doch ist der Unterschied die Tatsache, die dazu führt. Japaner lächeln, um zu verbergen, dass es ihnen nicht gut geht, sie wollen ihre Mitmenschen nicht zusätzlich belasten. Diese Einstellung wird während der Sozialisation geprägt, sodass von Anfang an das Lächeln als Schutzmechanismus verstanden wird. Anders als bei den Deutschen, die das Lächeln als Ausdruck von Freude interpretieren (vgl. Losche/Püttker 2009: 47; Erll/Gymnich 2010: 85). Dennoch sollte dem Faktor der nonverbalen Kommunikation nicht zu viel Gewichtung beigemessen werden (vgl. Erll/Gymnich 2010: 81).

Wie schon in dem Kapitel 2.5 über Sprache und Kommunikation angedeutet ist Kommunikation eine Wechselbeziehung (Interaktion) zwischen Sender und Empfänger (vgl. Losche, Püttker 2009: 57). Dieser Prozess kann als !Konstruktionsprozess! (Erll/Gymnich 2010: 82) beschrieben werden. Der Empfänger dekodiert die Nachricht, indem er zuerst die andere Person und das, was sie (nonverbal) sagt wahrnimmt. Dann wird das Wahrgenommene interpretiert und bewertet. Die Wertung hängt wie die Wahrnehmung von seinem persönlichen kulturellen Kontext ab (vgl. Losche/Püttker 2009: 58; Erll/Gymnich 2010: 82). Werden wahrgenommene Dinge zu schnell und fehlinterpretiert, entstehen Missverständnisse und aus deren Schlussfolgerung Unbehagen oder negative Stereotypisierung (vgl. Losche/Püttker 2009: 59). Die Wahrnehmung ist ein wichtiges Merkmal für die Interaktion zweier Menschen, in der der persönliche Erfahrungshorizont eine wichtige Rolle spielt sowie !die eigenen soziokulturellen Normen [...], wie Bewertungskriterien! (Losche/Püttker 2009: 59). Dies kann verstärkt werden, wenn sich die Akteure bei einer Kommunikation nicht gleichermaßen über diese Thematiken bewusst sind und so gezwungenermaßen in Missverständnisse geraten (vgl. Erll/Gymnich 2010: 82).

Ist man sich bewusst, dass in Kommunikation mittels Sprache kulturellabhängige Realitäten ausgedrückt werden und man kann sich von seiner eigenen lösen und sich dabei möglichst wertfrei auf die andere einlassen, ist es möglich interkulturell zu kommunizieren. Missverständnisse sollten ausgeschlossen werden und Nichtverstehen sollte in Neugier oder Verstehen zu wollen anregen.

Gelingt Interkulturelle Kommunikation kann man vom !Interkulturellen Verstehen! (Erll/Gymnich 2010: 86) sprechen, als ein kognitiver und emotionaler Prozess in der Interaktion. Die Interakteure vergleichen ihre eigenen Kulturen und Überzeugungen stetig mit denen des anderen und werden so vertrauter miteinander (vgl. Erll/Gymnich 2010: 86).

Zusammenfassend wird deutlich, dass Interkulturelle Kommunikation eine höchst sensible Angelegenheit ist, dessen sich alle interkulturell kommunizierenden Personen bewusst sein sollten, um Probleme zu vermeiden. Sollte es zu Konflikten kommen, lassen sie sich lösen, wenn alle Beteiligten motiviert sind, daran zu arbeiten. Es erfordert pädagogische Fachkräfte, die objektive Schulungen anbieten und in ihrem Handeln stets das Ziel verfolgen, zu einem besseren interkulturellen Umgang beizutragen.

3.5 Interkulturelles Lernen als Basis für Interkulturelle Kompetenz

Die Begrifflichkeit des Interkulturellen Lernens hat ihre häufigste Verwendung in der Erwachsenenbildung. Dort wird selten der Bezug zu interkulturellen Kontakten innerhalb der eigenen Lebenswelt betrachtet, als auf die internationalen Kontakte mit dem Schwerpunkt Kultur, dem eigenen Ethnozentrismus und den damit einhergehenden Lernprozessen (vgl. Krüger-Potratz 2005: 157). Aber gerade innerhalb der eigenen Kultur oder in der eigenen Heimat muss in Zukunft immer mehr mit neuen Kulturen umgegangen werden, sodass alle Beteiligten miteinander auskommen. Außerdem müssen Räume geschaffen werden, in denen die Beteiligten im professionell begleiteten Kontext (geschulte Fachkräfte) die Chance erhalten Interkulturell zu lernen und sich zu erproben (vgl. Krüger-Potratz 2005: 158).

3.5.1 Stufenmodell

Interkulturelles Lernen kann als Stufen- oder Phasenmodell dargestellt werden (vgl. Auernheimer 2010: 125; Krüger-Potratz 2005: 158). Kultur ist dynamisch, wird in der Sozialisation erworben und ändert sich in der Interaktion mit anderen Menschen (vgl. Krüger-Potratz 2005: 158). Als Schlussfolgerung ergibt sich für Interkulturelles Lernen, dass Menschen nicht durch Kulturen, sondern in Interaktion mit anderen Menschen aus verschiedenen Bedeutungssystemen lernen (vgl. Krüger-Potratz 2005: 159). Interkulturelles Lernen beschreibt den Verlauf der eigenen Persönlichkeitsentwicklung sowie die Fähigkeit zur Auseinandersetzung mit anderen Kulturen, die durch den Kontakt und mit dem Befassen der !fremden! Kultur einfacher wird (vgl. Krüger-Potratz 2005: 159).

In diesem Verlauf kann man sieben Phasen oder Stufen feststellen (vgl. Auernheimer 2010: 125; Krüger-Potratz 2005: 159), die nicht zu hundert Prozent in einer bestimmten Abfolge verlaufen müssen. Sie werden als Planungs- und Verständnishilfe unterteilt als !eine[...] Kette von sich wiederholenden Lernerfahrungen! (Krüger-Potratz 2005: 159).

Das Modell geht davon aus, dass kulturelle Begegnung auf neutralem Boden stattfindet. Da Begegnung aber immer in einem Lebensraum von einer Person stattfindet, die für den anderen fremd, also nicht normal ist, kann dies nicht immer ermöglicht werden (vgl. Krüger-Potratz 2005: 160). Dies impliziert die Frage, wer Normalität bestimmt bzw. wer oder was das Fremde darstellt. Es ist problematisch eine Gleichgewichtung zwischen der fremden Kultur für die Eingewanderten und umgekehrt die fremde Kultur für die Einheimischen herzustellen. Außer Acht bleibt, dass es zu widersprüchlichen Auseinandersetzungen für Ein- oder Ausgewanderte kommen kann, wenn sie ihre eigene Kultur in einem anderen Land als fremde Kultur wahrnehmen (vgl. Krüger-Potratz 2005: 160).

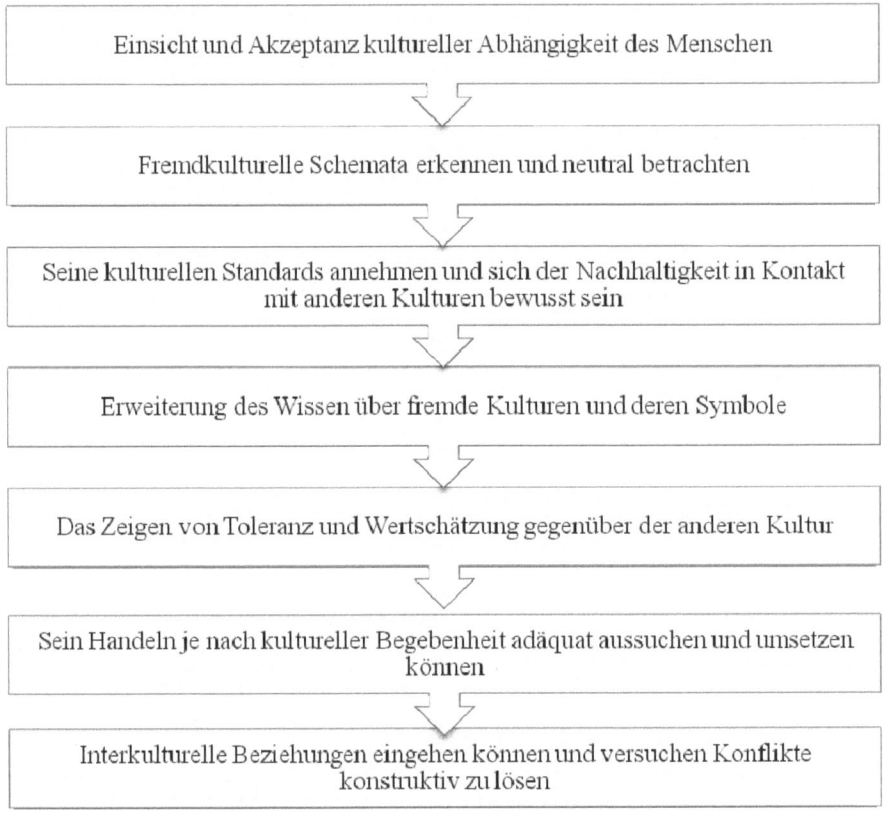

Abbildung 5: Phasen- oder Stufenmodell Interkulturellen Lernens
(vgl. Krüger-Potratz 2005: 160)

Als Hilfe um interkulturelle und pädagogische Programme zu planen, ist dieses Modell sinnvoll. Es veranschaulicht den pädagogischen Prozess, den die Fachkraft im Bewusstsein des Klienten anregen soll.

Nieke bemüht sich um ein ! integriertes Konzept Interkultureller Bildung und Erziehung! (Nieke 2008: 75). Es richtet seine Ziele auf die Beziehung der Mehrheitsgesellschaft mit der Minderheitskultur sowie die Beziehung von Angehörigen unterschiedlicher Lebenswelten in der Mehrheitsgesellschaft (vgl. Nieke 2008: 75). Seine zehn Ziele sind der Bedeutsamkeit ansteigend sortiert und ähneln dem bereits erwähnten Stufen- oder Phasenmodell:

- ! Erkennen des eigenen, unvermeidlichen Ethnozentrismus
- Umgehen mit der Befremdung
- Grundlagen von Toleranz
- Akzeptieren von Ethnizität; Rücksichtnahme auf die Sprachen der Minoritäten
- *Thematisieren von Rassismus*
- *Das Gemeinsame betonen, gegen die Gefahr des Ethnozentrismus*
- *Ermuntern zur Solidarität; Berücksichtigen der asymmetrischen Situationen zwischen Mehrheit und Minoritäten*
- Einüben von Formen vernünftiger Konfliktbewältigung .. Umgehen mit Kulturkonflikten und Kulturrelativismus
- *Aufmerksam werden auf Möglichkeiten gegenseitiger kultureller Bereicherung*
- *Thematisieren der Wir-Identität: Aufheben der Wir-Grenze in globaler Verantwortung oder Affirmation universaler Humanität?!* [1] (Nieke 2008: 75, 76).

Durch das Befolgen des ersten Punktes können Verständnisprobleme zwischen Kulturen vermieden werden. Denn wenn man sich bewusst ist, dass man seine eigene Kultur als Norm nimmt und/oder andere Kulturen abwertet (Ethnozentrismus) und Vorurteile entstehen, kann man sich umorientieren und sein Handeln nach anderen Maximen ausrichten und verschiedene Kulturen inklusive seiner eigenen als gleichwertig betrachten. Das Ziel Interkulturellen Lernens ist die Aufdeckung des Ethnozentrismus, der zugleich Bedingung für den zweiten Punkt ist (vgl. Nieke 2008: 76, 77).

Das Fremde und nicht seiner Normentsprechende verunsichert den Menschen und kann zu abwehrendem oder aggressivem Verhalten führen (vgl. Nieke 2008: 77). Dieses negative Verhalten kann bewusst verlernt werden, z. B. durch Rollenspiele oder Pantomime etc. Es kann sogar Interesse an dem Fremden entstehen, wenn die neuen Begegnungen in entspannter Atmosphäre stattfinden ist dies wahrscheinlicher (vgl. Nieke 2008: 78).

Nicht nur dem Fremden als Person soll Toleranz entgegen gebracht werden, sondern auch den anderen Lebenswelten, Kulturen und Werten. Besonders dann, wenn sie der eigenen Persönlichkeit gegenüber widersprüchlich erscheinen (Ambiguitätstoleranz). Toleriert man das andere, kann sich die Akzeptanz entwickeln, dass die andere Kultur in der eigenen Lebenswelt vorhanden ist. Der Mensch hält aus,

---

1 Die kursiv geschrieben Punkte sind einige Ergänzungen zu dem Phasenmodell nach Krüger-Potratz.

dass sich diese in seiner Lebenswelt (z. B. durch Kirchen anderer Religionen oder anderen Kleidungsstilen) präsentiert (vgl. Nieke 2008: 79).

Dies führt dazu, dass die Sprache und der Religionsunterricht der anderen Kultur in das Bildungswesen integriert werden muss (vgl. Nieke 2008: 80). Nur dann kann erfolgreich das Thema Rassismus angegangen werden. Frühzeitig müssen (auch unbewusste) Fehden gegenüber Minderheiten beispielsweise wegen ihrer Hautfarbe angesprochen und reflektiert werden, damit neue Handlungsspielräume erschlossen werden können und Aspekte körperlicher Differenzen nicht dazu führen andere Mitmenschen zu entwürdigen (vgl. Nieke 2008: 82).

Das Betonen von Gemeinsamkeiten trotz kultureller Unterschiede kann diese Gefahr verringern. Aber wo Gemeinsamkeiten sind, können auch Unterschiede gefunden werden. Es bedarf eines sensiblen Umgangs mit dieser Thematik, damit einer Befremdung entgegen gewirkt und der Gemeinschaftssinn gestärkt werden kann (vgl. Nieke 2008: 84). Es sollte sich ein Gefühl der Zusammengehörigkeit in politscher Dimension ergeben, wo sich die Mehrheitsgesellschaft für die Minderheiten einsetzt bzw. gegen Machtasymmetrie angegangen wird (vgl. Nieke 2008: 84). Übungen für Handlungserweiterungen bzgl. der Kulturkonflikte und deren Lösungen sollen dazu beitragen, dass zwischen verschiedenen Orientierungsmustern und Wertvorstellungen rationales Handeln möglich ist, z. B. durch einen Perspektivenwechsel beider Seiten. So kann vermieden werden, dass Interaktionsprobleme auf die Kultur der jeweiligen Akteure zurück geführt werden (vgl. Nieke 2008: 84; 85). Bestenfalls fühlen sich beide Parteien durch die anderen kulturellen Blickwinkel in den anderen Gesprächspartner ein (Empathie), erweitern ihren eigenen Horizont oder ihr persönliches kulturelles Bild und übernehmen Elemente, die sie für sich als sinngebend erachten (vgl. Nieke 2008: 85).

Die Wir-Identität bezieht sich auf das Bedürfnis eines Menschen zusätzlich zu seiner eigenen Identität zu einer Gruppe zugehören. Wenn durch diese Wir-Identitäten andere Menschen ausgeschlossen oder diskriminiert werden, wegen räumlicher Grenzen, Religionszugehörigkeiten oder körperliche Merkmalen, können Konflikte entstehen (vgl. Nieke 2008: 87, 88). Sie werden durch Befremdung oder Abwehr initiiert, also muss die Wir-Grenze für alle Menschen ausgeweitet bzw. erneuert werden. Dies kann Probleme mit sich führen, denn z. B. sind die Grenzen der Nation fest im Menschen verankert und psychologisch nicht leicht zu überwinden (vgl. Nieke 2008: 88).

Frühere Konflikte zwischen Nationen wurden häufig über Kriege gelöst. In der heutigen Zeit müssen global neue und friedliche Handlungsstrategien erworben und akzeptiert werden, um Schwierigkeiten zu beseitigen sowie eine Gleichbehandlung aller Menschen zu erreichen. Diese Grundhaltung impliziert, dass alle Menschen unabhängig ihrer Kultur und Weltansichten das gleiche Recht auf Unversehrtheit, Freiheit und Anerkennung erhalten. Über die Grenzen hinweg könnten so Konflikte und Probleme beseitigt werden, ohne dass sich (die auch orientierungshelfenden) Grenzen auflösen müssen (vgl. Nieke 2008: 89).

Diese Ziele müssen auf kognitiver, affektiver und handlungsbezogener Ebene vermittelt werden, damit sie erfolgreich zu Interkulturellem Lernen beitragen können (vgl. Nieke 2008: 90), was zu dem nächsten Lernmodell führt, dass exemplarisch erläutert werden soll: die Lernspirale.

3.5.2 Lernspirale

Dem Modell der Lernspirale liegt zugrunde, dass Lernen ein ganzes Leben lang möglich ist und dass die zuvor beschriebenen Teilbereiche Interkultureller Kompetenz (affektiv, kognitiv und pragmatisch-kommunikativ oder handlungsbezogen) sich stetig gegenseitig beeinflussen (vgl. Erll/Gymnich 2010: 148). Es gibt keinen bestimmten Startpunkt und keine bestimmte Richtung oder Reihenfolge eines Ablaufs der Lernspirale. Interkulturelles Lernen eines Menschen hängt von seiner Persönlichkeit und seinen Erfahrungen ab (vgl. Erll/Gymnich 2010: 148).

Ein beispielhafter Verlauf soll dies verdeutlichen (vgl. Erll/Gymnich 2010: 148): zu Beginn steht der Kontakt oder die Interaktion mit einer Person anderer Herkunft oder einer anderen Kultur. Nach dem Wahrnehmen (affektive Ebene) möglicher Unterschiede beginnt bei positivem Verlauf ein Prozess, der eventuell schlechte Erfahrungen in gute transformieren kann. Die Person besitzt im Anschluss ein Wissensreservoir (kognitiv) über die anderer Kultur und kann dieses später auf neue Situationen übertragen (handlungsbezogen-pragmatische). Voraussetzung ist, dass die wahrnehmende Person ein gewisses Maß an Selbstreflexion besitzt, um aus diesem Kontakt zu lernen, ihr Wissen zu erweitern und ihr Handeln an neu errungenen Kenntnissen über die andere Kultur auszurichten. Dieser Prozess ist ein Zwischenspiel von der handlungsbezogenen oder pragmatisch-kommunikativen Kompetenz, wie die reine Interaktion und der kognitiven Kompetenz als Wissen und Wissenserweiterung (vgl. Erll/Gymnich 2010: 148).

Theoretisches Wissen über die andere Kultur oder über allgemeine und Interkulturelle Kommunikationsmechanismen unterstützen den Akteur in der Interaktion mit einer anderen Person und helfen ihm sein Wissens- und Handlungshorizont gezielt und interkulturell zu erweitern. Dabei spielt vor allem die affektive Ebene eine Rolle, denn durch sie hat die Person die Motivation sich mit der anderen Person und ihrer Kultur auseinanderzusetzen. Je mehr sie sich mit dem anderen beschäftigt, desto stärker entwickeln sich Interesse und Empathie gegenüber dem anderen Menschen und seiner Kultur (vgl. Erll/Gymnich 2010: 148).

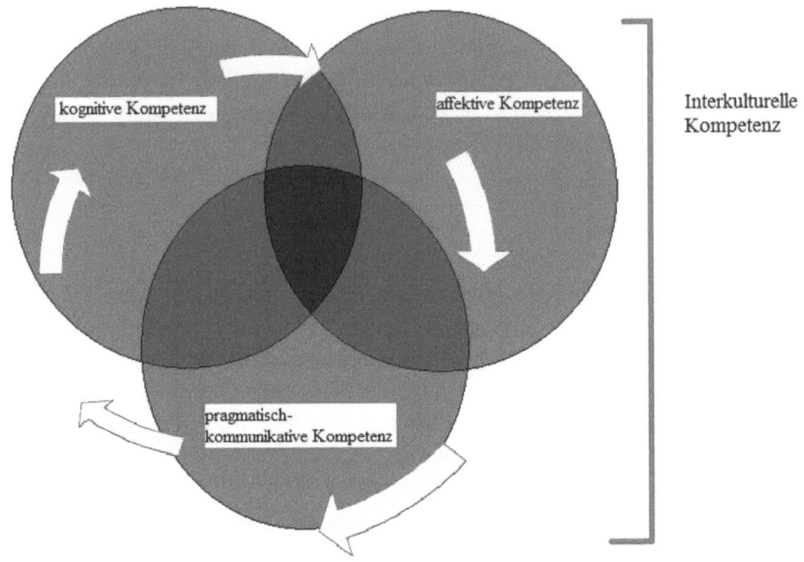

Abbildung 6: Lernspirale (vgl. Erll/Gymnich 2010: 149)

3.6 Zusammenfassung

Ein Ziel Interkultureller Pädagogik ist die Förderung gegenseitiger Anerkennung in der globalisierten und mehrkulturellen Gesellschaft, die nur erreicht werden kann, wenn die Gesellschaft gewisse Kompetenzen (Interkulturelle Kompetenz) erwirbt und offen für neue Perspektiven ist. Weiter wird Gleichbehandlung aller Menschen gefordert sowie die Bereitschaft zu Interkulturellem Verstehen.

Diese Ziele sollen durch verschiedene Ansätze und Methoden erreicht werden. In der historischen Entwicklung aufsteigend sind das der ausländerpädagogische Ansatz, der klassische Interkulturelle Ansatz, der antirassistische und antidiskriminierende Ansatz sowie der Ansatz des Interkulturellen Lernens und dem Erwerb Interkultureller Kompetenz.

Die Ausländerpädagogik richtet sich vor allem an die Einwanderer, die vermeintlich ein großes Defizit, besonders in der Sprache und Sozialisation, aufweisen. Die Defizite sollen durch die Schule oder andere Maßnahmen beseitigt werden. Der Grundgedanke war, dass die Einwander-Kinder zumindest teilweise auf die Heimkehr in ihr Herkunftsland vorbereitet werden sollten, dennoch wurde ein homogenes Schulbild angestrebt. Dieser Ansatz vernachlässigt gänzlich die Einheimischen als

Zielgruppe und kann als kompensatorisch oder assimilatorisch gegenüber den Einwanderern bezeichnet werden.

Die klassische Interkulturelle Pädagogik setzt anstelle der Defizite bei den Differenzen an. Dies impliziert, dass die gesamte Bevölkerung zur Zielgruppe Interkultureller Arbeit wurde. Differenzen werden als gegeben anerkannt und akzeptiert. Erstrebenswert ist der Gedanke, dass man von Interkultureller Öffnung neue und bessere Lebensformen für alle Beteiligten erwartet. Begegnung zwischen verschiedenen Kulturen ist das zentrale Moment.

Auf der bildungspolitischen Ebene wurde auch ein Paradigmenwechsel angeregt. Das Fachpersonal und die Lehrer sollten entsprechend fortgebildet werden, damit alle Schüler gleichermaßen Kenntnisse über verschiedene Kulturen erhalten und sich selber ihrer eigenen bewusst würden. Sie sollen Neugier, Offenheit und Verständnis für andere kulturelle Prägungen entwickeln, Vorurteile gegenüber Fremden wahr- und ernstnehmen, das Anderssein der anderen reflektieren und kulturelle Konflikte versuchen zu beseitigen.

Die Antirassismus- und Antidiskriminierungspädagogik geht davon aus, dass der Mensch Kultur und Unterschiede konstruiert. Sie möchte verstehen, wie der Mensch zu seinen Annahmen über andere Menschen gelangt und nicht welche Annahmen er hat. Dadurch wird der Konstruierende zur Zielgruppe, also vornehmlich der Einheimische.

Die Pädagogik setzt mit erzieherischen Mitteln an den Einstellungen der einzelnen Menschen an, um Diskriminierung oder Rassismus zu beseitigen. Nicht nur der einzelne Mensch wird als Ursache des Problems betrachtet, sondern auch der Staat, die Politik oder das Bildungswesen. Hauptsächlich muss die Antirassismus- und Antidiskriminierungspädagogik gegen strukturellen Rassismus und strukturelle Diskriminierung ankämpfen, damit der alltägliche und persönliche Rassismus beseitigt werden kann. Möglichkeiten wären ein gleichberechtigtes Schulsystem für alle mit einem gerechten und individuellen Förderprogramm, generelle Aufklärung und Enttabuisierung des Themas sowie gezielte Sensibilisierung, um weiteren Rassismus zu verhindern.

Dieser Ansatz ist nicht frei von Kritik. Es gibt in der heutigen Zeit viele Weiterentwicklungen Interkultureller Arbeit, wie die reflexive Interkulturelle Pädagogik, die Migrationspädagogik, die Diversity-Pädagogik und ihre Mehrdimensionalität, die Pädagogik der Vielfalt und die Pädagogik kollektiver Zugehörigkeiten.

Konsens herrscht darüber, dass aktuelle Interkulturelle Arbeit jeden Menschen jedes Alters zur Zielgruppe haben sollte und sich nicht ausschließlich an die zivile Bevölkerung richten soll, sondern auch an jene Berufsgruppen, die Vorbildfunktionen einnehmen (vgl. Krüger-Potratz 2005: 30).

Interkulturelle Kompetenz muss als Schlüsselkompetenz verstanden werden, welche die Zielgruppe anstreben soll. Sie muss ein Leben lang erworben werden und sollte stets in das Handeln mit einbezogen werden (vgl. Krüger-Potratz 2005: 30). Gerade im Bildungskontext soll eine Interkulturelle Öffnung erreicht werden. Da im Zuge der Globalisierung und der Zunahme von Kulturen, der ethnischen Herkunft oder der Sprachenvielfalt nur ein problemfreies Miteinander ermöglicht werden kann, wenn schon jungen Menschen lernen sich mit dieser Vielfalt auseinander zu setzten und damit umgehen zu können (vgl. Krüger-Potratz 2005: 31).

Interkulturelle Pädagogik gerade als Interkulturelle Bildung muss als Allgemeinbildung verstanden werden. Sie soll dazu beitragen, dass Verhaltensweisen und Denkmuster zu einem besseren Verhältnis untereinander strukturiert werden. Weiter soll sie vor Diskriminierung und benachteiligenden Strukturen im Bildungswesen oder anderen Institutionen schützen bzw. diese Strukturen aufdecken und zu Veränderung führen. Sie soll dazu beitragen, dass Vielfalt als Normalzustand betrachtet wird (vgl. Krüger-Potratz 2005: 31). Dazu müssen gerade die in diesem Bereich professionell Tätigen beitragen, indem sie ihre Erfahrungen reflektieren, weitergeben und stetig daran arbeiten dieses Feld zu erweitern und positiv zu gestalten. Somit ist Interkulturelle Arbeit als eine Fachdisziplin zu verstehen (vgl. Krüger-Potratz 2005: 31), die Verbindungen zu allen Bereichen von Erziehungswissenschaft aufweist. Trotzdem oder gerade deswegen ist es nötig, dass sich auch die anderen erziehungswissenschaftlichen Disziplinen mit Interkulturalität auseinandersetzen.

Zu guter letzt muss Interkulturelle Pädagogik auch die Förderung von Migranten implizieren, die beispielsweise noch Sprachprobleme haben. Zusätzlich soll es Integrationsangebote für Erwachsenen geben, in denen Interkulturelle Kompetenzen ausgebildet werden können, wie das Erlernen von Deutsch als Fremdsprache, das Erfahren von deutschen Ritualen und Traditionen und Kenntnisse über Deutschland und dessen Perspektive auf aktuelle Themen. Dies muss allerdings in einem ausgewogenen Verhältnis zu der eigenen Geschichte des Migranten stehen (vgl. Krüger-Potratz 2005: 32).

Leider entsprechen diese doch recht allgemeinen Ziele oft nicht der Realität. Interkulturelle Arbeit wird in Schulen nur am Rande bzw. als kurzfristiges Projekt behandelt. Auch die Qualifikation des entsprechenden Fachpersonals wird selten angestrebt, wenn diese nicht direkt mit Interkultureller Arbeit zu tun haben. In neueren Fachbüchern wird diese Thematik ausgeklammert und auch in der Sozialen Arbeit wird nur die Zielgruppe von Migranten angesprochen (vgl. Krüger-Potratz 2005: 32). In der Politik wird nicht ausreichend genug auf Interkulturelle Erziehung als Förderung für europäische Zusammenarbeit und das Zusammen leben eingegangen. In der politischen Auseinandersetzung mit Interkultureller Arbeit wird vorrangig als Wiedergutmachung gegenüber der Migranten und einer Toleranzförderung der Mehrheitsangehörigen gesprochen. Es wird zwischen europäischer und Interkultureller Erziehung getrennt (vgl. Krüger-Potratz 2005: 33).

In der Wirtschaft hingegen wird es zunehmender wichtiger die Mitarbeiter durch Sprachkurse und Auslandsaufenthalte interkulturell zu fördern. Dies sollte dringend auf andere Bereiche, wie das Gesundheitssystem, Verwaltungen und andere öffentliche Ämter sowie auf die Polizei oder Richter und Anwälte, ausgeweitet werden (vgl. Krüger-Potratz 2005: 33).

4. Grundlagen der Erlebnispädagogik als Vorbereitung für ein erlebnisorientiertes Konzept in der Interkulturellen Arbeit

Um die Bedeutung der Erlebnispädagogik für die Soziale Arbeit und ihrer Teildisziplin der Interkulturellen Pädagogik zu beschreiben, muss man einen Einblick in die Methoden, Begriffe und Wirkungsweisen der Erlebnispädagogik erhalten. Dieses Kapitel widmet sich diesen Themen als eine Einführung in die Erlebnispädagogik.

Erlebnispädagogik gilt als eine ! handlungsorientierte Methode! (Galsuke 2011: 251), die seit den 80er Jahren großen Erfolg und viele Anhänger hat. Als wichtige Mitbegründer können Jean-Jaques Rousseau und Kurt Hahn benannt werden. Beide vertreten die Meinung, dass Lernen im Gegensatz zum theoretisch-vermittelnden Unterricht am besten gelingen kann, indem man praktische Erfahrungen sammelt und eigenständig Dinge ausprobiert. Kurt Hahn fügt hinzu, dass Gemeinschaft einen wesentlichen Faktor beiträgt, dass Lernprozesse noch intensiver stattfinden. Er entwickelt die Erlebnistherapie und beschreibt, dass die Wirksamkeit dieser Therapie von dem Erlebnischarakter abhängt. Denn ! je mehr der Teilnehmer die Aktionen als außergewöhnliches Ereignis wahrnimmt, desto tiefgreifender ist die 'heilende! Wirkung! (Galuske 2011: 252).

Heute werden gerade im schulischen Kontext und in der Jugendarbeit wieder erlebnispädagogische Elemente aufgegriffen. Desweiteren werden für Firmen erlebnispädagogische Angebote entwickelt, die entweder dazu beitragen sollen, dass Manager neue Führungskompetenzen erlangen oder ganze Abteilungen als Team zusammen wachsen.

Zu Beginn werden die Wörter Abenteuer und Erlebnis definiert und in Bezug zur Erlebnispädagogik gesetzt. Als nächstes folgt ein kurzer Einblick in die Vordenker und Wegbereiter der modernen Erlebnispädagogik, deren Ziele und Wirkungsmechanismen im Anschluss erörtert werden. Es folgen die fachlichen Kompetenzen eines Erlebnispädagogen. Im Anschluss werden verschiede Handlungsansätze oder methodische Konzepte vorgestellt, um im folgenden Kapitel ein erlebnisorientiertes Konzept Interkultureller Arbeit zu entwickeln.

4.1 Begriffsbestimmung ! Abenteuer und Erlebnis

Die Begriffe !Abenteuer! und !Erlebnis! bergen viele unterschiedliche Vorstellungen, doch weisen die beiden Begriffe kleinen aber elementaren Unterschied auf. Um sich in der Sozialen Arbeit mit dem !Erlebnis! auseinandersetzen zu können, ist es notwendig eine Begriffsbestimmung für dieser Arbeit zu versuchen.

Begriffsbestimmung: Abenteuer
Abenteuer wird aus dem lateinischen Wort !adventura! abgeleitet und heißt übersetzt Ereignis. Im deutschen ist damit ein Vorhaben oder eine Tätigkeit gemeint, die spannend und zugleich gefährlich sein kann, aber nicht sein muss. Die Handlung oder Tätigkeit unterscheidet sich von den alltäglichen Dingen und ökologischen Begebenheiten. Abenteuer faszinieren besonders risikoliebende Menschen, da das Ungewisse ihre Adrenalin-Produktion anregt, was einem Rauschgefühl ähnlich sein kann (vgl. www.lexikapool.de).

Begriffsbestimmung: Erlebnis
Auch das Erlebnis gilt als ein Ereignis (Handlung oder Tätigkeit), welches sich deutlich von einer alltäglichen Situation einer Person unterscheidet und aus diesem Grund nicht in Vergessenheit gerät. Das Erlebnis kann die Emotionen stark anregen und wird je nach subjektiven Empfinden der einzelnen Person verarbeitet. Erlebnisse werden durch den Ort, die Gruppe oder die Atmosphäre beeinflusst und sind somit nie identisch oder willkürlich rekonstruierbar. Erlebnisse können nicht an unbeteiligte Personen vermittelt werden, da sie sehr subjektiv empfunden werden. Erlebnisse müssen nicht zwangsläufig mit einem Risiko verbunden sein (vgl. www. lexikapool.de).

Die Soziale Arbeit macht sich die Eigenschaften des individuellen Erlebens von Ereignissen zu Nutze und erhofft sich dadurch, dass Lernprozesse im Individuum in Gang gesetzt werden. Das Erlebnis wirkt als Heilfaktor desto mehr es als bemerkenswert und beeindruckend wahrgenommen wird (vgl. Galuske 2011: 252).
    Neben der Erlebnispädagogik kursiert der Begriff der Abenteuerpädagogik. Von diesem sollte aber Abstand genommen werden, denn eine Eigenschaft des Abenteuers ist die Unvorhersehbarkeit oder Unberechenbarkeit[2]. Gerade in erlebnispädagogischen Settings sollten die Aktionen ins kleinste Detail geplant und vorhersehbar sein, sodass die Gefahr von Unfällen minimiert wird. Dennoch darf es ein gewisses

---

[2]   Versteht man den Begriff des Abenteuers mit pädagogischer Absicht und verwendet ihn synonym zum Erlebnis, schließt der Titel der Arbeit: Abenteuer mit Migrantinnen und Migranten keine unvorhersehbaren und nicht planbare Dinge aus. Man darf von einem Abenteuer sprechen.

Restrisiko, wie einen Sturz ins Sicherungsseil oder ähnliches geben, da dies die durchdringende Wirkung des Erlebnisses steigert (vgl. Michl 2009: 12).

4.2 Vorläufer einer modernen Erlebnispädagogik

Jean-Jaques Rousseau, David Henry Thoreau und Kurt Hahn haben in ihren Ansätzen, um die Erziehung von Kindern zu revolutionieren, sehr ähnliche Gedanken und können durch ihre Ideen als Vorläufer zur modernen Erlebnispädagogik angeführt werden (vgl. Heckmair/Michl 2008: 16; Reiners 2009: 10).

4.2.1 Entdeckung der Kindheit

In Anlehnung an die Worte !ich denke, also bin ich! von René Descartes (zit. nach: Heckmair/Michl 2008: 17) ist das Lebensmotto von Rousseau !ich erlebe, also bin ich! (zit. nach: Heckmair/Michl 2008: 17).

Die Natur ist zentraler Ankerpunkt seiner Pädagogik und wird jedem Individuum zugeschrieben. Er ist der Ansicht, dass Erziehung ohne einen Pädagogen und durch die Natur und die Einfachheit gelingen kann (vgl. Heckmair/Michl 2008: 17). Seiner Vorstellung nach braucht es den Pädagogen nur, damit sich die Wirkung der Natur intensiver entfalten kann und die Kinder vor der Bevölkerung mit ihrem vermeintlich schlechten Einfluss geschützt sind. Der Pädagoge ! ist somit der Anwalt der natürlichen Bedürfnisse des Kindes! (Heckmair/Michl 2008: 18).

Rousseau folgt dem Grundsatz, dass Menschen am besten durch eigenständiges Erleben lernen (vgl. Heckmair/Michl 2008: 18) und besser verstehen werden (vgl. Heckmair/Michl 2008: 19). Lernen und erfahren geschieht seiner Ansicht nach !mit Händen, Augen, Ohren, Nase und Zunge! (Heckmair/Michl 2008: 20) und den dazugehörigen Gefühlen. Der Pädagoge soll sich aus dem natürlichen Geschehen des Lernens raushalten, auch wenn sich ein Kind beispielsweise Dreck in den Mund stecken möchte. Das Kind !muss sich der Gefahr selbst vertraut machen, um zu lernen, sie nicht mehr zu fürchten! (Rousseau zit. nach: Heckmair/Michl 2008: 21). Kinder sollen als Kinder betrachtet werden und müssen sich als solche verhalten dürfen. Dies impliziert, dass sie ihre eigenen und subjektiv richtigen Erfahrungen machen können, um zu einem reifen erwachsenem Menschen zu werden (vgl. Heckmair/Michl 2008: 21).

Zeitgleich betont Rousseau, dass sich Kinder besser entwickeln und lernen können, wenn sie untereinander eine Gruppe darstellen. Denn in einer Gruppe unter gleichaltrigen kann ein Kind mehr erleben, als in einer Gruppe ausschließlich mit Erwachsenen (vgl. Heckmair/Michl 2008: 22).

4.2.2 Leben in Natur und Einfachheit

100 Jahre später hat der eher unbekannte Thoreau den !Rousseauischen! Ansatz aufgenommen und weiter entwickelt (vgl. Heckmair/Michl 2008: 22). Er lebte über zwei Jahre einsam und spartanischen in einer Waldhütte. Dieses Experiment sollte seine Philosophie des Lebens begründen: Leben in und nicht durch die Natur (vgl. Heckmair/Michl 2008: 23). Er wollte den Fragen nach gehen, wie der Mensch frei wird, was die Bedürfnisse des Lebens sind und ob der Mensch nicht nur irrtümlich Herrscher der Natur ist, da er sich durch den Wunsch die Natur zu beherrschen selber kaputt macht. Er wollte zeigen, dass sich in jedem noch so kleinem Naturprodukt das ganze Universum widerspiegelt (vgl. Heckmair/Michl 2008: 23). Dieses Experiment sollte verdeutlichen, dass es zu einem erfülltem Leben nicht viel Bedarf und das man zu sich selbst finden kann, wenn man zu der Einfachheit zurückkehrt und sich nicht selbst in der Fülle von Luxus verliert (vgl. Heckmair/Michl 2008: 23f).

Desweiteren rebelliert er gegen den Staat, der seiner Meinung nach keinen positiven Einfluss auf den Menschen hat und die Natur sowie den Menschen zerstört (vgl. Heckmair/Michl 2008: 27). Gemein ist Rousseau und Thoreau auch, dass sie die Kindheit als eigenständige Phase im Leben anerkennen. Thoreau geht weiter und behauptet, dass mit jedem Kind !die Welt von Vorne an! (Heckmair/Michl 2008: 29) beginnt, die es durch eigenes Erleben zu entdecken gilt.

Nach Thoreau dient der Pädagoge dem Zweck, dass Kind in seinem Weg, den es selber wählt, zu begleiten und es vor dem Staat zu schützen, der ihm probiert die die Kindheit zu nehmen.

Das Verweilen in Isolation und Schlichtheit war wie eine Therapie für Thoreau. Er konnte seine Depressionen überwinden und fand seine Mitte wieder, indem er neues Selbstwertgefühl erlangte. Den Gedanken an das Erlebnis als Therapie dachte Kurt Hahn weitere 100 Jahre später zu Ende.

4.2.3 Reformpädagogik

In der Reformpädagogik ist besonders das Wort !Erleben! von wesentlicher Bedeutung, hinzukommen: !Augenblick, Unmittelbarkeit, Gemeinschaft, Natur, Echtheit und Einfachheit" (Heckmair/Michl 2008: 32). Gerade in der Schulpädagogik wurde ein Mangel an Erlebnis kritisiert, da die Idee von Lernen durch Erleben bereits Anklang gefunden hatte. Eine Meinung besagt, dass dies in der Großstadt gelingen kann, die andere ist der Ansicht, dass dies nur in der Natur möglich sei und Schule in die Natur verlegt werden solle (vgl. Heckmair/Michl 2008: 32).

Der !Augenblick! verleiht dem Ganzen die Identitätskomponente. Durch den Augenblick und dem Bewusstsein, dass dieser Zeitpunkt zwischen Vergangenheit und Zukunft liegt, erlebt und empfindet eine Person sich selbst und wird zu einer Persönlichkeit mit eigener Identität (vgl. Heckmair/Michl 2008: 32f). Die Brücke zur !Unmittelbarkeit! kann geschlagen werden, die den Lernprozess eines Individuums daher wesentlich unterstützt (vgl. Heckmair/Michl 2008: 33).

Die Natur mit ihrer !Echtheit und Einfachheit! ist für die Reformpädagogik zweifelsfrei nur in der Natur möglich, was auch Rousseau und Thoreau darlegen wollten. Je größer die Städte wurden und je umfangreicher der Lebensstandards wurden (vgl. Heckmair/Michl 2008: 33) desto geisteskranker wurden die Menschen. Sie mussten außerhalb dieser Stadt behandelt werden. Dies wurde als Beweis für die Gesundheit der Natur, der Einfachheit und Echtheit interpretiert (vgl. Heckmair/Michl 2008: 34).

!Gemeinschaft! ist ein wichtiges Element in der Reformpädagogik, wie in der Psychologie. Eine Gruppe kann zur Gemeinschaft werden, in der man sich wohl fühlt, gleiche Meinungen vorherrschen und man scheinbar unmögliche Dinge doch schaffen kann. Sie übt einen positiven Lerneffekt aus (vgl. Heckmair/Michl 2008: 34 & Kap. 4.7).

4.2.4 Erlebnistherapie

Kurt Hahn entwickelte seine Therapie nicht aus neuen Elementen, sondern nahm die bekannten und wirkenden Prinzipien von der Reformpädagogik, stellte die beschriebenen Leitlinien neu in Beziehung und begründete damit seine Erlebnistherapie. Er unterscheidet sich von anderen Theoretikern nur durch die Zusammensetzung und Gewichtung der verwendeten Elemente (vgl. Heckmair/Michl 2008: 36).

Kurt Hahns Karriere als Pädagoge begann als Schulleiter des Landerziehungsheimes Schule Schloss Salem am Bodensee (vgl. Heckmair/Michl 2008: 36) und verfolgte zunächst dem Konzept der Reformpädagogik (vgl. Heckmair/Michl 2008: 37; Reiners 2009: 10). Später kombinierte er Ansichten verschiedener Pädagogen, die er für gut empfand und es entstand unter anderem sein Konzept der !pädagogischen Werkstätten! oder !Workshops! (Heckmair/Michl 2008: 37), in denen die Prinzipien von Gemeinschaft und praktisches Lernen im Vordergrund standen.

Weiter vertritt Hahn die Auffassung, Eltern von der Erziehung ihrer Kinder zu entbinden, da diese häufig nicht über die nötigen Kompetenzen verfügen. Er spricht sich damit für !Erziehungsanstalten und Landerziehungsheime! aus (vgl. Heckmair/ Michl 2008: 36). Dabei soll eine Isolation der Schüler aber vermieden werden. Hahns Landesschulheime und Outward-Bound-Bildungsstätten wurden so strukturiert, dass sie offen und teilhabend waren, z.B. durch Ausflüge, Ehrenämter oder anderer Hilfsaktivitäten. Seine Landesschulheime sind als Kontrast zu den sonstigen Erziehungsheimen zu betrachten, die ihre Schüler von der schlechten Welt abschirmen und behüten wollten (vgl. Heckmair/Michl 2008: 38).

Das Menschenbild von Kurt Hahn entspricht der Vorstellung, dass die jugendlichen Schüler zu eigenständigen und verantwortungsbewussten Mensch erzogen werden sollten. Um dies zu realisieren muss in den Jugendlichen selber der Wunsch geweckt werden zu lernen, zu erforschen und zu erschaffen, ohne die Einwirkung bedenklicher Faktoren (vgl. Heckmair/Michl 2008: 38) in der Auseinandersetzung mit sich und seiner Umwelt (vgl. Reiners 2009: 11). Bedenkliche Faktoren sind Hahns Ansicht nach das Fehlen sozialer Kontakte, Empathie, Unternehmungslust, Dynamik und Achtsamkeit sowie der physische Abbau, die mit seiner Form der ! Erlebnistherapie! verringert werden sollten, um die Förderung individueller Faktoren voranzutreiben (vgl. Heckmair/Michl 2008: 38).

Hahn wollte vorrangig Jugendliche erreichen und gründete sein Fortbildungsprogramms Outward-Bound zu diesem Zweck. In Anlehnung an den Seemannsruf (Das Schiff ist zum Auslaufen bereit) und als gute empfundene Umschreibung für sein Programm, wurde das Konzept Outward-Bound getauft (vgl. Heckmair/Michl 2008: 39).

Schnell wurde klar, dass nicht ausschließlich körperliche Auslastung zum Ziel führen würde und so wich das Konzept dem Gedanken des Ganzheitlichen. Kurt Hahns Erlebnistherapie verfolgt das Ziel die bedenklichen Faktoren durch vier Bereiche wie ! das körperliche Training, die Expedition, das Projekt [und] der Dienst! zu beseitigen. Erstes meint Sport unter Einbezug der Umgebung, Ballsportarten und Parcours. Beim Zweiten liegt die Organisation der Expedition im Blick sowie das Erlernen und Zurechtkommen in der Natur. Der dritte Bereich beschäftigt sich damit, dass die Jugendlichen lernen Dinge oder Aufgaben in einem bestimmten Zeitraum zu erdenken, zu entwickeln, herzustellen und zu beenden. Der vierte Bereich ist der Wichtigste für das Hahnsche Prinzip. Je nach Veranstaltungsort werden entweder Bergrettung, Seenotrettung oder allgemeine erste Hilfe ausgeübt. Die Bedürftigen sollten nicht nur in Notlagen unterstützt werden, sondern das Lernen und Ausüben der Elemente hatte eine positive Auswirkung auf die Jugendlichen (vgl. Heckmair/Michl 2008: 39). In allen vier Bereichen ist das Wichtigste, dass das Erlebnis möglichst durchdringend und stark empfunden wird, denn nur so kann es nach langer Zeit positive Wirkung auf die Jugendlichen haben und in Zukunft können die bedenklichen Faktoren präventiv umgangen werden (vgl. Heckmair/Michl 2008: 40).

Diese vier Elemente haben denselben Kern: das gemeinschaftliche Erleben. Hahn nahm an, dass es den Jugendlichen unbewusst einen großen Effekt auf das Handeln und dessen Einstellung einbrachte (vgl. Reiners 2009: 11). Je intensiver dies erlebt und verarbeitet wird, desto nachhaltiger ist die Wirkung (vgl. Reiners 2009: 12).

Ein Kritikpunkt der Hahnschen Erlebnistherapie ist, dass er nicht genügend die Persönlichkeit und den Charakter der individuellen Jugendlichen berücksichtigt bzw. dass er nicht genügend auf den Veränderungsprozess eingeht und somit den korrigierenden Moment der Erfahrung vernachlässigt (vgl. Heckmair/Michl 2008: 40).

Bleibt festzuhalten, dass die Erlebnistherapie und die mageren Theorien von Kurt Hahn ihren Erfolg darin haben, dass sie einen neuen und revolutionären Ansatz in der Jugendarbeit darstellten. In einer Zeit als die Beziehungsebene zwischen Jugendlichen und Pädagogen als Erfolgskriterium galt in Form einer ! Kuschelpädagogik!, der Hahn nicht folgte (vgl. Heckmair/Michl 2008: 41).

Grundsätzlich ist Kurt Hahns Erfolg im Gegensatz zu reformpädagogischen Veränderungen in der Schule sichtbar. Dies liegt zum einen an dem Veranstaltungsort Natur, gepaart mit den Prinzipien von Hahn, wie Aufrichtigkeit und Ehrlichkeit sowie an den körperlichen Komponenten in einer Welt, in der Technik und Medien das physische Bewusstsein des Menschen verändern.

4.3 Aktualität, Leitmotive und Zielgruppen von Erlebnispädagogik

Um zu dem Spektrum der Methoden Sozialer Arbeit zu gehören, muss eine pädagogische Zielsetzung verfolgt werden (vgl. Galuske 2011: 256). Intentionen und Lernziele der Erlebnispädagogik sind vielseitig. Sie werden auf fachlicher, individueller, sozialer und ökologischer Ebene unterschieden. Ersteres meint das Erlenen von fachlichen Fertigkeiten, wie z. B. das Ausführen von bestimmten Sportarten (vgl. Galuske 2011: 256). Individuell geprägte Lernziele sind die wichtigsten Ziele der Erlebnispädagogik, wie das Entdecken, Erfahren und Erweitern von eigenen Grenzen, Selbstkompetenzen (z. B. Unabhängigkeit und Selbstvertrauen) zu erlangen oder mit Gefühlen umgehen zu können sowie die eigene Ausdauer und das Durchhaltevermögen zu fördern. Die soziale Komponente bezieht sich auf das Handeln und eigene Auftreten innerhalb einer Gruppe, z. B. durch Kooperation, Kommunikation und Rollenverhalten (vgl. Reiners 2009: 12; Galuske 2011: 256). Die ökologische Ebene erlangt aktuell immer mehr Aufmerksamkeit. Es handelt sich um die körperliche (Fühlen, Riechen Sehen) Wahrnehmung und Exploration ökologischer Begebenheiten der Natur sowie das Erlenen von nachhaltigem Umweltverhalten (vgl. Reiners 2009: 12; Galuske 2011: 256).

Die Erlebnispädagogik soll vor allem dazu beitragen wollen, dass der aus dem Erlebnis Lernende, der von sich aus Lernen möchte, die Chance dazu erhalten kann. Sie stellt diese Chancen durch gezielte Vorgehensweisen nach folgenden Gesichtspunkten her (vgl. Reiners 2009: 14f):

- Erleben muss vollständig (kognitiv, emotional und handelnd) stattfinden.
- Durch den richtigen Einsatz von medialen Hilfen wird das Problemlösungsverhalten positiv beeinflusst. Neben Flexibilität soll die Fähigkeit Konflikte auszutragen oder Entscheidungen zu treffen zur Zielsetzung gehören.

- Die verwendeten Methoden und Aufgaben müssen Realitätscharakter haben und gut in das Leben des Lernenden transferiert werden.
- Unter der Prämisse, dass eine Gruppe verschiedene Charaktere impliziert, müssen die Aufgaben so ausgesucht werden, dass mehrere Lösungen praktiziert werden können und die Fertigkeiten aller Akteure angesprochen werden können.
- Das Interesse der Teilnehmer muss durch die Medien und Methoden geweckt werden, sodass intrinsische Motivation zum Lernen und Handeln freigesetzt wird. Zusätzlich können die Teilnehmer selber über Ziele nachdenken, die sie erreichen wollen.
- Eine bessere Lernchance ergibt sich, wenn den Teilnehmern das angemessene Restrisiko bewusst ist, sich davon aber nicht einschüchtern lassen.
- Die erlebnispädagogische Gruppe erledigt ihre Aufgaben selbstverantwortlich und erhält den nötigen Freiraum von dem Erlebnispädagogen, der nur bei schwerwiegenden Problemen eingreifen soll.
- Reflexion ist ein weiteres wichtiges Element beim Lernen. Durch sie wird das Erlebte verarbeitet und in Wissen für den Alltag transferiert (vgl. Kapitel 4.3.2.3).

Auch wenn die Erlebnispädagogik ihren Höhepunkt in den 80er Jahren hatte (vgl. Galuske 2011: 256), ist sie nach wie vor aktuell und von großer Bedeutung für die Sozialen Arbeit. In der heutigen Gesellschaft gibt es durch die neue Mobilität und die größeren Freiraum für Individualität neue Anforderungen an das Sozialverhalten, damit ein Netzwerk vieler Individuen gut funktionierenden kann (vgl. Reiners 2009: 15). Kinder können die Natur zum Spielen und Lernen immer weniger nutzen, da sie in vollbebauten Siedlungen oder an gefährlichen Straßen wohnen oder weil ihnen kaum noch zeitlicher Freiraum bleibt. Dies ist in der Entwicklung des Kindes aber wichtig, wodurch die Erlebnispädagogik wieder an Bedeutung gewinnt (vgl. Reiners 2009: 16). Zeitgleich geht damit einher, dass den Kindern und den Jugendlichen die ökologischen Konsequenzen der Umweltverschmutzung nahe gebracht werden und sich für so für Nachhaltigkeit einsetzen möchten (vgl. Reiners 2009: 17).

Seit den 80er Jahren weitet sich die Zielgruppe der Erlebnispädagogik in ihrer Spannweite kontinuierlich aus. Gerade für die Jugendarbeit in den Segmenten erzieherische Hilfen und in der Arbeit mit benachteiligten Jugendlichen und Randgruppen bietet sie einen erfolgsversprechenden Ansatz. Die Zielgruppe erlebnispädagogischer Angebote ist sehr vielseitig: Schulklassen oder einzelne Schülergruppen, Familien oder Menschen jeder Altersklasse. Aber auch Suchtkranke, Straffällige oder Manager und ihre Mitarbeiter in Institutionen und Firmen gehören zur Zielgruppe. Für jede Zielgruppe kann ein eigenes und individuelles Konzept entwickeln und angepasst werden (vgl. Galuske 2011: 256), wie z. B. für geistig Behinderte oder ! Problemjugendliche! mit therapeutischen Intentionen (vgl. Reiners 2009: 18).

4.4 Wirkungsmechanismen: Lernmodelle und Reflexion

Die Wirkung von Erlebnispädagogik verdeutlichen verschiedene Lern- und Reflexionsmodelle, wie ! the mountains speak for themselves!, Outward Bound Plus und das metaphorische Lernen (vgl. Michel 2009: 51; Galsuke 2011: 257f).

4.4.1 Lernmodelle

Um zu verstehen, wie Erlebnispädagogik zu einer positiven Entwicklung im Menschen beitragen kann, werden im Folgenden häufig aufgeführte Modelle beschrieben: das Komfortzonenmodell, der erlebnisorientierte Lernzyklus und das Erfahrungslernen (! learning by doing!). Im Anschluss wird auf die neuronale Wissenschaft eingegangen, die die Wirkung von Erlebnissen bestätigt sowie auf die Empirik als kurzen Exkurs.

4.4.1.1 Das Komfortzonenmodell

Das Gehirn eines Menschen hat von Geburt an Synapsen, Fortsätze und Nervenzellen, die sich zurückbilden, sollten sie nicht gebraucht oder genutzt werden. Je mehr Synapsenverknüpfungen zwischen den Zellen bestehen, desto intelligenter ist der Mensch. Der nicht von Geburt an festverknüpfte Teil, wird im zweiten Lebensjahr durch die Erfahrungen des Menschen weiter ausgeprägt. Diese Erfahrungen werden gut verknüpft, wenn das emotionale Zentrum angeregt wird, wie wenn etwas Unvertrautes oder Plötzliches im Leben eines Menschen geschieht. Es werden mehr Botenstoffe im Gehirn produziert, die die Erhaltung und Bildung neuer Verknüpfungen der Synapsen anregen (vgl. Rutkowski 2010: 19).

Hier wirkt die Erlebnispädagogik, denn ihre Übungen und Aufgaben sollen im Idealfall für den Teilnehmer neuartig sein und über das Vertraute hinausgehen. Seine ! Komfortzone! (Rutkowski 2010: 19) und sein Horizont werden erweitert, in den Bereich des ! Lern- und Veränderungszentrum! (Rutkowski 2010: 19). Die Komfortzone symbolisiert den Wohlfühlereich eines Menschen. In ihr ist alles vertraut, ungefährlich und berechenbar. Ein zu großer Schritt aus der Komfortzone heraus, bedeutet für den Teilnehmer, dass die ! Lernzone! (Rutkowski 2010: 19) überschritten wird und er in die ! Panikzone! gelangt. Diese wirkt sich negativ auf den Lernerfolg des Teilnehmers aus, da er hier Angst und Panik gegenüber den gestellten Anforderungen verspürt, was sich in Überforderung und Stress ausdrücken kann (vgl. Rutkowski 2010: 20; Michl 2009: 40).

Je öfter die Komfortzone überschritten wird, desto mehr wird das Neuartige zum Vertrauten und die Zone wird um diesen Aspekt erweitert und Grenzen verschoben (vgl. Michl 2009: 41).

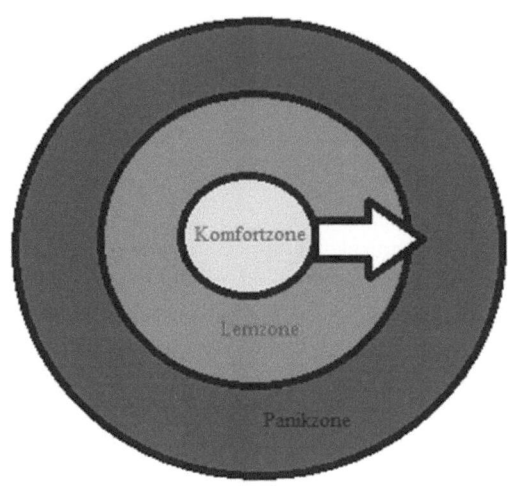

Abbildung 7: Das Komfortzonenmodell
(vgl. Rutkowski 2010: 20)

4.4.1.2 Ein erlebnisorientierter Lernzyklus

Der Mensch handelt nach seinen im Leben gesammelten Erfahrungen. Diese Erfahrungen werden in seinem Gedächtnis gespeichert, verschlüsselt und mit Gemütszuständen als persönliche Erinnerung abgetan, die abstrahiert zu seinem persönlichen Verhaltensrepertoire gehören. Neue und andere Erfahrungen werden vom Menschen schlicht ignoriert oder versucht in das bisherige Verhaltensrepertoire zu integrieren, wodurch eine Veränderung angeregt wird (vgl. Rutkowski 2010: 21).

In der Erlebnispädagogik wird ein Rahmen geschaffen, in denen die Teilnehmer die Chance erhalten neue Erfahrungen machen zu können. Ob der Teilnehmer die Chancen und Erfahrungen ignoriert oder in sein Verhaltensrepertoire integriert, liegt bei ihm. Die Erlebnispädagogik muss gezielt auf die Bedürfnisse der Teilnehmer eingehen und sie selber erschließen lassen, ob sie die neuen Erfahrungen integrieren möchten (vgl. Rutkowski 2010: 21; Michl 2009: 43).

In diesem Modell geht man davon aus, dass die nächsten Erfahrungen auf einem höheren Level verarbeitet werden, dass eine Steigerung der Fähigkeit gelingt und somit nachhaltiger gelernt wird. Neues Verhalten wird in das individuelle Repertoire aufgenommen (vgl. Michl 2009: 43).

4.4.1.4 Erfahrungslernen oder ! learning by doing!

Das Hauptmotiv der Erlebnispädagogik ! learning by doing! besagt, dass ein Kind nur über alle seine Sinne lernt und nur begreift, was es durch eigenes Handeln erfahren hat (vgl. Heckmair/Michl 2008: 20). Diese Erfahrungen werden im Gedächtnis gespeichert und zur Abrufung bereitgestellt. Sehr grob zusammengefasst ist das Gedächtnis in verschiedene Bereiche unterteilbar, die für die jeweilige Verarbeitung spezifischer Lerninhalte zuständig sind.

Die erlebnispädagogischen Lerninhalte müssen so gestaltet werden, dass sie in dem Bereich verarbeitet und gespeichert werden, in dem sie besser effektiv wieder abgerufen werden können. Grammatik als das Regelwerk der Sprache wird im deklarativen und semantischen Gedächtnis gespeichert, die Muttersprache hingegen befindet sich im prozeduralen Gedächtnis. Es liegt nahe, dass man eine Sprache besser über das Handeln lernt, also über das aktive Sprechen und Hören, statt Regeln auswendig zu lernen (vgl. Rutkowski 2010: 23).

Gleiches ist auf die Erlebnispädagogik übertragbar. Die erlebnispädagogische Übung wird durch die aktive Ausführung als Erfahrung im episodisch-deklarativen Gedächtnis gespeichert. Das prozedurale Gedächtnis wird gefordert, wenn ! die Fähigkeiten des Ausführens vermittelt wurden! (Rutkowski 2010: 23). Effektiver kann die Erfahrung genutzt werden, wenn sie zusätzlich im semantischen Bereich gespeichert werden kann, was durch Reflexion gelingt. Effektiver ist dies, weil die Person sich weniger Anstrengung muss die Erfahrung zu einem anderen Zeitpunkt abzurufen, da sie in verschiedene Speicherbereichen vorhanden ist (vgl. Rutkowski 2010: 23).

Wichtig ist, dass der Lernende das Erlernte in ähnlichen Momenten abrufen kann, wie zu dem Moment, in dem er die Erfahrungen gesammelt hat. Da die Elemente der Erlebnispädagogik in der Regel aber nicht im Alltag wieder zu finden sind, muss sie dafür sorgen, dass der Teilnehmer lernt seine Erfahrungen in den Alltag zu transportieren (vgl. Rutkowski 2009: 24).

4.4.1.4 Neurowissenschaftliche Erkenntnisse

Lernen kann physiologisch beschrieben werden als eine neuronale Erregung, die z. B. durch Außenreize, die der Mensch wahrnimmt, verursacht wird. Die Neuronen im Gehirn eines Menschen werden dauerhaft angeregt, da der Mensch zu jeder Zeit Außenreize wahrnimmt. Dies führt zu der Schlussfolgerung, dass der Mensch immer und überall lernt (vgl. Rutkowski 2009: 23).

Wichtiger als die Stärke des Reizes ist die Effektivität der neuronalen Erregung. Je länger der Reiz anhält oder je intensiver das Erlebnis des Reizes wahrgenommen wird, desto effektiver lernt der Mensch, da die Neuronen stärker angeregt werden. Um effektives Lernen zu fördern, müssen die Außenreize bewusst fokussiert werden. Durch viele Wiederholungen und ständiges Benutzen des erlernten Repertoires werden die kognitiven Fähigkeiten ausgebaut. Es hilft, wenn der Lernende motiviert ist weiter lernen zu wollen (vgl. Rutkowski 2009: 23; Michl 2009: 48). Die Erlebnispädagogik versucht dies zu erreichen, in dem sie gezielt auf erlebnisreiche Stand- und Handlungsorte sowie auf nicht alltägliche Aktivitäten und Material setzt.

4.4.2 Reflexion und Transfer

Ein Mensch, der seine Erfahrungen und Erlebnisse bewusst verarbeiten möchte, indem er sie mit anderen Dingen vergleicht und fest ins Bewusstsein integrieren möchte, der wird das Geschehene kritisch hinterfragen und für sich aussortieren, er !reflektiert! (Sonntag 2010: 130). In der Erlebnispädagogik ist Reflexion ein sehr wichtiges Medium um Wirkung zu erzeugen. Professionell begleitet kann die Wirkung bewusster einsetzten, als wenn die Personen für sich alleine oder unbewusst reflektieren (vgl. Sonntag 2010: 130).

Reflexionen müssen nicht immer am Ende eines Spiels oder einer Aufgabe stehen, sie können mittendrin stattfinden, wenn es aktuelle Geschehnisse gibt, die eine Reflexion in Form von einer Intervention erfordern (vgl. Sonntag 2010: 130; Reiners 2009: 19).

Da jedes Individuum einer Gruppe seine eigenen Erfahrungen sammelt, sind diese schwer auf die gesamte Gruppe übertragbar (vgl. Sonntag 2010: 130). Ein Austausch über diese subjektiven Erfahrungen befreit die restlichen Gruppenmitglieder aus der Unwissenheit, wie die anderen das Geschehene erlebt haben. Es können sich neue Perspektiven und Wahrnehmungen eröffnen (vgl. Sonntag 2010: 131).

Wichtig ist, dass Reflexion nicht mit einer formellen Rückmeldung oder Kritik verwechselt wird. In ihr soll nicht die Aufgabe in ihrer Struktur und Durchführbarkeit bewertet werden. Hierzu besteht die Neigung der Teilnehmer einer Aktion (vgl. Sonntag 2010: 131). Nicht die Agierenden tragen die Sorgfalt für das Handeln der Gruppe, sondern sie übertragen dem Pädagogen die Verantwortung (vgl. Sonntag 2010: 132). Der Pädagoge kann diese Entwicklung durch gezielte Fragen in der Reflexionsrunde umgehen. Im Anschluss an die Reflexion kann eine Feedbackrunde stattfinden, in der die Teilnehmer die Aufgabe und den Pädagogik bewerten können, um Unklarheiten im Spiel aufzudecken und der nächsten Gruppe ein optimaleres Erlebnis zu bereiten. Der Pädagoge muss dies den Teilnehmer im Vorfeld transparent machen (vgl. Sonntag 2010: 132).

Zielführende Reflexionen bedürfen eines gut gestalteten Rahmens und gewissen Anforderungen. Die Teilnehmer müssen sich zu dem Zeitpunkt der Reflexion auf diese einlassen können und sollten nicht von anderen Bedürfnissen, wie Durst oder Müdigkeit, zu sehr abgelenkt sein. Eine kleine Pause kann hilfreich sein, um die Konzentration der Teilnehmer zu erhöhen. Dennoch sollte die Reflexion unmittelbar an das Erlebte stattfinden und nicht von den Pausenerlebnissen überlagert werden (vgl. Sonntag 2010: 134).

Für eine wirkungsvolle Reflexion bieten sich Gesprächsrunden an, an denen alle Teilnehmer aktiv teilhaben können (nicht müssen) und es wenig störende Faktoren, wie Lärm oder schlechte Sichtverhältnisse, gibt (vgl. Sonntag 2010: 134). Vor der ersten Reflexion sollten Gesprächsregeln vereinbart werden, die besonderen Wert auf gegenseitige Anerkennung und Akzeptanz legen. Dazu zählen sich gegenseitig ausreden zulassen oder die Aussagen der anderen nicht zu kommentieren (vgl. Sonntag 2010: 135).

Reflexionen müssen nicht zwangsläufig in Gesprächsrunden stattfinden. Es gibt vielfältige Methoden mit der gleichen Wirkung (vgl. Sonntag 2010: 148). Dadurch wird die Gefahr gemindert, dass die Teilnehmer auf Grund von Langeweile Desinteresse zeigen, denn eine Reflexion kann nur wirkungsvoll sein, wenn die Teilnehmer Freude daran haben und diese von sich aus machen (vgl. Sonntag 2010: 148).

Es gibt ! spielerische Reflexionsimpulse! (Sonntag 2010: 148), die die Teilnehmer sanft aus einer Aufgabe lösen und die Motivation aus dem Spiel in die Reflexion über geht, z. B. durch das Nutzen von kleinen Figuren, mit denen man seinen Charakter während der Aufgabe beschreiben kann. Nach einer langen und anstrengen Aktionen eignen sich besonders kürzere Reflexionsrunden. Entweder verbal durch eine Ein-Wort Reflexion oder durch die Nonverbale Variante, dass alle Teilnehmer ihre Stimmung mit geschlossen Augen auf ein Signal hin mit den Daumen signalisieren (Daumen hoch= Super, etc.). Gezielte Fragen helfen dem Reflektierenden bei seiner individuellen Erfahrung. Es gibt auch schwierig zu beantwortende Fragen, die mit Hilfe von Visualisierungen wie Bilder, Postkarten oder Gegenstände einfacher beantwortet werden können, da die Teilnehmer sich mittels dieser Gegenstände ausdrücken können (vgl. Sonntag 2010: 149). Die Auswahl der methodischen Variante muss in Zusammenhang mit der Gruppe geschehen, allzu kreative Varianten hindern die Wirkung, wenn sich Mitglieder besonders kreativ ausdrücken wollen und in Bedrängnis geraten, weil sie nicht ihren Ansprüchen gerecht werden (vgl. Sonntag 2010: 150).

Die Reflexionseinheiten müssen in einer längeren erlebnispädagogischen Einheit immer einen klaren Bezug aufweisen und zu denselben Lernerfahrungen hinführen (vgl. Sonntag 2010: 151, Reiners 2009: 19). Im Folgenden werden drei Varianten vorgestellt.

4.4.2.1 ! the mountains speak for themselves!

Das Modell ! the mountains speak for themeselves! geht davon aus, dass Lernerfahrungen durch verbale Kommunikation in ihrer Effektivität gehindert werden können (vgl. Rutkowski 2010: 34). Der Pädagoge hält sich aus dem aktiven Geschehen heraus und führt lediglich in die Aufgaben ein (vgl. Galuske 2011: 257). Oberflächlich betrachtet wird dem Pädagogen die alleinige Rolle des Begleiters in der Wildnis zu teil, wodurch er die pädagogischen Kompetenzen (vgl. Kapitel 4.5) nicht mehr aufweisen müsste (vgl. Rutowski 2010: 34).

! Die Situation steht für sich selbst, ist in sich so strukturiert, dass die Lernerträge notwendige Folge des Handelns [der Teilnehmer] sind! (Galuske 2011: 257). Die besonderen Erlebnisse, wie die Berge, das Meer oder der Wald, können eine sehr intensive Wirkung auf den Teilnehmer ausüben. Durch verbale Kommunikation würden die Erlebnisse an ihrer Wirkung verlieren und könnten sich nicht tief genug in das Unterbewusstsein des Teilnehmers einprägen, damit dieser in der nächsten Situation darauf zurückgreifen kann (vgl. Rutkowski 2010: 34; Michl 2009: 65f).

Trotz der Kritikpunkte, dass in diesem Modell keine Überprüfung der Zielerreichung möglich ist, dass nicht auf die Zielgruppe eingegangen wird und dass die Beziehungen in der erlebnispädagogischen Gruppe nicht beachtet werden, gibt es Bereiche, in denen die Verwendung des ! the Mountains speak for themselves! - Modells Vorteile bringt. Wenn nach einer anstrengen Aktion, wie einer Wanderung oder Bergbesteigung, der Teilnehmer am Abend mit einem fantastischen Ausblick in die Natur oder einem Sonnenuntergang belohnt wird, kann die faszinierende Wirkung auf den Teilnehmer durch ein Gespräch darüber verfliegen. Ein anderes Beispiel dafür, dass jemand aus den Begebenheiten der Natur lernt, ohne das darüber gesprochen werden muss, ergibt sich, wenn der Teilnehmer bei einer längeren Aktion bis in die Nacht friert, weil er trotz einer Warnung keine wärmeren Anziehsachen angezogen hat. Der Teilnehmer kann die nächtlichen Begebenheiten in der Wildnis im Anschluss einschätzen ohne, dass er mit dem Erlebnispädagogen darüber sprechen musste (vgl. Rutkowski 2010: 35).

Dieses Modell der reflexiven Wirkung kann in allen Situationen greifen, in denen das Erlebnis sehr intensiv ist, eine längere Wirkungsdauer besitzt und das Ziel verfolgt wird, dass der Teilnehmer selber sein Erfahrungsfazit zieht. Der Pädagoge muss sich davor schützen nicht zu häufig und aus Faulheit auf dieses Modell zurück zugreifen. Es muss bewusst und nicht wahllos eingesetzt werden.

Das Schweigen, als rhetorisches Mittel zur Produktion einer speziellen Stimmung, muss Wirkung erzeugen können, die von den Teilnehmern wahrgenommen und verstanden wird. Die besondere Herausforderung an den Pädagogen ist ein Gespür dafür entwickeln, wann der richtige Zeitpunkt für diese Variante von Reflexion ist (vgl. Rutkowski 2010: 36).

4.4.2.2 Outward Bound Plus

Das Modell des Outward Bound Plus verläuft ähnlich wie das Modell des !the mountains speak for themselves!. Die Reflexion soll findet aber verbal statt. Sie wird von dem begleitenden Pädagogen geleitet, um den Transfer in den persönlichen Alltag zu erleichtern (vgl. Galuske 2011: 258; Michl 2009: 68).

Es wird davon ausgegangen, dass gemachte Erfahrungen zu Wissen werden können, wenn sie intensiv und strukturiert verarbeitet werden (vgl. Rutkowski 2010: 37). Der Pädagoge kann durch eine Reflexion den Stand der Gruppe und die Themen erschließen, die den Gruppenmitgliedern wichtig sind, um sein weiteres Handeln nach diesen Ansprüchen auszurichten (vgl. Rutkowski 2010: 37).

Desweiteren können gezielte Kompetenzen angesprochen werden, die durch die Aufgabe zuvor erworben werden sollten. Ein weiterer Vorteil ist die Tatsache, dass durch die Reflexion verhindert werden kann, dass ein Teilnehmer seine Erfahrungen nicht den Lernzielen entsprechend verarbeitet. Wenn ein Teilnehmer eine Aufgabe nicht erfolgreich meistert und die Schlussfolgerung zieht, dass er in seinem ganzen Leben scheitert, kann der Pädagoge den Fokus auf den Umgang mit der Niederlage lenken, sodass er aus dieser Situation lernt Niederlagen im persönlichen Leben zu überwinden (vgl. Rutkowski 2010: 37).

Outward Bound Plus erreicht seine Grenzen bei einer Zielgruppe, die nicht fähig oder willig zur verbalen Kommunikation und Artikulation ist. Die Erlebnispädagogik kann durch zu viel Reflexion ihren Reiz verlieren, da sie so auch nur ein erkenntnisorientiertes Lernmedium ist und der eigentliche Prozess des Lernens in der Gruppe durch aktives Handeln in dem Moment des Handelns überlagert wird (vgl. Rutkowski 2010: 38; Michl 2009: 68).

4.4.2.3 Metaphorik

Der Transfer in den Alltag des Teilnehmers kann durch das Modell des metaphorischen Lernens vereinfacht gelingen, da über die Erlebnisse und Erfahrungen nicht unnötig lange oder zu ausführlich gesprochen wird (vgl. Galuske 2011: 258). Es werden Metaphern verwendet, die möglichst isomorph zu den Erlebnissen und den daraus resultierenden Lernzielen sind. Isomorph meint in diesem Zusammenhang strukturell ähnlich und dadurch leichter übertragbar. Eine Aktion selber kann als Metapher verwendet werden, wenn sie isomorph und leicht in den Alltag zu übertragen ist, ohne dass dies im Anschluss verbal kommuniziert werden muss (vgl. Rutkowski 2010: 83; Michl 2009: 65). !Metaphern dienen somit als Brücke zwischen der Erlebnis- und Alltagswelt oder als Vehikel, welches wesentliche Lernbotschaften weitertransportiert! (Rutkowski 2010: 83). Gelingt das nicht, kann der Pädagoge durch verbale Kommunikation und dem Aussprechen der Metapher auf die Intentionen hindeuten. Den Teilnehmern sollte dabei die Chance bleiben, den Transfer selber zu probieren und zu schaffen.

Dies führt zu dem Schluss, dass Reflexionsrunden wie im Outward Bound Plus Modell hilfreich sein können, aber nicht zwingend notwendig sind, solange die Teilnehmer mittels der Übungen den Transfer selber schaffen. In Gesprächen mit den Teilnehmern, in denen sie Vergleiche aus ihrem Alltag ansprechen, kann der Pädagoge hören, ob der Transfer gelungen ist (vgl. Rutkowski 2010: 85).

Je nach Zielvorstellung kann und sollte man eine funktionale metaphorische Situation herstellen, Der Erlebnispädagoge muss darauf achten, dass die Beschreibung der Metapher mit dem Ziel in Einklang steht (vgl. Rutkowski 2010: 84). Bei einer Teambuilding-Übung mit mehreren Personen kann die Metapher ! Alle sitzen in einem Boot! nicht richtig interpretiert werden, wenn das gesamte Team auf mehrere Boote aufgeteilt ist. Dieselbe Metapher ist für ein zweier Team (Ehepaar) nicht gut in den Alltag überlieferbar, wenn sie gemeinsam mit weiteren Paaren in einem größeren Boot sitzen (vgl. Rutkowski 2010: 84f). Bevor man eine Metapher anwendet, muss man durch vorherige Prüfung der Aktion heraus filtern, ob die Metapher den Aufbau und die Wirkung untermalt (vgl. Rutkowski 2010: 85).

In der Reflexionsrunde wird die Übung mit dem entstandenem Bild besprochen, indem der Pädagoge die Teilnehmer anregt, darüber nach zu denken, welchen Sinn die Aufgabe haben könnte (vgl. Rutkowski 2010: 86). Grundsätzlich gilt: der Pädagoge gibt nicht seine subjektiven Interpretationen wieder, er lässt die Gruppe oder den Teilnehmer deuten (vgl. Rutkowski 2010: 92).

4.5 Fachliche Kompetenzen des Erlebnispädagogen

detailliertes und generelles Anforderungsprofil noch eine allumfassende oder ! geschützte! Berufsbezeichnung für den Erlebnispädagogen (Heckmair/Michl 2008: 279), da erlebnispädagogische Elemente von vielen anderen Teildisziplinen praktiziert werden (vgl. Heckmair/Michl 2008: 274). Trotz dem Angebot erlebnispädagogischer Aus- und Fortbildungen gibt es kein standardisiertes Ausbildungsprogramm. Diese Angebote werden von den jeweiligen erlebnispädagogisch-arbeitenden Anbietern erstellt und durchgeführt. Grundsätzlich sind in den Ausbildungsprogrammen Sicherheitsstandards (1. Hilfekurs, Sicherungstechniken, etc.) enthalten, doch sind die einzelnen Angebote und Lerninhalte auf die jeweiligen Anbieter zurechtgeschnitten (vgl. Heckmair/Michl 2008: 278).

Um eine Übersicht über die Anforderungen eines Erlebnispädagogen zu erhalten behilft man sich, die Kompetenzen der jeweiligen erlebnispädagogischen Gebiete zu kombinieren und zu verallgemeinern. Auf den ersten Blick handelt es sich dann um

Kompetenzen, die für alle Fachkräfte im pädagogischen Sektor gelten. Ein Erlebnis-pädagoge muss die Anforderungen und Kompetenzen wie spezielle persönliche Eigenschaften, pädagogische und psychologische Grundkenntnisse sowie je nach Aktionsvorhaben sportliches Know-how und Talent aufweisen, darf aber keinen Darstellungszwang seiner Fertigkeiten besitzen (vgl. Heckmair/Michl 2008: 274; Reiners 2009: 46). Er muss die Gruppe dazu bewegen, die gestellten Aufgaben alleine zu bewältigen. Er trägt der Gruppe gegenüber eine hohe Verpflichtung, z. B. in der Begleitung von emotionalen Prozessen (vgl. Heckmair/Michl 2008: 274; Reiners 2009: 49). Zurückhaltung ist ein absolutes Muss des Erlebnispädagogen, denn die Teilnehmer sollen ihre eigenen Erfahrungen sammeln dürfen. (vgl. Reiners 2008: 46).

Der Erlebnispädagoge muss wissen, mit welchen Mitteln er welche Ziele verfolgen kann und warum er diese erreichen will. Er muss sein pädagogisches Fachwissen individuell auf die Gruppe gezielt anwenden und passend umsetzten können. Adäquate Anleitung, Betreuung und das Bewusstsein für Sicherheit gehören wie das Beherrschen von Reflexions- und Interventionstechniken dazu (vgl. Heckmair/Michl 2008: 275; Reiners 2009: 52). Sollte ein Sozialarbeiter als Erlebnispädagoge gewisse sportliche Kompetenz nicht aufweisen, muss er sich um einen Fachmann bemühen, der ihn in diesen Part verstärkt oder ihn ersetzt (vgl. Reiters 2008: 52).

Als ! integrierte Handlungskompetenz! (Hufenus zit. nach Heckmair/Michl 2008: 275) werden folgende Spiegelstriche für das Anforderungsprofil eines Erlebnispädagogen aufgezählt (vgl. Heckmair/Michl 2008: 275, 276):

* Fachkenntnisse über erlebnispädagogische Wirkungsmechanismen,
* Fachkenntnisse über charakteristische Gruppendynamiken,
* Kenntnisse über die ökologischen räumlichen Begebenheiten,
* Fähigkeiten Exkursionen zu planen,
* Kenntnisse über Kriseninterventionen,
* Fähigkeiten zur Selbstorganisation, auch unter Anstrengung,
* Freundliche und freundschaftliche Führungskompetenzen,
* Gute Grundeinstellung gegenüber Natur und Umwelt,
* Deutliche und klare, dennoch empathische Kommunikation und Einstellung gegenüber der Zielgruppe,
* Wiedererkennung in den erzieherischen Zielen und Aufgaben,
* ! natürliche Autorität! (Heckmair/Michl 2008: 275),
* Fertigkeiten von Überlebenstaktiken im Outdoorbereich und mit der Natur arbeiten können.

Im Resümee kann man drei besondere Kompetenzen des Erlebnispädagogen ausmachen:

- ! die technisch-Instrumentelle Kompetenzen,
- die sozialpädagogischen Kompetenzen,
- die Persönlichkeit! (Heckmair/Michl 2008: 278; vgl. Reiners 2009: 46).

Die sozialpädagogische und persönliche Kompetenz hat hierzulande die größte Bedeutung. In der Persönlichkeit sind die Kompetenzen integriert, die allgemein als ! Schlüsselqualifikationen! (Heckmair/Michl 2008: 278) bekannt sind.

4.6 Handlungsansätze und Methoden erlebnispädagogischer Arbeit

Die Erlebnispädagogik bedient sich verschiedener Bereiche und Methoden der Sozialen Arbeit. Aus reformpädagogischer Perspektive sind dies z. B. sozial-interaktive, emotional-erlebnishafte und lebensweltlich-arbeitsbezogene Methoden. Aus der Schulpädagogik werden Methoden wie Gruppenarbeit und -präsentationen übernommen. Die Soziale Arbeit bietet ihre ursprünglichen Methoden, wie die Einzelfallhilfe (Casework), die Soziale Gruppenarbeit oder die Gemeinwesenarbeit/Sozialraumorientierung, die je nach Wunschziel angepasst verwendet werden.

Es können verschiedene Medien innerhalb einer Methode für eine spezifische Zielerreichung verwendet werden. In der Erlebnispädagogik sind die Medien z. B.: ! Bergwandern, Klettern oder Abseilen, Skitouren Höhlenbegehungen, Kajakfahren oder Kanutouren, Schlauchbootfahren/Rafting, Fahrradtouren, (Kutter-)Segeln, Solo! (Galuske 2011: 257). Dies sind vorrangig Sportarten, die in der Natur ausgeübt werden (vgl. Stimmer 2000: 183), wenngleich sich die Erlebnispädagogik auch bemüht, den städtischen Raum als Handlungsort zu ergründen, wie. z. B. durch City Bound.

Aktuell führt die Erlebnispädagogik einen ökologischen Bildungsanspruch mit sich (vgl. Stimmer 2000: 183), denn Natur ist vielfältig und kann ebenso vielfältig genutzt werden. Erlebnispädagogik in der Natur muss nicht ! aktionsorientiert! (Günther 2004: 68) sein. Naturschutz oder nachhaltiges Verständnis bei Kindern anzuregen kann gelingen, z. B. durch Übernachtungen unter freiem Himmel im Wald oder das Leben mithilfe der Natur (vgl. Günther 2004: 68).

Indoor-Aktivitäten im musischen, künstlerischen, kulturellen und technischem Segment werden mehr und mehr in die Erlebnispädagogik integriert und weiter entwickelt (vgl. Stimmer 2000: 183).

Zu einem guten Gelingen und somit zu erfolgreichen Lernen ist die Freiwilligkeit der Mitspieler von Bedeutung. Die Aufgaben und Spielregeln sollen so konzipiert werden, dass jeder Teilnehmer die Chance zum ! Nein-Sagen! erhält. Dies fördert zum einen, dass sich die Person mit sich selbst beschäftigt und aus freien Stücken ihre Grenze erfahren möchte. Zum anderen lernt sie, ihre Grenzen nach außen zu vertreten (vgl. Sonntag 2010: 60).

Die Person erfährt durch das Respektieren des Neins seitens des Pädagogen Wertschätzung (vgl. Sonntag 2010: 61). Immer wiederkehrende Entscheidungsmöglichkeiten sollen den Teilnehmer ermuntern neue Dinge von sich aus auszuprobieren. Diese Chance soll ihm nicht durch nur eine Wahl genommen werden. Wichtig für den Lernprozess des Nein-Sagens ist, dass ein Teilnehmer der eine Aufgabe einmal verneint hat, diese Aufgabe dauerhaft verneint hat. Er kann sich später nicht belanglos und willkürlich zurück entscheiden. Die Konsequenz des Pädagogen ist unentbehrlich. Er muss durch setzten, dass eine Ablehnung eine Ablehnung der Aufgabe gegenüber bleibt, auch wenn der Teilnehmer zum Ende doch gerne mitmachen möchte. Der Teilnehmer nimmt in seinen Alltag mit, dass er Neues nicht mehr zu voreilig ablehnt. Dies muss im Vorfeld transparent gemacht werden (vgl. Sonntag 2010: 61).

4.6.1 City Bound ! Erlebnispädagogik in der Stadt

In City Bound Aktionen werden mittels unterschiedlichen Begebenheiten der Stadt mit gezielten Aufgaben die Kompetenzen, die Handlungsspielräume und die Kreativität der Teilnehmer gefördert (vgl. www.go-excellence.de). Ein Vorteil von City Bound besteht darin, dass der Erfahrungsraum in unmittelbarerer Nähe des Alltags liegt und der Transfer der Übungen und Ziele besser gelingen kann (vgl. Deubzer/Feige 2004: 13f). City Bound versucht starre Muster im Individuum zu dynamisieren und Beziehungen neu zu gestalten. Die Stadt kann als ! positiver Erlebnis- und Lebensraum erfahren werden! (Deubzer/ Feige 2004: 14).

Hauptziel des City Bound ist es ! Kontakt zu fremden Menschen und anderen Lebenswelten! (Deubzer/Feige 2004: 15) herzustellen. Es gibt vier weitere Lernbereiche, die durch Übungen und Aufgaben in der Stadt als Raum angeregt werden sollen (vgl. Deubzer/Feige 2004: 15f):

- individuelle Lernziele (Kommunikationsfähigkeit, Umgang mit Niederlagen, Empathie, Selbstwertgefühl steigern, u. v. m.),
- Gruppenziele (Teamfähigkeit, Konfliktfähigkeit, Zusammenarbeit, u. v. m.),
- Lernziele bzgl. des Raumes Stadt (Orientierung, Vielfältigkeit der Stadt entdecken, Mitverantwortung für die Stadt erkennen),
- Lernfelder bzgl. der Kooperation von Einrichtungen (Arbeitsteilung, Wer für was? Wie arbeiten Einrichtungen, u. v. m.).

Weitere Vorteile des City Bounds sind, dass sich die Teilnehmer am Ausführungsort befinden und keine lange Anreise notwendig ist. Es gibt keinen zu großen Materialaufwand, der z. B. beim Segeln oder Klettern erforderlich wäre. Es können thematisch Dinge angesprochen werden, die vor Ort im Lebensraum Stadt von Bedeutung sind, wie soziale Brennpunkte oder Probleme durch Reizüberflutungen und Schnelllebigkeit in der Stadt. Die Teilnehmer erleben sich als Mitglieder der Stadt und lernen ihre Umgebung kennen. Die Stadt als Erlebensraum bietet eine große Vielfalt von Möglichkeiten, sodass keine Aktion der anderen gleichen muss und es immer neue Aspekte gibt (vgl. Deubzer/Feige 2004: 18).

Ein Nachteil kann dadurch entstehen, dass die Gruppen während der Ausführung der Aufgaben ohne Begleitung sind. Es kann zur der Gefahr kommen, dass die einzelnen Aufgaben nicht durchgeführt oder von einer Person alleine bearbeitet werden und die gewünschten Erfahrungsprozesse nicht gemacht werden. Planung und vorherige Organisation sind unerlässlich, wenn durch den Einsatz von City Bound die Persönlichkeitsentwicklung gefördert und die bereits genannten Ziele erreicht werden soll (vgl. Deubzer/Feige 2004: 19).

City Bound kann genutzt werden, um Bildungsdefizite zu minimieren, besonders im Bereich des räumlichen und logischen Denkens, in der sprachlichen Artikulation sowie im Sozial- oder Empathieverhalten und anderen Schlüsselqualifikationen (vgl. Deubzer/Feige 2004: 16). Diese Defizite kann die Institution Schule oder Ausbildungsstätte nicht alleine bekämpfen. Trägerübergreifende Kooperationen, in denen die Kinder und Jugendlichen einen unabhängigen Lern- und Übungsraum erhalten und gezielt gefördert werden, sind notwendig und sinnvoll (vgl. Deubzer/Feige 2004: 16). Auch in Firmen wird gestärkt darauf geachtet, dass die Mitarbeiter und Leitungskräfte durch Seminare, die systematisch auf diese Zielgruppe angepasst werden, regelmäßig an ihren sozialen Kompetenzen arbeiten (vgl. Deubzer/Feige 2004: 17).

City Bound ist keine reine Methode, sie ist ein erlebnispädagogischer Ansatz. Die Ziele der jeweiligen City Bound Aktion werden jedes Mal neu auf die spezifische Zielgruppe festgelegt. Eine Methode verwendet man jedes Mal wieder gleich, um dasselbe Ziel zu erreichen (vgl. Deubzer/Feige 2004: 19), wie das Vokabeln abschreiben beim Lernen einer Fremdsprache.

Desweiteren wäre die Stadt als Medium oder Methode nicht ausreichend genug, da es zu viele nicht beeinflussbare oder vorhersehbare Elemente gibt (vgl. Deubzer/Feige 2004: 19). City Bound Projekte müssen im Vorfeld gut geplant werden und in der Durchführungsphase betreut werden, sodass flexibel und situativ eingegriffen werden kann (vgl. Deubzer/Feige 2004: 20).

Die Ziele können seitens Dritter (z. B. der Schule, die Jugendeinrichtung), der Teilnehmer oder der jeweiligen Gruppe im Projekt selber geäußert werden oder zusammen mit dem Leitungsteam herausgearbeitet werden (vgl. Deubzer/Feige 2004: 19). Im schulischen Kontext oder in der Jugendarbeit kann der Fokus auf Integration oder Interkulturelle Arbeit im Stadtteil gelegt werden, die den Unterricht ergänzen und das Erproben von eigenen Fertigkeiten und Kompetenzen im Umgang mit Vielfalt im eigenen städtischen Raum in den Vordergrund stellen (vgl. Deubzer/ Feige 2004: 20).

Reflexionen sind in einem City Bound-Projekt unabdingbar. Sie ermöglichen, dass das Erfahrene durch bewusste Wiederholungen (z. B. durch dem Berichten der anderen Gruppenmitglieder) intensiver erlebt und somit besser verarbeitet werden. Der Teilnehmer kann in späteren Situationen Gebrauch von dieser positiven Erfahrung machen, er hat gelernt (vgl. Deubzer/Feige 2004: 23). Das Verwenden von sinnvoll gewählten Metaphern kann diesen Prozess unterstützen. Es muss genügend Zeit für Reflexionen eingeplant werden (vgl. Deubzer/Feige 2004: 23).

Der Erlebnispädagoge muss gut über die Stadt und deren Gefahren Bescheid wissen, um die Aktion auszuführen und zu planen. Dies entspricht der technisch-instrumentellen Kompetenz (vgl. Deubzer/Feige 2004: 24). Desweiteren muss er sensibel auf die Bedürfnisse der Teilnehmer eingehen und sie emotional begleiten. Reflexionsvermögen und die dazugehörigen sprachlichen Fähigkeiten sind Teil der sozialpädagogischen Kompetenz (vgl. Deubzer/Feige 2004: 25).

4.6.2 Interaktionspädagogik

Ausgehend von der Betrachtungsweise, dass ein Individuum stetig in einer Wechselbeziehung (Interaktion) zu seiner Umwelt und der Gesellschaft steht, kann Interaktionspädagogik definiert werden, als Soziales Lernen in der Gruppe, durch interpersonelles Handeln. Interaktion bezieht sich auf den symbolischen Austausch von Information mindestens zweier Individuen durch Kommunikation (vgl. Kapitel 2.3). Aus der Interaktion zwischenmenschlicher Beziehungen werden die Persönlichkeitsbildung und die Kompetenzen zu weiterem Handeln gefördert. Interaktionspädagogik hat als oberstes Ziel die Menschen in ihrem Umgang untereinander zu optimieren (vgl. Reiners 2009: 24). Die Förderung von Kommunikation, Kooperation, Sozialverhalten sowie die Selbstverwirklichung des Menschen stehen dabei im Vordergrund (vgl. Reiners 2009: 25). Interaktionspädagogik trägt zu einer positiven Persönlichkeitsbildung des Individuums bei. Die Individuen beeinflussen sich gegenseitig, indem die gemachten Interaktionserfahrungen auf die nächste Interaktion übertragen werden (vgl. Reiners 2009: 24).

Exkurs: Soziales Lernen

> Da die Interaktionspädagogik den Bereich des Sozialen Lernens anspricht, folgt hier ein kleiner Exkurs in die Theorie des Sozialen Lernens, als Ergänzung zu dem Kapitel 3.4.1 über Soziale Kompetenz.

Soziales Lernen vollzieht sich über die Beziehungen zwischen Menschen, indem sie Handlungsperspektiven erlernen, um diese Beziehung je nach Interaktionspartner zu gestalten. Soziales Lernen hat ! vier Funktionsbereiche! (Reiners 2009: 25) als:

- ! soziale Elementarerziehung [!]
- gruppendynamisch-interaktionistische Funktion [!]
- sozialpädagogische und kompensatorische Funktion [!]
- emanzipative und politische Funktion! (Reiners 2009: 25) verstanden werden.

Erstes bezieht sich auf die Sozialisation des Kindes im schulischen Kontext, in dem der Grundstein für weiteres soziales Lernen gelegt wird (vgl. Reiners 2009: 25). Die essentiellen Wünsche nach Anerkennung, Respekt und Entfaltungsmöglichkeit eines jeden Individuums sollen beim Lernen beachtet werden. Die Kinder erhalten und verstehen die technischen sowie kognitiven Grundlagen für soziales Handeln (vgl. Reiners 2009: 26).

Der zweite Funktionsbereich (wichtig für die Interaktionspädagogik) betrifft das eigene Verhalten, welches durch das Gruppenverhalten wechselseitig beeinflusst wird (vgl. Reiners 2009: 24). Das Gruppenmitglied lernt sich an Regeln zuhalten, die die Gruppe gemeinsam entwickelt hat. Es kann sich dennoch frei in seiner Persönlichkeit entwickeln. Wichtig ist, dass die Gruppe dem Handelnden eine Rückmeldung gibt, damit er sein Verhalten überprüfen kann und lernt es adäquat anzuwenden (vgl. Reiner 2009: 27).

Die dritte Funktion probiert misslungenes oder mangelndes Soziales Lernen auszugleichen (vgl. Reiners 2009: 25). Dies soll durch Soziale Arbeit oder Sonderpädagogik gelingen. Es wird versucht, die ersten zwei Ebenen Sozialen Lernens nachzuarbeiten und Defizite auszugleichen (vgl. Reiners 2009: 27).

Als letzte Funktion trägt Soziales Lernen auf politischer und emanzipativer Ebene dazu bei, dass sich einzelne Menschen über die Auswirkung politischer Aktivitäten auf soziale Gruppen bewusst werden. Desweiteren lernt man eigene politische Erfahrungen auf die Gesellschaft zu übertragen und in ihr Handeln zu können. (vgl. Reiners 2009: 27).

Das Individuum muss lernen seine persönlichen Erfahrungen in allgemeine Handlungsstrukturen zu transferieren, den Zusammenhang zwischen sich und der Gesellschaft zu verstehen sowie durch aktives Handeln seine Kompetenzen zu erweitern und zu überprüfen (vgl. Reiners 2009: 27).

Der Mensch soll verstehen, dass es noch andere Faktoren gibt, die menschliches und gesellschaftliches Leben beeinflussen, wie beispielsweise die Politik. Erkennt ein Individuum schlechte strukturelle Bedingungen, soll in ihm automatisch der Wunsch entfachen, sich an einer positiven Beeinflussung zu beteiligen. Interaktionspädagogik muss daher nicht nur auf die persönlichen Beziehungen wirken, sondern auch auf generelle gesellschaftliche Beziehungen (vgl. Reiners 2009: 28).

Im Vordergrund von Interaktionspädagogik steht der Erwerb Sozialer Kompetenzen (vgl. Kapitel 3.4.1), inbegriffen der Sensibilisierung der Selbst- und Fremdwahrnehmung sowie die Stärkung des Selbstvertrauens (vgl. Reiners 2009: 25).

Die Interaktionspädagogik benutzt als eine Methode Interaktionsspiele, die dem Alter der Gruppe und den zu erlernenden Zielen im Schwierigkeitsgrad angepasst werden müssen. Die Vorteile solcher Spiele mit einem ! positiven Aufforderungscharakter! (Reiners 2009: 28) sind, dass sie die extrinsische Motivation zum Lernen im Individuum anregt und es dadurch effektiver lernt. Eigenverantwortung, Regeleinhaltung und die Kreativität des Mitspielers werden trainiert. Durch neue Situationen kann der Teilnehmer aus seiner gewohnten Rolle entspringen und sich in die Gruppe neu einbringen. Grundsätzlich wird in Interaktionsspielen das Zusammensein und Verhalten untereinander gefördert, daher sollte es in der Regel keine Gewinner und Verlierer geben. Nach diesem Verständnis ist jeder ein Gewinner, der von jemand anderem etwas lernt (vgl. Reiners 2009: 28f).

Interaktionsspiele sprechen den Raum, den Körper und die Wahrnehmung an. Sie sollen das Individuum befähigen sich Ausdrücken zu können, Empathie zu erlernen und Kooperation zu fördern. Die Person soll sich mit seiner Eigen- und Fremdwahrnehmung auseinandersetzen, sein Persönlichkeitsbild formen und Selbstvertrauen gewinnen. Entscheidungen treffen zu lernen, Kritikfähigkeit zu erwerben sowie in und mit der Gruppe agieren zu können, sind weitere Ziele (vgl. Reiner 2009: 29).

Interaktionsspiele müssen wie Angebote des City Bounds Realitätscharakter haben und sind mit erlebnisorientierten Charakter wesentlich anschaulicher und interessanter für die Gruppe. Dies hat den Effekt, dass sie besser ! spielen!, intensiver lernen und mehr für die Zukunft mitnehmen können.

Die Erlebnispädagogik nutzt Interaktionsspiele, um Erlebnisse im Austausch mit anderen zu erfahren und einen besseren Transfer in den Alltag zu ermöglichen (vgl. Reiners 2009: 38).

Eine Synthese von Interaktionsspielen mit Elementen der Erlebnispädagogik wären beispielsweise kooperative Abenteuerspiele (vgl. Reiner 2009: 37).

4.6.3 Kooperative Abenteuerspiele

Abenteuerspiele bezeichnen solche Spiele, die von einer größeren Gruppe gemeinsam bewältigt werden sollen. Die Gruppe soll in ! nicht alltäglichen! (Sonntag 2010:

52) Situationen nicht alltägliche Aufgaben erledigen, dies steigert den Erlebnisfaktor. Der Materialaufwand kann von gering bis anspruchsvoll reichen. Einige Spiele kommen mit einer großen Wiese aus, andere benötigen mehr zusätzliches Material, wie Seile, Matten oder Augenbinden (vgl. Sonntag 2010: 52). In der Regel haben Abenteuerspiele denselben strukturellen Aufbau: es gibt eine Aufgabe, ein Hindernis, Strafen für Regelbrüche und eine Hilfestellung (vgl. Sonntag 2010: 52-56).

Die gestellte Aufgabe muss und kann nur von der Gruppe gemeinsam gelöst werden. Mögliche Aufgabenstellungen können sein: als gesamte Gruppe einen Weg zu beschreiten, einen Gegenstand o. ä. bewegen, etwas gemeinsam zubauen oder ein ähnliches Problem zu lösen (vgl. Sonntag 2010: 52). Die Aufgabe sollte nach Potenzial und bestimmten Merkmalen der Gruppe ausgesucht werden. Einer Gruppe mit Berührungsängsten kann eine Aufgabe gestellt werden, in der sie gemeinsam in Form einer Kette ein Hindernis überqueren müssen. Auf spielerische Weise könne so die Berührungsängste abgebaut werden. Um das Thema Kooperation oder Teamwork zu behandeln, eignen sich besonders Spiele, in denen gemeinschaftlich Dinge errichtet oder erbaut werden müssen (vgl. Sonntag 2010: 53).

Kooperative Abenteuerspiele können jeweils den Ansprüchen oder dem Leistungsstand der Gruppe angepasst werden, indem eine oder mehrere Einschränkungen gemacht werden. Die Schwierigkeitsstufen reichen von leicht, mittel oder schwer zu sehr anspruchsvoll (vgl. Sonntag 2010: 53). Wichtig ist, dass das Spiel erfolgreich beendet werden kann und das alle Gruppenmitglieder an der Lösung beteiligt werden können (vgl. Sonntag 2010: 54). Einschränkungen sind beispielsweise: die Eingrenzung des Raums oder der zur berührenden Elemente, die Beeinträchtigung der Sinne oder der Kommunikationswege, zeitliche Einschränkungen oder nur eine bestimmte Auswahl von den zu verwendenden Materialien (vgl. Sonntag 2010: 53).

Vor Spielbeginn muss deutlich sein, dass Konsequenzen erfolgen, wenn man sich nicht an die Spielregeln oder Einschränkungen hält (vgl. Sonntag 2010: 54), wie wenn ein Teilnehmer den Boden berührt, obwohl der Boden laut Spielregeln nicht berührt werden darf. Konsequenzen sollen die Gruppen- und Eigenmotivation stärken, die Aufgaben ernsthafter durchzuführen (vgl. Sonntag 2010: 54).

Beispiel: Nach dem Regelbruch wird dem Spieler die Einschränkung erteilt im weiteren Spielverlauf eine Augenbinde zu tragen, er muss die Aufgabe blind bewältigen. Die Gruppe wird durch diese konsequent angeregt, sich besser zu konzentrieren, um sich gegenseitigen zu helfen (vgl. Sonntag 2010: 55). Weitere Beispiele für Konsequenzen oder Strafen sind ein Neuanfang des Spiels, das Wegnehmen von hilfreichen Elementen, erneute Einschränkungen, wie ein geringeres Zeitlimit, weniger Material oder das Verteilen von Minuspunkten (vgl. Sonntag 2010: 55).

Der Pädagoge soll ein Auge auf die Gruppe haben, so dass er die Fähigkeiten und Fertigkeiten der Gruppe einschätzen und die Aufgaben dementsprechend ausrichten kann. Dabei ist es zielführend, dass der Pädagoge den Schwierigkeitsgrad jedes Mal ein wenig steigert, denn so erweitert die Gruppe ihre Kompetenzen und hat über die Erfolgserlebnisse eindringlichere Lernmomente (vgl. Sonntag 2010: 59). Natürlich spielt auch die Gruppengröße oder die Gruppenkonstellation eine Rolle bei der Auswahl von Abenteuerspielen und Aufgaben (vgl. Kapitel 4.6; Sonntag 2010: 59).

Hilfestellungen sollen zu einer Lösung der Aufgabe oder des Spiels beitragen. Dies sind entsprechendes Material, Ausnahmen von den Einschränkungen (nicht alle sind blind) oder Lösungshinweise sowie zusätzliche Informationen (vgl. Sonntag 2010: 56). Durch die Auswahl besonderen Materials kann eine banale Aufgabe enorm an Reiz gewinnen und so die Motivation der Mitspieler steigern. Anstelle eines Tennisballs werden bei einer Transportaufgabe z. B. in begrenzter Anzahl rohe Eier transportiert. Das Material und die Hilfsmittel können den Schwierigkeitsgrad des Spiels bestimmen oder ihn entsprechend anpassen. Wird ein Kletterseil durch einen Bindfaden ersetzt, kann es eine Aufgabe in gewissen Situationen um einiges schwieriger erscheinen lassen (vgl. Sonntag 2010: 56).

In einer Gruppe mit jüngeren Kindern ist es sinnvoll die kooperativen Abenteuerspiele in eine Geschichte einzubetten, da sie sich besser mit der Aufgabe auseinandersetzten können und intensiver erleben (vgl. Sonntag 2010: 57). Wenn die Geschichte nicht altersgerecht ist oder sich die Personen nicht drauf einlassen wollen, kann es zur Ablehnung und Verweigerung gegenüber der Aufgabe und dem Pädagogen führen (vgl. Sonntag 2010: 58).

Auf Grund des strukturellen Aufbaus sind kooperative Abenteuer ein guter Ansatz für den Erwerb von Sozialer Kompetenz. Da es nicht nur einen richtigen Lösungsweg gibt, kommt eine besondere Dynamik in die Gruppe, die von den einzelnen Mitgliedern fordert, sich an Regeln zu halten und Entscheidungen zu treffen. Die Gruppe wird durch das Spiel aufgefordert ! sich konstruktiv miteinander auseinander zu setzen! (Sonntag 2010: 58).

Die Synthese von Kooperationsverhalten und die Entwicklungsgeschehnisse in der Gruppe begünstigen ein wirkungsvolles und nachhaltiges Lernen. Zu einer guten Lernerfahrung trägt das Entstehen des Gruppenzugehörigkeitsgefühls bei, in dem es möglich ist einen gewissen Unmut zu äußern und konstruktiv damit umzugehen. Die Teilnehmer lernen sich auf andere Personen einzulassen, mit Kritik umzugehen und ihr Verhaltensrepertoire zu erweitern. Ernste Themen können spielerisch und explorativ behandelt werden. Kooperative Abenteuerspiele eignen sich, auch um Rollensysteme in einer bestehenden Gruppe aufzuarbeiten oder um Neu- und Umstrukturierungen anzuregen (vgl. Sonntag 2010: 58).

Ein weiterer Reiz bei kooperativen Abenteuerspielen liegt in der Selbstverantwortung der Teilnehmer. Der Pädagoge hält sich aus dem Geschehen heraus, er beobachtet und steht nur im äußersten Notfall für Hinweise zur Verfügung (vgl. Sonntag 2010: 63). Ist das der Gruppe transparent, steuert sie selber die gruppeninternen Regeln sowie Interaktionsmuster und können Probleme auf dieser Ebene analysieren (vgl. Sonntag 2010: 62). Der Pädagoge darf nur im geringen Maß bei Problemen intervenieren und wenn möglich nur so, dass die Gruppe ihre Probleme eigenständig löst (vgl. Sonntag 2010: 63).

Reflexion ist ein wesentlicher Bestandteil in der Wirkung von Abenteuerspielen. Ohne den begleiteten Transfer in den Alltag, bleiben die Erfahrungen nur im Spiel und werden nicht in Bezug zum eigenen Leben gesetzt. Der Pädagogen trägt die Verantwortung dafür. Er muss flexibel auf die jeweiligen individuellen Erfahrungen eingehen können und sie mit den restlichen Gruppenerfahrungen verbinden (vgl. Sonntag 2010: 63).

4.6.4 Künstliche Elemente am Beispiel des Hochseilgartens

Ein Beispiel für künstliche Elemente mit erlebnispädagogischer Wirkung sind Hochseilgärten. In Deutschland gibt es ca. 500 angelegte Klettergärten, die sich immer größerer Beliebtheit erfreuen (vgl. Michl 2009: 83), gerade im Bereich für Schulklassen, Firmenbetrieben oder Jugendzentren.

Hochseilgärten bestehen aus Seil-, Draht- und Holzkonstruktionen, die bis zu 15m in die Höhe reichen und auf freien Flächen zu finden sind, in bestehen Forst integriert werden können (vgl. Michl 2009: 84) oder in entsprechend angelegten Hallen. Die einzelnen Elemente haben spezifische Anforderungen an die einzelne Person oder die gesamte Gruppe, wie z. B. körperliches individuelles Geschick oder die Forderung von Schlüsselkompetenzen wie Kommunikation und Teamfähigkeit sowie Selbstvertrauen oder den Mut Grenzen zu überwinden. Besonders intensiv können ! Verantwortung übernehmen und sich auf jemanden verlassen können! (Michl 2009: 84) als pädagogische Ziele gesetzt werden. Diese Erfahrungen sind mittels Reflexion sehr gut in den Alltag transferierbar (vgl. Michl 2009: 84).

4.7 Die Bedeutung der Gruppe

Allgemein umfasst die Gruppe eine bestimmte Anzahl von Menschen, die in einem bestimmten Verhältnis zueinander stehen, um gemeinsame Ziele zu erreichen (vgl. Buck 2009: 428). Eine soziale Gruppe nimmt sich als solche wahr. Sie weist ein Zugehörigkeitsgefühl, ein Rollensystems, die Anerkennung der Normen und Regeln sowie ein inneres Beziehungsgeflecht auf. Nur dann kann sie dauerhaft bestehen. Zusammenhangslose größere Mengen von Menschen (eine Traube von Menschen in der Stadt) werden nicht als eine Gruppe definiert (vgl. Buck 2009: 428).

Es gibt formelle und informelle Gruppen. Die Schulklasse stellt z. B. eine formelle und der Freundeskreis eine informelle Gruppe dar. Das Kennzeichen einer informellen Gruppe im Gegensatz zu einer formellen Gruppe ist, dass sich diesen Gruppenmitglieder freiwillig und auf Grund von Sympathie zu einer Gruppe zusammen geschlossen haben, um bestimme Dinge miteinander zu erleben (vgl. Buck 2009: 428).

Eine informelle wie formelle Gruppe durchläuft fünf Entwicklungsschritte mit spezifischen Anforderungen an die Gruppenmitglieder (vgl. Wellhöfer 2007: 12-15):

1. Orientierung und Exploration: Vorrangig herrscht Unsicherheit darüber, was in der neuen Situation passieren wird. Man orientiert sich und erforscht die anderen Gruppenmitglieder. Man ist vor allem bei sich selbst im Denken (vgl. Wellhöfer 2007: 12; Vopel 2002: 134).

2. Rollenklärung durch Auseinandersetzung und Machtkampf: Die Gruppenmitglieder sind noch im Ichbezogenen-Denken und probieren ihren Platz in dem Beziehungsgefüge innerhalb der Gruppe zu finden. (vgl. Vopel 2002: 136). Es werden kaum Entscheidungen getroffen, die Gruppe befindet sich in Diskussionen (vgl. Wellhöfer 2007: 12)

3. Konsolidierung durch Bindung und Vertrautheit: Die Gruppenmitglieder identifizieren sich mit ihrer erkämpften Rolle und der Gruppe. Es entsteht ein Wir-Gefühl (vgl. Wellhöfer 2007: 13). In dieser Situation werden oft Probleme und Missstände verschwiegen, um die Harmonie innerhalb der Gruppe nicht zu gefährden, was sich negativ auf die Gruppendynamik auswirken kann (vgl. Vopel 2002: 138).

4. Differenzierung und Festigung: Die Gruppe ist stabil und hat anerkannte Verhaltensweisen, an die sich alle ungefragt halten. In dieser Phase können neue Gruppenmitglieder integriert werden. Desweiteren sind verschiedene Rollensysteme innerhalb der Gruppe entstanden. Es gibt eins für die Zielerreichung und ein anderes für das Beziehungssystem der Gruppe (vgl. Wellhöfer 2007: 14).

5. Abschied und Neuorientierung: Nach dem die Gruppe ihr Ziel erreicht hat, löst sie sich auf. Es können neue Ziele gefunden werden, sodass eine Gruppe mit weniger oder mehreren neuen Mitgliedern bestehen kann (vgl. Wellhöfer 2007: 15).

Es werden eine Gruppendynamik und eine Gruppenstruktur entwickelt, die von den einzelnen Individuen in der Gruppe beeinflusst werden. In Handlungsfeldern der

Sozialen Arbeit wird sich der Aspekt der Gruppen zu Nutze gemacht (vgl. Buck 2009: 428).

Erlebnispädagogische Konzepte sollen eine Zielgruppe erreichen, die aus mehreren Individuen besteht. In der Gruppe können die einzelnen Individuen ihre eigenen persönlichen Erfahrungen machen und lernen, doch werden vor allem Lernziele angestrebt, die nur in einer Gruppenkonstellation möglich sind, wie das Trainieren des Sozialverhalten (vgl. Fürst 2009: 60).

Die Gruppe wird zum Hilfsmittel erlebnispädagogischer Arbeit, wenn ihre Mitglieder sich bei der Bearbeitung von Problemstellungen wechselseitig helfen und herausfordern können, sodass sie die individuellen Prozesse in der Person positiv beeinflussen (vgl. Fürst 2009: 60). Sie kann auch als erlebnispädagogisches Medium eingesetzt werden, wenn die Mitglieder nicht intensiv an der Beziehung zu einander arbeiten sollen, sondern sich beispielsweise über einen längeren Zeitraum zum Sport treffen. Die Verbindlichkeit ist das zentrale Moment, durch den die Gruppenmitglieder lernen, sich auf Gruppe zu verlassen und sich darauf einzulassen (vgl. Fürst 2009: 61). Mit dem Leben von Verbindlichkeit kann gelernt werden Spannungen länger auszuhalten (vgl. Fürst 2009: 61). Die Gruppenmitglieder lernen Konflikte auszuhalten und in Konfrontation zu gehen, anders als in einer kurzandauernden Gruppe (für eine Wochenendaktion). In ihr lernen die Gruppenmitglieder sich schnell auf neue Personen einlassen zu können, ohne große Verbindlichkeit. Eine wirkliche Lebensgemeinschaft bildet im Endeffekt nur die langandauernde Gruppe (vgl. Fürst 2009: 61).

In den zuvor erläuterten Gruppenphasen mit spezifischen Dynamiken, werden bestimmte Lernprozesse innerhalb der Gruppe und des individuellen Sozialverhalten angeregt (vgl. Fürst 2009: 66). Es braucht einen gewissen Zeitraum, damit jede Gruppe eine allumfassende Lernerfahrung in allen Gruppenphasen machen kann. Es wird vorgeschlagen die erlebnispädagogische Gruppe mehrere Monate bestehen zulassen. Die Programmgestaltung sollte so flexibel sein, dass die einzelnen Prozesse, welche die Gruppe in dem Moment durchlebt, auch durchlaufen können (vgl. Fürst 2009: 66).

Exemplarisch wird die erste Phase der Orientierung und Exploration diskutiert. Der Erlebnispädagoge muss sich bewusst sein, dass sich die Teilnehmer selten alle kennen und dass erst noch ein Beziehungssystem entstehen muss. Die Teilnehmer werden zu Beginn unschlüssig darüber sein, was sie erwarten wird.

Der Erlebnispädagoge muss die Gruppe einschätzen können, in dem er beobachtet, wie sie mit dem Neuanfang umgeht und wie viel Leitung sie braucht, damit ein gutes Arbeitsklima entstehen kann (vgl. Fürst 2009: 123f). Er muss dafür schnell einen zielführenden und individuell geeigneten Rahmen schaffen (vgl. Fürst 2009: 124). Zu viel Einfluss kann die Motivation der Gruppe mindern, zu wenig Einfluss kann die Gruppe eventuell überfordern. ! Es bedeutet eine Gratwanderung den nötigen Freiraum vorzusehen, damit sich Orientierungs- und Annäherungsprozesse entfalten können und gerade so viel und geeignete erlebnispädagogische Angebote, wie zum Aufbau von Motivation und Eigeninitiative nötig sind! (Fürst 2009: 124).

Unter einander fremde Mitglieder kommen am Besten in sozialen Kontakt, indem sie gemeinsam eine kleine Aufgabe bewältigen. Der Einstieg wird leichter, wenn der Erlebnispädagoge sich zuerst vorstellt. Er kann zeigen, dass er Interesse an der Gruppe hat. Dies kann durch verschiedene Medien oder ! Spiele! unterstützt werden (vgl. Fürst 2009: 125). Gleiches gilt für inhaltliche Themen und die Heranführung an Vorhaben, Abläufe und Materialien, die in der erlebnispädagogischen Gruppe verwendet werden. Vor einem Kletterausflug können Seile, Karabiner und Gurte ausliegen, damit sich die Teilnehmer ein Bild davon machen und Vorbehalte verlieren können (vgl. Fürst 2009: 125).

In der Phase der Orientierung und Exploration sollte die Kooperation angeregt werden, da sie im weiteren Verlauf einer erlebnispädagogischen Aktion unabdingbar ist. Interaktionspädagogische Aufgaben fördern gegenseitige Unterstützung und durch Kooperation werden persönliche Lernerfahrungen gemacht, die sich auf die ganze Gruppe auswirken können.

Der Erlebnispädagoge muss sensibel auf die Interaktionen zwischen den Mitgliedern der Gruppe eingehen und diese in den richtigen Momenten durch Reflexionsrunden ansprechen. Das individuelle Handeln und seine Wirkung muss auf die gesamte Gruppe übertragen werden. In einem vertrauensvollen Rahmen können sehr persönliche Dinge angesprochen werden, wie die Beziehung der einzelnen Mitglieder untereinander (vgl. Fürst 2009: 128).

Der Gruppenzusammenhalt (Gruppenkohäsion) muss intensiv gefördert werden, um positive Resultate und Lernerfahrungen in der Gruppe zu erleben. Dem Zusammenhalt förderlich ist das kooperative Arbeits- und Gruppenklima, welches von einem wertschätzenden und freundlichen Umgang der Mitglieder untereinander, aber auch zwischen dem Pädagogen und den Teilnehmern begünstigt wird (vgl. Fürst 2009: 129). Entsprechende Regeln für einen Umgang untereinander sollten zu Beginn gemeinsam besprochen werden. An diese Regeln sollte sich jeder halten können und wollen. Dies impliziert, dass Konflikte an- und besprochen werden können, ohne das es zu heftigen Auseinandersetzungen kommt (vgl. Fürst 2009: 130).

Störungen oder Probleme in der Gruppe können als Ressource für den Gesamtprozess betrachtet werden (vgl. Fürst 2009: 131). Ernstzunehmendes antikohäsives Verhalten oder Störungen (Aggressionen und Konflikte) haben immer Vorrang. Es ist eine Art Alarmsignal dafür, dass in der Gruppe etwas nicht stimmt. Durch eine richtige Intervention, wie eine lösungsorientierte oder konfrontative Gruppeneinheit, kann der Pädagoge die gesamte Gruppe in den Prozess der Lösung mit einbeziehen. Er kann die Teilnehmer nach ihren Wahrnehmungen und Empfindungen sowie ihren

Lösungsmöglichkeiten befragen (vgl. Fürst 2009: 131). Dies erfordert eine hohe Aufmerksamkeit des Pädagogen, der sich nicht in die Rolle des Streitschlichters drängen lassen darf. Sonst kann die Gruppe die Lernerfahrung nicht selber erschließen. Der Pädagoge muss eingreifen, wenn es zu psychischen (durch Mobbing) oder physischen Verletzungen einzelner Personen kommt (vgl. Fürst 2009: 132).

Ziel ist es, dass die Teilnehmer selbstständig in der Lage sind, ein gutes Klima herzustellen und Lösungen zu erfinden. Ein wünschenswerter Lernerfolg wäre, dass beim nächsten Konflikt eine lösungsorientierte Gruppenrunde ohne den Anstoß des Pädagogen einberufen wird, der aber dennoch teilnehmen darf (vgl. Fürst 2009: 132).

Sind die Voraussetzungen der Orientierung geschaffen, macht sich die Gruppe zur zweiten Entwicklungsphase der Rollenfindung auf. Die Grenzen der Gruppenphasen sind nicht starr, sie werden sich häufig überlappen[3].

In einer erlebnispädagogischen Gruppe ist die Mitgliederzahl von Bedeutung (vgl. Fürst 2009: 66). Eine Kleingruppe besteht aus 2-24 Personen, die Großgruppe besteht ab einer Teilnehmerzahl von 25 Personen (vgl. Michel, Novak 1975: 136). Die kleinstmögliche Gruppengröße liegt bei fünf Personen, da so noch relativ variable Interaktionen zwischen den Teilnehmern möglich sind. Bei nur vier Personen ist die Gefahr zu groß, dass sich innerhalb der Gruppe Paare bilden und kaum eine Gruppendynamik herrscht (vgl. Fürst 2009: 85).

Je größer die Gruppe ist, desto weniger Zeit hat die einzelne Person ihre individuellen Lernerfahrungen mit der Gruppe zu teilen. Bei großen Gruppen kann es passieren, dass sich einzelne Mitglieder zurück ziehen oder zu intensiv mitarbeiten und so zurückhaltende Mitglieder verdrängen (vgl. Fürst 2009: 85).

Eine ist eine Gruppengröße 9-12 Personen inklusive des Pädagogenteam ist der Idealfall. Vor jeder Aktion muss überlegt werden, was mit wie vielen möglich ist und was man mit wie vielen Personen erreichen kann. Wichtig ist, ob der Sicherheitsstandart erfüllt werden kann (vgl. Fürst 2009: 86f).

In einer Gruppe kommt dem Pädagogen die Aufgabe zu selber Mitglied zu sein, aber in Form von einer speziellen Rolle. Er ist der !Organisator und Vertreter! (Fürth 2009: 95), !Erlebnisgefährte! (Fürst 2009: 96), !Experte für erlebnispädagogische Aktivitäten! (Fürst 2009: 97) und !Begleiter von Erfahrungsprozessen! (Fürst 2009: 99). Er muss der Gruppe immer transparent machen, welche Rolle er gerade am stärksten ausübt. Bei einer erlebnispädagogischen Aktion wie einer Bergwanderung, wird er die Rolle des Experten und nicht die des Kumpels ausüben (vgl. Fürst 2009: 101).

---

[3] Zu einer tiefergehenden Beschäftigung mit den Thema der Gruppenphasen und den erlebnispädagogischen Verhaltensweisen zum Weiterlesen: !Gruppe erleben! von Walter Fürst, Seite 123 bis 148.

4.8 Zusammenfassung

Erlebnispädagogik ist eine handlungsorientiere Methode, die sich die Eigenschaften des individuellen Erlebens von Ereignissen zu Nutze macht und dadurch (soziale) Lernprozesse in Gang bringen möchte. !Lernen wird effizient durch Herausforderungen und Erfolgserlebnisse, durch den Einsatz aller Sinne, durch eigenes Tun und prägende Erlebnisse! (Michl 2009: 49).

Die Vorboten der Erlebnispädagogik wie Jean-Jaques Rousseau, David Henry Thoreau, Kurt Hahn und Elemente der Reformpädagogik ergänzen sich in der These, dass Kinder nur durch eigene Erfahrungen und in unmittelbarer Natur effektiv lernen können. Die Pädagogen dienen dem alleinigen Zweck der Unterstützung beim Lernprozess der Kinder und Jugendlichen. Kurt Hahns Erlebnistherapie und seine Outward Bound Schulen sind der Grundstein für die Erlebnispädagogik.

In der heutigen Erlebnispädagogik bilden Kinder, Jugendliche und Erwachsene jeglicher Art mit jeweils angepassten Konzepten die Zielgruppe. Diese Konzepte können verschiedene Ziele haben, wie das Entdecken, Erfahren und Erweitern von eigenen Grenzen, Schlüsselkompetenzen zu erlangen, mit Gefühlen umgehen zu können sowie die eigene Ausdauer und das Durchhaltevermögen zu fördern. Weitere Ziele sind das Handeln und eigene Auftreten innerhalb einer Gruppe, die Kooperationsfähig- und Kommunikationsfähigkeit sowie das Rollenverhalten zu optimieren. Auch die körperliche Wahrnehmung und Exploration ökologischer Begebenheiten und das Erlernen von nachhaltigem Umweltverhalten stehen im Mittelpunkt von Erlebnispädagogik.

Die Wirkung von Erlebnispädagogik kann durch verschiedene Lernmodelle, wie das Komfortzonen-Modell, den erlebnisorientierten Lernzyklus oder das Erfahrungslernen, beschrieben werden. Grundsätzlich gehen sie davon aus, dass die Erfahrungen erlebt werden müssen, um nachhaltig eine positive Entwicklung in einer Person anzuregen. Die Nachhaltigkeit dieser Prozesse kann im Individuum durch gelenkten Transfer und Reflexion intensiviert werden. Die erlebnispädagogischen Aktivitäten müssen in den Alltag eines Individuums transportiert werden können, um zu mehr Handlungsperspektiven zuführen.

Reflexionen sind sowohl ein Rückblick auf Geschehenes wie eine Zukunftsperspektive, da sie die gemachten Erfahrungen für die nächste Aufgabe besser umsetzbar machen (vgl. Sonntag 2010: 131). Sie müssen vielseitig eingesetzt werden, sollten auf bestimmte Lernerfahrungen zielen und müssen den Teilnehmern entgegenkommen. In Reflexionsrunden ist ein wertschätzender und respektierender Umgang verpflichtend (vgl. Sonntag 2010: 151). Die Verarbeitung der Erlebnisse und den daraus resultierenden Lernerfahrungen stehen und fallen mit dem Gelingen von Reflexion und Transfer.

Für einen Sozialarbeiter, der in der Erlebnispädagogik tätig ist, gibt es ein gesondertes Anforderungsprofil mit drei besonderen Kompetenzen, wie die technisch-Instrumentelle Kompetenzen, die sozialpädagogischen Kompetenzen und die eigene Persönlichkeit. Dies bezieht sich auf das Beherrschen der erlebnispädagogischen Aktivitäten oder die Fähigkeit sein Fachwissen gezielt auf die Zielgruppe anzuwenden, wie Gesprächsführungsqualitäten oder empathisches Verhalten der Zielgruppe gegen über, was positiv durch persönliche Eigenschaften wie Soziale Kompetenz beeinflusst werden kann.

Die Erlebnispädagogik kann ein großes Methodenrepertoire und Ansätze aufweisen. Dazu zählen City Bound, Interaktions- und Abenteuerspiele sowie Outdoor-Elemente. City Bound findet in der Stadt und somit in dem Lebensraum der meisten Menschen statt. Interaktions- oder Abenteuerspiele zielen vor allem auf die Gruppe als Medium. Künstliche Elemente im Outdoor-Bereich unterstreichen besonders den Aspekt des Nichtalltäglichen.

Als wichtigstes Medium der Erlebnispädagogik gilt die Gruppe, denn in ihr gestalten sich die psychosozialen Prozesse, die mit den Elementen der Gruppen- oder Einzeltherapie verknüpft werden können. D. h. die Teilnehmer werden in ! intra- und interpersonelle Auseinandersetzungsprozesse! (Fürst 2009: 120) gebracht, aus denen sich neue Handlungsperspektiven für die Teilnehmer ergeben können. Die Gruppenmitglieder stehen dauerhaft in Interaktion und intervenieren und beeinflussen sich gegenseitig. Die Gruppe wird von sich selbst und dem Pädagogen gelenkt, wobei der Pädagoge stets das gesetzte Ziel verfolgen sollte (vgl. Fürst 2009: 120).

Der Pädagoge muss besonders den Gruppenprozessen Aufmerksamkeit schenken und sein Handeln danach ausrichten. Wichtige Lernerfahrungen in der Gruppe werden bzw. können sonst nicht gemacht werden. Dies gilt insbesondere für störende Prozesse (wie Konflikte oder Aggressionen), die mit Vorrang besprochen werden. Denn nur wenn diese bearbeitet werden ist Platz für neue und positive Lernerfahrungen (vgl. Fürst 2009: 120).

5. Die Entwicklung eines erlebnispädagogischen Konzeptes für die Interkulturelle Arbeiten mit Kindern in der Sozialen Arbeit

Erlebnispädagogik und Interkulturelle Arbeit sind zwei von vielen Fachdisziplinen Sozialer Arbeit, in denen ähnliche und sich ergänzender Elemente verwendet werden, um bestimmte und vergleichbare Ziele zu erreichen. Beide Disziplinen existieren eine Weile und weisen eine beachtliche Entwicklung auf, doch wurden sie in der gängigen Fachliteratur bisher getrennt voneinander behandelt. Dieses Kapitel versucht, als eine Art Fazit dieser Arbeit, eine Synthese von Interkultureller Arbeit und erlebnispädagogischen Elementen zu erstellen, da dieser Ansatz durch spezifische Übereinstimmungen und Schnittpunkte erfolgsversprechendes Potenzial aufweist. Zur Verdeutlichung wird ein Konzept für die praktische Soziale Arbeit entwickelt und dargestellt.

Eingeleitet wird dieses Kapitel mit einer kurzen Erläuterung der Begriffe Konzepte, Ziele und Methoden. Es folgt eine Beschreibung und Zusammenfassung über die Gemeinsamkeiten Interkultureller Arbeit und Erlebnispädagogik, bevor gezielt auf einzelne Aspekte eingegangen wird. Bevor das praktische Konzept für die Soziale Arbeit entworfen wird, werden die charakteristischen Anforderungen des Sozialarbeiters, der im Kontext Interkultureller und erlebnispädagogischer Arbeit tätig ist, skizziert.

5.1 Einführung: Konzepte, Ziele & Methoden

Konzept

Generell wird unter einer Konzeption oder einem Konzept eine !handlungsorientierte Vereinbarung! (Dieckmann 2007: 575) verstanden, die in der Sozialen Arbeit das Fundament für professionelles Arbeiten bildet. In einem Konzept werden Ziele, Zielgruppen, Methoden, Durchführungen und Evaluationen beschrieben und erläutert, die im Vorfeld durch eine Bedarfsanalyse eruiert wurden (vgl. Dieckmann 2007: 575; Schilling 2005: 218). Eine Konzeption soll die Effektivität und Effizienz einer Sozialen Einrichtung und ihrer Arbeit sichern, indem die Angebote überprüft, weiterentwickelt und angepasst werden (vgl. Dieckmann 2007: 575).

Eine detaillierte Konzeptentwicklung muss folgende Punkte berücksichtigen und beinhalten (vgl. Deubzer/Feige 2004: 21):

- eine !Zieldefinierung! (Deubzer/Feige 2004: 21) samt den damit einher- oder vorausgehenden Zielen,
- bei mehreren Zielen das wichtigste Hauptziel definieren,
- die Einzelaktion nach den Zielen ausrichten und einen genauen Plan aufstellen, insbesondere der Sicherheitsvorkehrungen, der rechtlichen Grundlagen, des Zeitmanagement und des Materialaufwandes und der Fähigkeiten der ausführenden Sozialarbeiter
- nach Bedarf einen Kooperationspartner suchen und miteinbeziehen,
- die !Durchführung der Aktion
- Reflexion und Transfer
- Überprüfung, wo die Gruppe steht
- Vergleich mit der Zielvorgabe
- Überprüfen des weiteren Vorgehens
- Dokumentation! (Deubzer/Feige 2004: 21) und Evaluation.

Es gibt verschiedene Konzeptmodelle, exemplarisch:

- !das Organisationskonzept
- das Zielgruppenkonzept
- das Situationskonzept! (Schilling 2005: 233).

Das Organisationskonzept beschreibt das Leitbild einer Sozialen Einrichtung sowie die Grundsätze, nach denen in dieser Einrichtung gearbeitet werden soll. Für eine konkrete Zielgruppe, wie die Kinder und Jugendlichen eines Stadtteils wird ein Zielgruppenkonzept erarbeitet, das als eine Ergänzung und Veranschaulichung des Organisationskonzeptes dargestellt werden kann. Das Zielgruppenkonzept ist die Voraussetzung für ein Situationskonzept. In diesem werden die einzelnen Situationen und geplanten Aktionen vorbereitet und vororganisiert (vgl. Schilling 2005: 233).

Ziel

Allgemein geht man mit Zielen der Frage nach einem Grund oder dem Motiv für eine Handlung nach. Durch eine Zielformulierung versucht man zu erklären, welchem Sinn eine bestimmte Handlung entsprechen kann (vgl. Schilling 2005: 65).

In der Sozialen Arbeit besteht die Situation, dass es die Person des !Lehrenden! (= Sozialarbeiter) und die Person des !Lernenden! (=Klient, Teilnehmer, etc.) gibt, die beide ihre individuellen Ziele verfolgen (vgl. Schilling 2005: 66). Die Ziele des Lehrenden werden als Erziehungsziele und die des Lernenden als Handlungsziele kategorisiert.

Der Sozialarbeiter übt eine professionelle Pädagogik aus, wenn er sich bewusst ist, warum er etwas tut und welche (Erziehungs-)Ziele er verfolgt (vgl. Schilling 2005: 67). Der Lernende ist sich seinen (Handlungs-)Zielen nicht offensichtlich bewusst. Der Sozialarbeiter soll bei seiner Zieldefinierung aber die Ziele des Lernenden integrieren. Es gilt die Ziele des Lernenden beispielsweise durch eine Bedarfsanalyse heraus zu finden. Der Sozialarbeiter kann auf Gestik, Mimik oder Gesprächsthemen des Lernenden achten, um seine Ziele abzugleichen (vgl. Schilling 2005: 68). Dies gibt Auskunft über die Anliegen des Lernenden oder wie dieser bestimmte Aktionen findet. Aus den Erziehungszielen des Sozialarbeiters werden durch die Gegenüberstellung mit den Handlungszielen des Lernenden konkrete Lernziele (vgl. Schilling 2005: 69). Diese müssen reflektiert begründet und im Zweifel geändert werden, wenn eine zu große Diskrepanz besteht (vgl. Schilling 2005: 70).

Ziele sollen im Präsens formuliert werden und immer folgende Punkte beinhalten (vgl. Schilling 2005: 75):

- Person oder Zielgruppe: WER soll etwas lernen?
- Sachverhalt: WAS soll jemand lernen?
- Handlung oder Tätigkeit: WIE soll dies erreicht werden?
- Beispiel einer Zielformulierung: ! Die Kinder und Jugendlichen des Stadtteils (Person) erweitern (Handlung) ihre Soziale und Interkulturelle Kompetenz (Sachverhalt).

Ziele können nach Qualität unterschieden und kategorisiert werden (vgl. Schilling 2005: 75):

- struktur-orientierte Ziele: klären organisatorische Dinge oder Informationen ab (! Die Teilnehmer wärmen sich durch Spiele auf!).
- prozess-orientierte Ziele: beschreiben den Lernprozess, der mit dem Ziel erreicht werden soll (! Die Kinder sollen sich durch Partnerinterviews kennen lernen!).
- ergebnis-orientierte Ziele: beziehen sich auf die Überprüfbarkeit, z. B. ob der Teilnehmer das Erfahrene in sein Handlungsrepertoire mit aufgenommen hat (! Am Ende der Aktion sollen die Teilnehmer mehr Handlungsalternativen besitzen oder bestimmte Fakten über eine Thematik wissen!)

Da mit einem Ziel auch weitere Ziele erreicht werden können, die wiederum Voraussetzung für ein anderes sind, müssen Ziele ihrer Rangfolge nach kategorisiert werden (vgl. Schilling 2005: 78, 80):

- Richtziel Stufe oder Ziel 1. Grades: Die Teilnehmer erwerben Teamfähigkeit.
- Grobziel oder Ziel 2. Grades: Um Teamfähigkeiten zu erwerben, müssen sie unter anderem die Grundregeln der Kommunikation beherrschen.
- Feinziele: Die Teilnehmer hören sich gegenseitig zu und lassen sich ausreden. Generell erfahren und haben die Teilnehmer untereinander einen wert-

schätzenden Umgang. Die Teilnehmer lernen sich deutlich und verständlich zu artikulieren sowie höflich zu intervenieren, wenn sie einen anderen Teilnehmer nicht verstehen.

Dies dient einer genaueren Strukturierung dessen, was erreicht werden soll. Ziele auf der ersten Stufe sind sehr allgemein und abstrakt beschrieben und mit jedem Anstieg wird das Ziel genauer und differenzierter ausgeführt (vgl. Schilling 2005: 78, 80). Die wichtigsten und praktischsten Ziele sind die Feinziele. In ihnen wird formuliert, was der Lernende konkret lernen soll (vgl. Schilling 2005: 80).

Methode

Methodik ist ! die Wissenschaft von zielgerichtetem Handeln! (vgl. Schilling 2005: 105). Eine Methode ist folglich der absichtlich gewählte Weg zu einer bestimmten Zielerreichung. Sie ist eine ! Vermittlungsvariable! (Schilling 2005: 107). Sie beschreibt, wie und wodurch bestimmte Ziele erlangt werden sollen (vgl. Schilling 2005: 109).

Ein Sozialarbeiter, der ein Konzept erstellen möchte, muss bei der Methodenwahl folgende Punkte mit einbeziehen:

- ! Methode
- Medien, Mittel
- Material
- Zeit
- pädagogische und organisatorische Hinweise! (Schilling 2005: 109).

Durch die Methoden sollen die Feinziele erreicht werden (vgl. Schilling 2005: 109). Der häufig verwendete Begriff von ! Methoden in der Sozialen Arbeit!, impliziert meist Gruppenarbeit oder Gemeinwesenarbeit. Diese erfüllen nicht zwingend die Kriterien einer Methode, denn Gruppenarbeit ist kein Element, mit dem ein konkretes oder bestimmtes (Fein-)Ziel verfolgt wird (vgl. Schilling 2005: 112).

Die Methoden Sozialer Arbeit müssen auf verschiedenen Ebenen (Mikro-, Meso- und Makroebene) betrachtet werden. Die Makroebene bezeichnet die Arbeitsform und die Mesoebene das Verfahren. Bei der Arbeitsform von Gruppenarbeit ist das Verfahren ein gruppenpädagogisches Verfahren. Erst auf der Mikroebene kann man von dem Verwenden einer Methode sprechen. Im gruppenpädagogischen Verfahren werden beispielsweise Rollenspiele als Methoden gewählt, um den Perspektivenwechsel der Teilnehmer zu fördern. Ein Perspektivenwechsel des Teilnehmers durch ein Rollenspiel ist ein konkretes (Fein-)Ziel (vgl. Schilling 2005: 113).

Medien und Methoden dürfen nicht verwechselt werden (vgl. Schilling 2005: 129). Medien sollten in Einklang zur Methode und dem Ziel ausgesucht und eingesetzt werden. Sie stellen den ! Lehr-Lern-Prozess! dar und sind somit als ! Kommunikationsmittel! zu verstehen (vgl. Schilling 2005: 129). Medien unterstützen die Methode. Sie können nur in Bezug zur Methode ausgewählt werden (vgl. Schilling 2005: 131).

5.2 Zehn Thesen über Gemeinsamkeiten, Schnittpunkte sowie Ansätze von Interkultureller Arbeit und Erlebnispädagogik

Durch eine genauere Betrachtung der beschriebenen Fachdisziplinen Interkultureller Arbeit und Erlebnispädagogik kann man einen neuen Ansatz für die Soziale Arbeit konstruieren, indem man beide verbindet, miteinander ergänzt und ausbaut[4].

5.2.1 Gleiche und ergänzende Zielsetzungen

Es gibt viele Gemeinsamkeiten in beiden Disziplinen, wie z. B. in der Zielsetzung. Auch die methodische Vorgehensweise zu einer Zielerreichung ist ähnlich. In einer gut gewählten Kombination beider Bereiche können die Ziele effektiver und nachhaltiger erreicht werden.

Erwirbt ein Mensch Soziale Kompetenzen, so bilden diese eine gute Grundlage sich Interkulturelle Kompetenzen anzueignen. Eine gelingende Persönlichkeitsentwicklung des jeweiligen Individuums und seine Identitätsfindung gehen damit einher.

Die Erlebnispädagogik strebt an, dass Individuen lernen sich in einer Gruppe adäquat verhalten zu können. Durch Soziales Lernen sollen die Individuen Soziale Kompetenzen erlangen, die in allen folgenden Situationen angewandt und stetig erweitert werden können. Die Interkulturelle Arbeit kann ergänzend eingreifen, wenn Soziales Lernen in kulturell-heterogenen Gruppen stattfindet, sodass der Mensch auch in für ihn ungewohnten Situationen schnell und angemessen reagieren kann.

Kultur wird hier noch als Unterscheidungsmerkmal angesprochen. Der Mensch soll aber grundsätzlich sozial und interkulturell handeln können, indem er vielfältige kulturelle Prägungen als selbstverständlich wahrnimmt. Das Ziel des Erwerbs von Sozialer Kompetenz schließt Interkulturelles Handeln automatisch mit ein. Ein Zusammenschluss beider Disziplinen erscheint konsequent.

---

[4] Im Folgenden wird auf eine erneute Quellenangabe verzichtet, da die vorherigen Kapitel als Grundlage für diese Thesen dienen, in denen Literaturangaben gemacht wurden

Unter interkulturellen und sozialen Zielen können zusammengefasst folgende Kompetenzen genannt werden, die die Entwicklung zu einer eigenen Persönlichkeit und einer eigenen Identität fördern:

- Empathie/Einfühlungsvermögen, sowie das Verständnis für kulturell bedingte Unterschiede,
- Reflexionsfähigkeit des eigenen Handelns sowie seiner eigenen Persönlichkeit in Kombination mit Empathie, auch um auf das Handeln der anderen schließen zu können,
- Kommunikationsfähigkeit sowie die Bereitschaft zum Dialog und Austausch,
- Respekt, Anerkennung und Toleranz jedem Menschen gegenüber, um z. B. eine Gleichstellung von Migranten und Nicht-Migranten bzw. von allen zu erreichen,
- Kooperations- und Teamfähigkeit,
- Konfliktlösungspotenzial zur Verminderung von bestehenden Konflikten sowie von Stereotypen und Vorurteilen,
- intrinsische Motivation lernen zu wollen und Interesse am anderen Menschen zu entwickeln,
- Vielfalt als Norm zu betrachten, aber dennoch das Bewusstsein für Unterschiede zu haben.

5.2.2 Gemeinschaft für effektiveres Lernen und Veränderungen

Die Reformpädagogik geht von dem Prinzip aus, dass der Lernende effektiver in Gemeinschaft lernt. Diesen Standpunkt haben beide Fachdisziplinen in ihrer Arbeit integriert.

Bei der Erlebnispädagogik ist die Gemeinschaft (oder die Gruppe) ein wichtiges Element im Lern- und Erfahrungsprozess (vgl. Kapitel 4.7). Die Gemeinschaft gibt einer einzelnen Person die Stärke und den Rückhalt, die sie ohne die Gruppe eventuell nicht hätte. Die Person traut sich in einer Gruppe ihre Grenzen eher zu erproben, da sie die Gewissheit hat, dass sie von der Gruppe unterstützt wird. Das Individuum kann über die Gruppe seine eigene Persönlichkeit reflektieren, da sie ihm sein Verhalten stetig widerspiegelt. Die Gruppe und das Individuum beeinflussen sich gegenseitig. Die Anerkennung oder die Ablehnung der Gruppe stärken das Individuum oder geben ihm Anlass, sich zu verändern. In Gemeinschaft kann besser Motivation erzeugt werden, auch in Bezug auf das Lernen, da sich die Mitglieder Gefühl gegenseitig stärken.

Interkulturelle Arbeit sollte auch in Gruppen stattfinden, da sich die einzelnen Mitglieder sicherer fühlen und sich trauen ihre (Wissens-)Grenzen zu erweitern. Im

Gegensatz zu einer homogenen Gruppe kann es in einer heterogenen Gruppe, welche eine Gruppe im interkulturellen Kontext voraussichtlich ist, schwieriger sein ein ! Wir-Gefühl! und somit eine Gruppen-Identität zu erzeugen. Trotz der (kulturellen) Unterschiede in der Gruppe, hat die heterogene Gruppe etwas gemeinsam: sie wollen gemeinsam ein Ziel erreichen. Die Gruppe soll dies selber erkennen und benötigt dafür einem guten Lernraum, den die einzelnen Mitglieder mitgestalten. Diese Kohäsion zu fördern obliegt dem betreuenden Sozialarbeiter.

Kulturelle Sozialisation ist ein (Lern-)Prozess, der durch die Mitglieder der jeweiligen Kultur angeregt wird. Das Ziel eines Sozialarbeiters ist es, einen Veränderungsprozess in einer Gruppe ähnlich der Sozialisation anzuregen. Dieser Veränderungsprozess beinhaltet Weltoffenheit, das Interesse andere Orientierungsmuster und Handlungsstrategien kennenzulernen, um durch eine Perspektivenerweiterung das persönliche Handlungsrepertoire zu erweitern. Desweiteren bilden sich durch Lern-Gruppen Netzwerke für das Individuum, die ihm später in seiner Lebenswelt hilfreich sein können. Netzwerke geben dem Individuum die Chance frühzeitig Hilfestellung bei anderen zu suchen, wie bei der Suche nach neuen Handlungsstrategien. Durch ein gut organisiertes Netzwerk können Konflikte ausgetragen und gelöst werden.

Wie in These 1 bereits erläutert, bilden Soziale Kompetenzen die Grundlage für Interkulturelle Kompetenzen. Vor Interkulturellem Lernen steht Soziales Lernen (bis zur Bewusstseinsänderung, dass Interkulturelles Lernen im Sozialen Lernen impliziert ist). Soziales Lernen kann logischerweise nur praktisch in einer Gruppe stattfinden, indem eigene Erfahrungen gesammelt werden und man unmittelbar ein Feedback bezüglich seines Verhaltens von der Gruppe erhält. Schlussfolgernd kann festgestellt werden, dass Interkulturelles Lernen auch nur in der Gruppe stattfinden kann. Je früher die Möglichkeiten für Soziales Lernen genutzt werden, desto besser müsste es gelingen Interkulturelle Kompetenzen zu fördern.

Für das Konzept erschließt sich, dass erst erlebnispädagogische Elemente wie Interaktions- oder Kooperationsaufgaben verwendet werden sollten, bevor inhaltliche Überlegungen zum Thema des interkulturellen Zusammenlebens angestellt werden.

Die Gruppe ist von Bedeutung, um strukturelle Benachteiligung oder andere Ungerechtigkeiten, die auf kulturelle Unterschiede zurückgeführt werden sollen, zu beseitigen. Dem einzelnen Individuum ist es gegenüber der Politik meist nicht möglich Veränderungen anzuregen. Erst in der Gruppe mit einer gemeinsamen Identität und einen Solidaritätsgefühl können nachhaltige Veränderungen im Staat und der Politik erreicht werden (! Gemeinsam sind wir stark!!).

Das Ziel einer erlebnispädagogischen Interkulturellen Arbeit ist, dass sich Menschen zu einer Gemeinschaft zusammenschließen, um effektiv und effizient zu lernen und um eine heterogene und funktionierende Gesellschaft zu gründen, in der die Ziele aus These 1 erreicht werden.

5.2.3 Vielfalt als Potenzial, Chance und Perspektivenerweiterung

Die Betrachtungsweise von Unterschieden als positive Vielfalt, wie in der Pädagogik der Vielfalt oder in Diversity-Grundlagen, soll hier aufgegriffen werden, da sie durchaus Chancen und Potenziale besitzt, um zu einer Perspektivenerweiterung beizutragen.

Vielfalt im Sinne des Konzeptes impliziert kulturelle Unterschiede bzw. Differenzen. Diese müssen allumfassend beleuchtet werden. Ein erlebnispädagogischer Ansatz in der Interkulturellen Arbeit muss von einer großen Vielfalt seiner Teilnehmer ausgehen und zwar bis ins kleinste Detail. Kinder desselben Alters, desselben Geschlechts und derselben Herkunft können voneinander profitierten, da es auch zwischen ihnen noch Unterschied gibt. Die Unterschiede in Familienkonstellationen oder bei Hobbys bergen weitere Perspektiven, die sich andere Kinder nicht vorstellen können.

Beispiel: Die zuvor beschriebenen ! sich gleichenden! Kinder weisen die Vielfalt auf, dass sie in unterschiedlicher Geschwisterposition geboren sind. Ein als mittleres geborenes Kind von insgesamt drei Kindern, wird andere Erfahrungen machen, als ein als jüngstes geborenes Kind von insgesamt drei Kindern.

Ähnlich ist es mit der Elternkonstellation. Ein Kind mit Mutter und Vater macht andere Erfahrungen als ein Kind mit getrenntlebenden Eltern, auch wenn sich die Kinder sonst sehr ähneln. Kommen die Kinder untereinander in Kontakt und sprechen miteinander, werden vielfältige Perspektiven ausgetauscht, die für das jeweilige andere Kind nützlich sein können.

Projiziert man Vielfalt als etwas Positives auf Kultur, kann ähnliches passieren. Verschiedene kulturelle Lebensformen und -orientierungen bilden eine Perspektiven- und Wahrnehmungserweiterung. Dies setzt voraus, dass sich die jeweiligen Mitglieder mit der Vielfalt auseinander setzten. Durch diese Beschäftigung werden einem neue Handlungsstrategien offeriert, die man in sein eigenes Handlungsrepertoire aufnehmen kann. Gerade in einer Zeit mit stetiger Zunahme von kultureller Vielfalt im eigenen Umfeld ist diese Betrachtungsweise interessant, da so Ängste oder Spannungen beseitigt und konstruktiv genutzt werden können. Die regelmäßige Beschäftigung mit dem Fremden als positive Vielfalt macht das Fremde und den Umgang damit zum gewohnten Handeln und das neue Potenzial kann effektiv ausgeschöpft werden.

5.2.4 Vielfalt erleben

In Anbetracht dessen, dass Vielfalt positiv auf einen Perspektivenwechsel der Menschen wirken kann und soll, muss Vielfalt samt ihres positiven Aspektes der Menschheit vermittelt werden.

Von der Reformpädagogik abgekupfert und in die Erlebnispädagogik transportiert, wird davon ausgegangen, dass der Mensch am effektivsten lernt, wenn er seine Erfahrungen im Rahmen des Lernprozesses selber macht. Je erlebnisreicher die gemachten Erfahrungen sind, desto nachhaltiger wirken sie und können zu späteren Zeitpunkten abgerufen werden. Dies kann zielführend in eine erlebnispädagogische Interkulturelle Arbeit integriert werden, denn wenn Vielfalt erlebnisreich erfahren wird, kann der Mensch später sicher und wirksam mit ihr umgehen.

In der Erlebnispädagogik wird davon ausgegangen, dass Soziale Kompetenzen durch Erleben erworben werden, dies kann auf Interkulturelles Lernen übertragen werden. Dieser Ansatz stellt eine weitere Variante dar, um spielerisch und erlebnisreich theoretisches Wissen über Kulturen zu vermitteln und Interkulturelles Lernen zu ermöglichen. Daraus kann der generelle Perspektivenwechsel erfolgen, dass Vielfalt und Differenz positiv und der Menschheit zugehörig sind. Versteht und akzeptiert die Gesellschaft, dass Vielfalt im Sinne der dritten These 3 positiv und aus der Gesellschaft nicht mehr weg zudenken ist, treten in ihr sicherlich weniger Probleme auf, die aus einem interkulturellen Kontext entstanden sind.

Unterschiede zwischen Menschen rücken bei der Betrachtung von Gemeinsamkeiten automatisch in den Fokus (! wo es Gemeinsamkeiten gibt, muss es zwangsläufig auch Unterschiede geben!). Unterschiede sollen zwar weniger beachtet werden, dennoch ist es sinnvoll Gemeinsamkeiten in der Vielfalt zu suchen und zu finden. Durch Gemeinsamkeiten kann eine Gemeinschaft entstehen, die ein Wir-Gefühl und eine Identität hat. Es wird für die einzelnen Mitglieder der Gesellschaft erstrebenswert die Vielfalt erleben zu wollen und die Lebenswelten des anderen zu ergründen, kennen und schätzen zu lernen.

5.2.5 Bewegung/Sport unterstützt effektives Lernen

Sportliche Betätigung sowie Bewegung tragen zu effektivem Lernen bei (vgl. für den ganzen Abschnitt Nietmann 2006: 165-178). Zum einen wird im Mannschafts- oder Teamsport das Sozialverhalten trainiert, indem sich die Teilnehmer an Regeln halten lernen und ihre Fairness erproben. Zum anderen helfen sportliche Betätigungen nach einem anstrengenden Schultag ! den Kopf frei zu kriegen! und abzuschalten, um neue Energie zu sammeln. Im Anschluss kann die Motivation sowie die Kraft bestehen Neues und vor allem weiter lernen zu können.

Sport bietet einen guten Erfahrungsraum seine Grenzen kennenzulernen und zu erweitern. Viele Kinder- und Jugendeinrichtungen setzen gerade in der Arbeit mit dissozial Verhaltensauffälligen auf sportliche Aktivitäten. Neben den bereits genannten Gründen ist Sport das einzige Medium durch das sich die Kinder und Jugendlichen ausdrücken können. Im Sport kommt es für sie nicht mehr darauf an, welche Noten sie in der Schule bekommen oder wie viel Geld sie zur Verfügung haben, sondern im Sport zählt einzig die Art und Weise, wie der Sport ausgeübt wird. Der Sport bringt ihnen die fehlende Anerkennung, die sich positiv auf ihr restliches Verhalten auswirken kann.

Die Erlebnispädagogik nimmt diese Theorie teilweise in ihre Konzepte für Soziales Lernen mit auf und sollte auch für Interkulturelles Lernen zielführend sein. Sport bietet einen guten Erfahrungsraum für Interkulturelle Begegnung, ohne sich auf Interkulturelle Kommunikation oder Interkulturelles Lernen zu versteifen. Sport bietet durch die jeweiligen Spielregeln einen definierten Raum. Desweiteren haben die Teilnehmer nur eine begrenzte und absehbare Spieldauer. Es kann ihnen dadurch leichter fallen sich auf neue Dinge einzulassen, da sie keine Angst vor einer Überforderung haben brauchen. Ebenfalls positiv wirkt sich aus, dass der Sport im Vordergrund steht. Die Teilnehmer sind dem gegenüber vermutlich eher aufgeschlossen, als einer ! langweiligen! und theoretischen Beschäftigung mit Kultur.

5.2.6 Begegnung/Kontakt/Kommunikation (i. V. mit These 2)

Interkulturelle Begegnung als Begegnung der Vielfalt trägt dazu bei, dass einer Person ihre Ängste oder Sorgen genommen werden können, die im Hinblick auf eine andere Kultur entstanden sind. Da in der heutigen Zeit die kulturelle Vielfalt stetig zunimmt, können auch die Ängste mit Vorurteilen und Stereotypen zunehmen. Dies kann zu mehr Konflikten führen, die gelöst werden sollen.

Eine Gemeinsamkeit von Interkultureller Arbeit und Erlebnispädagogik ist die Ansicht, dass Stereotypen und Vorurteile nur aufgedeckt und beseitigt werden können, wenn eine Person selber eine vorurteilswiderlegende Erfahrung macht. Eine positive Begegnung verschiedener Menschen ist für das Gelingen notwendig. Der Sozialarbeiter muss den Rahmen zur Verfügung stellen und Sorge tragen, dass diese positiven Begegnungen entstehen können.

Ein weiterer und positiver Aspekt von Begegnung ist, dass ein Mensch sich selber über einen anderen Menschen wahrnimmt. Über den Umweg des anderen erhält der Mensch stets eine Rückmeldung zu seinem Verhalten (auch überfehlerhaftes). Vorurteile oder Missverständnisse können so im direkten Kontakt am besten in einer Gruppe beseitigt und geklärt werden.

Durch Kontakte und Begegnungen werden (Wissens-)Grenzen überschritten, die dazu führen, dass die persönliche !Komfortzone! (vgl. Kapitel 4.4.1.1) der eigenen Kultur mit Aspekten der andern Kultur erweitert wird. Im besten Fall wird das Potenzial erkannt und die Menschen lernen einander kennen.

Dieser Grundgedanke entspringt der Erlebnispädagogik. Eine positive Grenzüberschreitung fördert die Motivation mehr Interesse und weniger Ängste gegenüber den Menschen anderer Kulturen zu entwickeln. Der Konsens für gemeinsame Grundlagen in Bezug auf das Zusammenleben in einer Gesellschaft bzw. in einem Staat kann gefunden werden.

Die (Interkulturelle) Kommunikation spielt unweigerlich bei Begegnungen und Kontakten eine Rolle. Durch eine Perspektivenerweiterung wie in These 3 beschrieben kann der allgemeine Gesprächsrahmen ausgeweitet werden, indem die Rahmenbedingungen vielfältiger und respektierender gestaltet werden. Dem Menschen in Kontakt und Begegnung muss durch den Sozialarbeiter vermittelt werden, dass ihm seine Vielfalt und Unterschiede bewusst sein soll und dass allgemeingültige Gesprächsrahmen nicht sofort auf alle anderen Kontakte übertragbar sind. Um Vielfalt Nutzbar zu machen, sollte dieses Ziel erreicht werden. Dem Menschen muss bewusst sein, dass Aussagen und Statements anderer kritisch überprüft und auf Missverständnisse untersucht werden sollen. Der Mensch soll Verständnis und Akzeptanz für andere Standpunkte aufbringen. Erst dann kann Vielfalt und das Anderssein reflektiert werden und durch Begegnung wachsen.

5.2.7 Problemlösestrategien sind auf die Interkulturelle Arbeit übertragbar

Ein wesentlicher Bestandteil Interkultureller Arbeit ist akut die Lösung von Konflikten und präventiv die Verhinderung erneut aufkeimender Konflikte. Die bisherigen Lösungsstrategien von Konflikten setzen am einzelnen Menschen direkt an und sollen möglichst individuell zu einem Lernprozess führen. Konflikte entstehen im Individuum und müssen dort bearbeitet werden, bevor sie auf gesellschaftlicher Ebene durchbrochen werden können.

In der Erlebnispädagogik werden einzelne Personen in einer Gruppe durch (kooperative) Aufgaben vor ein Problem gestellt, das sie lösen sollen. Einzelne Individuen können in und mit der Gruppe ihre Problemlösestrategien trainieren und erproben. Sie lernen, dass Aufgaben durch andere Handlungsstrategien auch zum Ziel führen können oder sogar sinnvoller sein können. Sie lernen, dass man in einer von Vielfalt geprägten Gruppe mehr Handlungsspielräume hat, wenn man sich in einer Gruppe adäquat verhalten kann. Dies impliziert, dass die einzelnen Individuen bereits die Entwicklung zu einer sozial kompetenten Person beschritten haben oder

durch die Aufgabe beschreiten. Sie erwerben die Fähigkeit die unweigerlich bestehenden Konflikte, wenn mehrere Personen zusammen sind, auszuhalten. Im nächsten Schritt können die ausgehaltenen Konflikte von allen Beteiligten objektiver
betrachtet werden, um zur Zufriedenheit aller durch Kompromisse gelöst werden.

Unter diesem Aspekt sollten in der Interkulturellen Arbeit viele (kooperative)
Problemlöseaufgaben zum Training gehören. Es kann ein selbstverständlicher Um-
gang mit Konflikten entstehen, der dazu führt, dass Konflikte und Differenzen unter
den Individuen als Potenzial und Chance betrachtet werden. Es wird ein reflektierter
Umgang mit dem Austragen und Lösen von Konflikten gefordert sowie über die
Ursachen und die Entstehung von Konflikten.

5.2.8 Pluralität pädagogischer Gestaltungsmöglichkeiten

Durch die Synthese der Disziplinen erhält die Soziale Arbeit ein größeres Spektrum
an Verfahren, Methoden und generellen Gestaltungsmöglichkeiten von thematischen
und aktionsorientierten Angeboten im erlebnispädagogischen wie im interkulturellen
Kontext. Die beschriebenen Verfahren in Kapitel 3.3 können sowohl in die Erlebnispädagogik transportiert werden, wie die methodischen Vorgehensweisen der
Erlebnispädagogik (Interaktionsübungen oder Kooperative Abenteuerspiele) in die
Interkultureller Arbeit.

Da sich dennoch manche Methoden und Verfahren besser eignen als andere soll
im Folgenden stichpunktartig eine Übersicht erfolgen, welche Methoden für eine
erfolgreiche erlebnisorientierte Interkulturelle Arbeit verwendet werden können:

- Das aufsuchende Verfahren in Kombination mit City Bound Aktionen zur
  Erkundung eines Stadtteils in Bezug auf die eigene Stellung dort und der
  Vielfalt in ihm. (Räumliche) Grenzen können ausgeweitet werden.
- Kreative und produktionsorientierte Verfahren können mit kooperativen
  Aufgaben, in denen etwas erbaut werden muss oder man nur bestimmte Dinge zu Verfügung hat, zur Zielerreichung kombiniert werden. Gepaart mit einem Erlebnisfaktor (nicht alltägliche Elemente) wird die Intensität des Erfah-
  rens und Lernen stärker. Hier könnten auch interaktive Verfahren oder Simulationsverfahren (Rollenspiele und gezielte Konfliktaustragungsübungen) zu
  gezählt werden.
- Ein wichtiges Moment sowohl in der Erlebnispädagogik als auch in der Interkulturellen Arbeit bilden die selbstreflexiven Verfahren. Hier gibt es bereits ein breites Spektrum in beiden Disziplinen, die je nach Aufforderungscharakter ersetzt, getauscht oder in kombiniert gestaltet werden können.

- Explorative, analytische oder rezeptive Verfahren können in beiden Disziplinen Wirkung erzeugen. Sie sollten nicht ausschließlich verwendet werden, da der Erlebnisgrad nicht ausreichend gefördert wird.

5.2.9 Natur in der Interkulturellen Arbeit

In der Interkulturellen Arbeit wird gefordert, dass Begegnung auf neutralem Boden stattfinden soll, damit alle Individuen die gleichen Zugangsvoraussetzungen haben. Einerseits könnte es möglich sein, dass sich die Individuen nicht trauen in fremde und ungewohnte Bereiche einzutreten. Andererseits könnte es sein, dass der in seinem Bereich Lebende sich durch die Anwesenheit der anderen bedroht fühlt. Erlebnispädagogik birgt die Chance diesen neutralen Raum für Interkulturelles Lernen und Interkulturelle Begegnung zu erschaffen. Sie geht davon aus, dass die Natur im Zeitalter der Medien und der Reizüberflutung größtenteils ungewohnter Handlungsraum für die heutige heranwachsende Gesellschaft ist. Natur ist gleichermaßen unbekannt und nicht alltäglich. Sie bildet einen optimalen Lern-, Übungs- und Erfahrungsraum für die Erlebnispädagogik (vgl. Kapitel 4.2.1 & 4.2.2).

Diese Wirkung kann auf die Interkulturelle Arbeit übertragen werden, die nicht nur einen optimalen Raum für Interkulturelle Begegnung erhält, sondern zusätzlich durch den Erlebnisfaktor nachhaltig positive Ergebnisse hervorbringen kann. Wie in den Eingangskapiteln beschrieben wird Kultur im Kontrast zur Natur definiert, dennoch ist Natur kein Faktor, der aus der Interkulturellen Arbeit ausgeklammert werden darf. Kultur weist eine ökologische Komponente auf, die durch den Ausführungsort Natur besser aufgegriffen werden kann. Es geht darum, seine Kultur und Umwelt sowie die des anderen zu schützen. Dies kann nur durch nachhaltigen Umweltschutz funktionieren.

Alternativ zu einer erlebnispädagogischen Interkulturellen Arbeit in der Natur können City Bound Aktionen verwendet werden, als Erlebnispädagogik in der Stadt.

5.2.10 Zielgruppe und Handlungsort Schule

Um in der Gesellschaft das Bild einer vielfältigen Gesellschaft zu erzeugen, muss ein allgemeines Umdenken stattfinden. Es muss als natürlich empfunden werden. Wenn etwas vom Kindesalter an zum Leben gehört, wird es eher als natürlich empfunden, als wenn man sich im hohen Alter noch an etwas gewöhnen muss. Vergleichbar ist das mit der selbstverständlichen Benutzung von Computern oder Handys von Heranwachsenden. Kinder bilden die Zukunft für den natürlichen Umgang mit der vielfältigen Gesellschaft. Die Kinder werden den Älteren den selbstverständlichen Umgang mit der Vielfalt vorleben, ähnlich wie die Kleinsten am schnellsten begreifen, wie elektronische Geräte funktionieren. Dies verstehen sie auch nur, weil sie von Anfang an damit konfrontiert werden. Sie können durch Erleben und Erfahren lernen.

Die Zielgruppe einer erlebnispädagogischen Interkulturellen Arbeit sollten demnach Kinder im Schulalter sein (trotz des Beispiels der deutlich jüngeren Kindern). Für die Interkulturelle Arbeit muss das Reflexionsvermögen der Zielgruppe ausgebildet sein. Das Reflexionsvermögen der Kinder entwickelt sich etwa im Grundschulalter und kann in der Sekundarstufe I weitestgehend aufgewiesen werden. Kinder sind erst in diesem Alter kognitiv soweit entwickelt und rein physisch in der Lage gewisse erlebnispädagogische Aktivitäten auszuüben, sodass der Sozialarbeiter in dieser Zeit zielführend und effektiv mit ihnen arbeiten kann.

Der Handlungsort Schule ist ein optimaler Raum, um erlebnispädagogische und interkulturelle Lernprozesse anzuregen, auch wenn wie in These 9 die Natur als Erfahrungsraum gewählt wird. Desweiteren beschäftigen die Schüler sich über einen längeren Zeitraum gemeinsam intensiv miteinander, sodass ihnen mehr Zeit zum Lernen bleibt. Der Lerneffekt wird zusätzlich durch das Wiederholen gemachter Erfahrungen oder Reflexionen verstärkt.

Erlebnisorientierte Interkulturelle Arbeit soll nicht nur in einer Lernphase als Themenblock in das Curriculum der Schule integriert werden, sondern als eine Art Leitmotiv dauerhaft im Konzept mit einbezogen werden. Die gesamte Schullaufbahn eines Schülers soll darauf ausgerichtet sein, dass er zusätzlich zum Inhalt des Curriculums durch erlebnisorientierte Interkulturelle Arbeit Vielfalt thematisiert, erfährt und lernt.

5.3 Besondere Anforderungen an den Sozialarbeiter im Kontext erlebnisorientierter Interkultureller Arbeit

Aus dem Kontext der zehn Thesen ergeben sich für einen Sozialarbeiter, der erlebnisorientiert und interkulturell arbeiten möchte, spezielle Anforderungen. Grundsätzlich gelten die beschrieben Anforderungen an den Erlebnispädagogen wie auch an den interkulturellarbeitenden Pädagogen, die hier an dieser Stelle kurz resümiert werden:

Der Sozialarbeiter soll und muss:

- situationsgerecht handeln, d.h. er muss sich den pädagogischen Konsequenzen bewusst sein, die auf sein Handeln folgen werden.
- sein Reflexionsvermögen schulen, d.h., dass er seine spezifischen Wahrnehmungen erkennen, benennen und anderen gegenüber rechtfertigen kann. D.h.

sich selber so einschätzen zu können, dass er sich für sportliche Aktivitäten Unterstützung einholt, wenn er nicht geeignet ist.

- sensibel mit seiner Selbstwahrnehmung umgehen und genauso sensibel für Differenz und Vielfalt sein, um beispielsweise interkulturell adäquater und situationsgerechter Handeln zu können, zeitgleich muss er offen sein, sich auf Neues einlassen zu können.
- bereit sein, ständig seine sozialen und kommunikativen Kompetenzen auszubauen und diese durch eigene Initiative ausbauen zu wollen.
- technisch-instrumentelle Kompetenzen aufweisen, um Medien und Material funktional und wirkungsvoll einsetzen zu können und sportlichen Aufgaben gerecht zu werden, d.h. dem Sicherheitsstandart entsprechend ausführen zu können.
- über sozialpädagogische und/oder psychologische Kompetenzen verfügen, die im Studium oder der Ausbildung vermittelt werden, wie z. B. Gesprächs- und Beratungskompetenzen, Evaluationstechniken und pädagogische Grundkenntnisse, er sollte auch wissen mit welchen Methoden bestimmte Ziele erreicht werden können und warum er diese Ziele gewählt hat.
- soziale wie persönliche Kompetenzen mitbringen, wie ein Organisationstalent, Empathie, Kommunikations- und Teamfähigkeit sowie allgemeine Schlüsselqualifikationen.
- keinen Darstellungszwang seiner Fertigkeiten aufweisen, da es in den Übungen nicht um ihn geht, sondern darum, die Gruppe zielführend zu begleiten und zu unterstützten, er muss während der Aufgaben Zurückhaltung zeigen, damit die Gruppe ihre Erfahrungen selber erleben kann.
- die Fähigkeit besitzen, die Gruppe natürlich zu motivieren, an sich selbst und den Aufgaben zu arbeiten, ohne dass sie viel Hilfe benötigen oder sie einfordern, er soll sie bei emotionalen Prozessen begleiten und soll der Gruppe das Gefühl vermitteln, dass sie dabei adäquat begleitet werden.

Auch wenn alle genannten Punkte von höchster Wichtigkeit sind, um professionell erlebnisorientiert und interkulturell zu arbeiten, müssen dem Sozialarbeiter in diesem Kontext weitere Punkte bewusst sein.

Es wird viel über den Aspekt der Gruppe (vgl. Kapitel 4.7) und der Gemeinschaft diskutiert, sodass leicht der Anschein erstehen kann, als würde nicht das einzelne Individuum im Mittelpunkt der Arbeit stehen. Dies ist nicht richtig. Jeder Mensch ist sein eigener Experte, gerade über seine eigene Persönlichkeit, seine Grenzen und seine Art zu lernen. Dies muss der Sozialarbeiter akzeptieren. Die Freiwilligkeit des Einzelnen an den Aufgaben teilzunehmen, fördert eine optimale Entfaltung des Individuums. Individuelle Problemen sollten nicht immer in der Gesamtgruppe geklärt werden geklärt werden, sondern erst einmal mit dem Betroffen selbst erörtert werden. Der Sozialarbeiter darf nicht vergessen, dass der Mensch oder das Individuum die Zielgruppe ist, er muss auf die Bedürfnisse aller Teilnehmer adäquat eingehen.

Reflexionen sind ein weiterer wichtiger Aspekt in den Anforderungen eines Sozialarbeiters gerade in Bezug auf Kommunikation und Transfer. In der Erlebnispädagogik wird viel Wert auf verbale Reflexion gelegt. Es wird davon ausgegangen, dass alle Beteiligten dieselbe Sprache sprechen und denselben Gesprächsrahmen aufweisen. Dies kann aber nicht immer gewährleistet sein. Gerade unter Einbezug des interkulturellen Kontextes kann Vielfalt auch Vielfalt in der Sprache bedeuten. Wenn sich der Sozialarbeiter dieser Problematik nicht bewusst ist, kann es dazu führen, dass einzelne Personen der erlebnispädagogischen Gruppe nicht erreicht werden. Der Sozialarbeiter sollte selber das nötige Reflexionsmoment besitzen, dass er sich Unterstützung organisiert, wenn er Verständigungsprobleme auf Grund der Sprache bemerkt.

Grundsätzlich muss er abwägen in welcher Weise die Teilnehmer kommunizieren können, da durch Sprache in Form von Symbolen und Zeichen immer kulturelle Standards ausgedrückt werden. Der Sozialarbeiter sollte zumindest Grundkenntnisse der Kommunikation verschiedener Kulturen kennen, um das volle Potenzial in der Reflexion auszuschöpfen. Er sollte sich bewusst sein, dass er selber kulturelle Standards widerspiegelt, ob er will oder nicht. Da er eine objektive Beobachtung und Handhabung im Gruppenprozess während der Aktionen anstrebt, muss er sich selbst stetig reflektieren, überprüfen und wenn nötig weiterbilden.

Reflexion, Transfer und Kommunikation stellen eine besondere Anforderung für den Sozialarbeiter dar, die einen sensiblen Umgang erfordert.

5.4 Ein exemplarisches und erlebnisorientiertes Konzept für die Interkulturelle Arbeit mit Kindern

Dieses Konzept soll ein erlebnisorientiertes Konzept für die Interkulturelle Arbeit mit Kindern aus einem sozialen Brennpunkt inklusive eines hohen Anteils von Menschen mit Migrationshintergrund darstellen. Exemplarisch wird hierfür die Stadt Düsseldorf mit dem Stadtteil Rath benannt. Dieses Konzept ist darauf ausgelegt, dass es in einer stadtteilansässigen Schule in Kooperation mit dem dazugehörigen Stadtteilzentrum ausgeführt werden kann. Die Schüler der städtischen Hauptschule weisen einen hohen Migrationshintergrund auf.

5.4.1 Ziele

Das erlebnisorientierte Konzept Interkultureller Arbeit verfolgt verschiedene Ziele. Die Ziele des 1. Grades oder die Richtziele sind:

1. Die Kinder lernen neue Handlungsstrategien kennen und können sie anwenden (Perspektivenerweiterung).
2. Die Kinder erweitern ihre Sozialen und Interkulturellen Kompetenzen.
3. Die Kinder beherrschen sowohl Soziale als auch Interkulturelle Kommunikations- und Interaktionskompetenzen.

Richtziele des 2. Grades oder Grobziele zu 1 sind:

- Die Kinder lernen Konfliktfähigkeit.
- Die Kinder sensibilisieren ihre Wahrnehmung.
- Die Kinder lernen Vielfalt kennen und schätzen.
- Die Kinder sind in der Lage Unsicherheiten oder Widersprüche auszuhalten (Ambiguitätstoleranz).
- Die Kinder werden durch die Beschäftigung mit der Vielfalt motiviert weiter zu lernen. Die intrinsische Lust und die Bereitschaft zu lernen wird geweckt.

Richtziele des 2. Grades oder Grobziele zu 2 sind:

- Die Kinder erlernen Kooperationsfähigkeit.
- Die Kinder erwerben Teamfähigkeit.
- Die Kinder erhalten Raum, um ihr Rollenverhalten zu üben.
- Die Kinder erweitern und fördern ihr Reflexionsvermögen.
- Die Kinder lernen sich in andere Menschen hineinzuversetzen (Empathie).
- Die Bereitschaft und der Mut zur Begegnung und zu Kontakt soll in den Kindern gefördert werden.

Richtziele des 2. Grades oder Grobziele zu 3 sind:

- Die Kinder erwerben Kenntnisse und Grundlagen verschiedener Kulturen, auch in Bezug auf Gestik, Mimik und verbale Kommunikation.
- Die Kinder erhalten die Chance diese Grundlagen auszuprobieren und einzuüben.

Feinziele zu allen Punkten sind:

- Die Kinder erweitern ihre Kompromissbereitschaft im Rahmen der Konfliktfähigkeit und im Umgang mit Vielfalt.
- Die Kinder können konstruktiv mit Differenzen umgehen.

- Die Kinder erwerben Wissen über andere Kulturen und erweitern ihren Blickwinkel.
- Die Kinder lernen Verantwortung für sich und die Gruppe zu übernehmen.
- Die Kinder lernen Grenzen und Regeln kennen und diese zu akzeptieren.
- Die Kinder verstehen den Sinn von Stereotypen und Vorurteilen und sind in der Lage existierende Vorurteile und Stereotypen zu entdecken und abzubauen.
- Die Kinder sind fähig andere Menschen anzuerkennen, zu respektieren, zu tolerieren und zu verstehen. Sie erlangen aus der gestärkten Schulklasse zu einem Solidaritätsgefühl für weitere Mitmenschen.
- Die Schüler werden in ihrer Flexibilität und Kreativität angeregt, indem sie unterschiedliche Aufgaben und Tätigkeiten erfüllen können.

5.4.2 Zielgruppe

In Düsseldorf leben ca. 590 000 Menschen, davon weisen rund 100 000 Menschen einen Migrationshintergrund auf, was einer genauen Prozentzahl von 17,4% entspricht (vgl. Anhang 1). In den letzen 15 Jahren gab es einen Bevölkerungszuwachs von 17 000 Menschen in Düsseldorf, wovon 12 000 Menschen einen Migrationshintergrund besitzen (vgl. Anhang 1).

Für den Stadtteil Rath sieht es folgendermaßen aus: die Bevölkerung in Rath besteht aus 18 373 Personen, wovon 4 543 Menschen einen Migrationshintergrund aufweisen, was sich in einer Prozentzahl von 24,2% ausdrückt. Die Entwicklung der letzten 15 Jahre zeigt einen generellen Zuwachs der Bevölkerung im Stadtteil Rath von 1 402 Einwohnern mit einem Anteil der !Ausländer/innen! von 950 (vgl. Anhang 2) Dies spiegelt sich in dem Schülerbild der stadtteilansässigen Hauptschule wieder. Von insgesamt 222 Schülern sind 99 !Ausländer/-innen! (vgl. Anhang 3). Hier ist es besonders sinnvoll, Interkulturelles Lernen und einen Perspektivenwechsel erlebnisorientiert zu fördern, als ein Kooperationsprojekt zwischen der Schulsozialarbeit und der Stadtteil- bzw. Gemeinwesenarbeit.

Die Zielgruppe bilden ca. 20-25 Kinder aus der gesamten Stufe der Klassen 5, alternativ kann eine einzelne Klasse an dem Programm teilnehmen. Die Kinder sind Jungen und Mädchen im Alter von ca. 10-11 Jahren. Die kulturelle Vielfalt und die Herkunft der Kinder sind gemischt. Es wird davon ausgegangen, dass sonst keine weiteren Besonderheiten wie Behinderungen oder ähnliches vorliegen. Da die Kinder in Klasse 5 sind, lernen sie sich gerade erst kennen und es existieren noch keine festen Rollensysteme.

Die Kinder müssen sich für dieses Projekt nicht anmelden, da dies durch die Bestätigung der Lehrer geschieht. Da es ist eine für die Schüler durchgeführte Schulaktion ist, haben sie Anwesenheitspflicht. Dies führt zu einer besseren Organisation und Bereitstellung des Materials.

5.4.3 Ressourcen

Dieses Konzept soll zwei Thementage umfassen, die eine weitere erlebnisorientierte interkulturelle Arbeit für die Schullaufbahn der Kinder implizieren. Zu diesem Zweck wird nicht nur mit den Lehrern der jeweiligen Schulklassen zusammmen gearbeitet, sondern auch mit der schulinternen Schulsozialarbeit. Dies hat den Vorteil, dass mehr Personal zur Verfügung steht, um eine optimales Ergebnis und Betreuung der Kinder zu erzielen. Desweiteren wird die Chance erhöht, dass die Kinder ohne negative Konnotationen mit der Schulsozialarbeit weiter arbeiten werden. Desweiteren sind durch die Kooperation mehr finanzielle Möglichkeiten gegeben sowie ein größeres Kontingent an Räumen und Material.

5.4.4 Exemplarischer Ablauf der zwei Erlebnistage in vier Einheiten

Erster Thementag: ! Ein interkulturelles Abenteuer wagen!

1. Einheit: Einführung und Einstieg ins Thema:

09.00 Uhr	Vorstellung der Sozialarbeiter, des Themas und des Ablaufs der kommenden zwei Tage
09.20 Uhr	Warm-Up: ! Gemeinsamkeiten!
09.30 Uhr	1. Kooperationsaufgabe: ! Wo ist mein Huhn!
09.50 Uhr	2. Wahrnehmungsaufgabe: ! Blickkontakt!
10.30 Uhr	Auswertung & Reflexion: ! Fingerskala!
10.40 Uhr	kurze Pause & Zwischenspiel: ! Marktplatz von Pamplona!
10.45 Uhr	3. Kooperations- und Kommunikationsaufgabe ! Das Spinnennetz!
11.30 Uhr	Auswertung & Reflexion: ! Die Keksrolle!
11.45 Uhr	3. Aufgabe: ! kulturelle Statue!
12.05 Uhr	4. & 5. Vertrauensaufgabe: ! Vertrauensaufbau und das Pendel!
12.25 Uhr	Auswertung & Reflexion: ! reflektieren mit Gegenständen!
12.35 Uhr	Mittagspause (ca. 15 min Essen & ca. 20 min ! betreute! Pause durch Lehrer & Sozialarbeiter im Wechsel)

2. Einheit: Abenteuer Vielfalt im Stadtteil (City Bound)

13.10 Uhr	Warm-Up: ! Samurai!
13.15 Uhr	Einführung in die nächste Einheit, Sicherheitshinweise, etc
13.30 Uhr	Start
15.30 Uhr	Ende
15.40 Uhr	Abschlussrunde; Auswertung & Reflexion ! Smileys und Gespräch!
16.00 Uhr	Ende des 1. Tages

Zweiter Thementag: ! Ein interkulturelles Abenteuer wagen!

3. Einheit: Teamabenteuer in den Wolken

08.20 Uhr	Treffpunkt und Warm-Up ! Kuschelfangen!
08.30 Uhr	Abfahrt zum Hochseilgarten
09.00 Uhr	Ankommen, Material ausleihen
09.30 Uhr	Einführung: Sicherheit, etc.
09.45 Uhr	Hochseilgarten-Abenteuer erleben und reflektieren: ! 5-Finger-Reflexion!
12.15 Uhr	Snack-Pause
12.30 Uhr	Heimfahrt
13.00 Uhr	Ankunft Schule

4. Einheit: Fest der Vielfalt

13.10 Uhr	Warm-Up ! Drunter und Drüber!
13.15 Uhr	Besprechung und Brainstorming zum Fest, Gruppeneinteilung Programm & Spielideen der Kinder (Essen und Deko-Material bereits vorhanden)
13.30 Uhr	Gruppenphasen
14.30 Uhr	Eröffnung des Festes
15.30 Uhr	Abschlussrunde mit Zukunftsblick auf weitere Aktionen in der Schullaufbahn: ! Flaschendrehen! oder ! die offene Runde!
16.00 Uhr	Ende des 2.Tages

5.4.5 Detaillierte Einheitenbeschreibungen

5.4.5.1 Begrüßung und thematische Einführung

Ziele:
Die Kinder erfahren in der 1. Einheit, nachdem sie die neuen Personen kennen gelernt haben, was sie in den folgenden zwei Tagen erwartet, damit sie sich darauf einstellen können und wissen, welche Materialien (Rucksack, Sportsachen, Verpflegung) sie am nächsten Tag mitbringen sollen. Zusätzlich sollen sie ihre Erwartungen, Befürchtungen und Wünsche äußern. Die Kinder lernen zuzuhören, sich zu melden bevor sie sprechen und sich zu konzentrieren.

Sie begreifen, dass sie die nächsten zwei Tage als eine Gruppe funktionieren müssen und dass das nur geht, wenn sie bestimmte Regeln einhalten.

Beschreibung/Methode:
Die Einführungsphase soll in einem Stuhlkreis im Klassenzimmer stattfinden, damit die Kinder nicht abgelenkt werden und sich konzentrieren können. Ihnen soll so deutlich werden, dass sie eine Gruppe bilden. Die Kinder sollen sich alle ansehen können. Um eine optimale Konzentrationsspanne zu erzielen, sollte dieser Block ca. 20 min dauern. Eine Visualisierung des Ablaufes durch ein Plakat, das die Kinder jederzeit ansehen können, ist vorhanden.

Raum:	Klassenzimmer
Dauer:	20 min
Material:	Stühle der Teilnehmeranzahl entsprechend, Plakat, Stifte, Klebeband für das Plakat, Kreppband für Namenschilder

5.4.5.2 Einheit 1: spielerisch ein interkulturelles Abenteuer wagen

Ziele:
Die Kinder erfahren spielerisch sich an Regeln zu halten, lernen andere Sichtweisen kennen und wollen sie erproben. Sie lernen auf einander Acht zu geben und Verantwortung für sich zu tragen. Zusätzlich fordern die meisten Aufgaben, dass die Kinder ihrer Motorik trainieren können. Kreativität und Flexibilität sollen gelernt werden, das Aushalten von auftretenden Konflikten sowie die Bereitschaft diese in Kompromisse und Chancen umzuwandeln. Die Kinder lernen mit Anforderungen zurechtzukommen und sie konstruktiv in Gemeinschaft zu lösen. Die Kinder erfahren die Grundregeln der Kommunikation (vgl. S. 108) und der Organisation.

Lässt man die Kinder sich selber in Kleingruppen einteilen, üben sie sich im Entscheiden und lernen mit Zurückweisung umzugehen.

Beschreibung/Methoden:
Je nach Wetterlage sollten die Kooperationsaufgaben, Interaktionsspiele und Übungen zum Kennenlernen der Vielfalt draußen in der Natur stattfinden, es bieten sich eine Wiese oder der Schulhof an.

Zum thematischen Einstieg und um Gemeinsamkeiten innerhalb der Klasse oder Stufe wird das Warm-Up ! Gemeinsamkeiten! (vgl. Anhang 4) verwendet. Die Teilnehmer lernen sich in neuen Konstellationen kennen, da die möglicherweise schon bestehenden, aber noch nicht festen Gruppenstrukturen sich spielerisch auflösen.

Im ersten Kooperationsspiel ! Wo ist mein Huhn! (vgl. Anhang 5) werden zusätzlich die kommunikativen Fähigkeiten trainiert. Die Teilnehmer sollen sich während der Aufgabe entscheiden, ob sie die Aufgabe ! Jeder gegen Jeden! oder als Team lösen. Hier kann die Reflexion im Anschluss ansetzten.

Die zweite Aufgabe ! Blickkontakt! (vgl. Anhang 6) fördert die Wahrnehmung der Schüler und behandelt zeitgleich die Thematik unterschiedlicher Kommunikationsstrukturen in verschiedenen Kulturen.

Es folgt das Zwischenspiel ! Marktplatz von Pamplona! (vgl. Anhang 8). Es ist sehr actionreich und gut geeignet, die Kinder spielerisch zu entspannen.

Die dritte Aufgabe ! das Spinnennetz! (vgl. Anhang 9) fördert die Kooperationsfähigkeit, die Konzentration, die Kommunikation, das Durchhaltevermögen und das Konfliktlöse- sowie Sozialverhalten.

Mit der vierten Aufgabe ! kulturelle Statue! (s. Anhang 11) wird erneut spielerisch das Thema Kultur aufgegriffen. Zusätzlich wird die Kreativität geschult.

Die nächste Einheit ! das Pendel! (vgl. Anhang 12) dient dem Vertrauensaufbau für die nächsttägige Aktion im Hochseilgarten. Diese kann je nach Konzentration der Kinder abgekürzt oder variiert werden.

Ideen für weitere Aufgaben und Spiele in: ! Abenteuer Spiel 2! von Christoph Sonntag, ! Praktische Erlebnispädagogik! von Annette Reiners, ! Interkulturelle Kommunikation! von Helga Losche und Stephanie Püttker.

Raum:	Wiese oder Schulhof (bei schlechtem Wetter: Turnhalle)
Dauer:	3 Stunden
Material:	Gummi-Huhn, Papier (als Beobachtungsbogen), Stifte, langes Spielseil, Seile, Schnüre und Befestigungsmöglichkeiten (für das Spinnennetz)

Reflexion

Ziele:

Die Teilnehmer der Aktion lernen sich rückwirkend mit Geschehenem zu beschäftigen und es gezielt nach vorgegebenen Punkten zu analysieren. Desweiteren lernen sie diese in ihren Alltag zu transportieren und in anderen Situationen anwenden zu können. Je nach Reflexionsmethode lernen die Kinder Kreativität und sich verbal auszudrücken sowie den anderen zuzuhören und sich an die Grundregeln der Kommunikation zuhalten.

Desweiteren lernen sie mit Kritik umzugehen, selber Kritik wertschätzend zu äußern und sie konstruktiv zu nutzen. Die Kinder lernen ihre Gefühle zu deuten und in Bezug zum Geschehen zu setzen, Wünsche zu formulieren und offen miteinander zu reden. Sie erfahren und lernen zu vertrauen. Sie erfahren, wie andere Personen Dinge erleben und sehen.

Beschreibung/Methoden:

Die Reflexion sollten direkt an die Aktion anschließen, damit die Erlebnisse !brüh warm! ver- und bearbeitet werden können, um bessere Wirkung zu erzielen. Während der Reflexion sollten sich alle Teilnehmer ansehen können und nicht abgelenkt werden.

Als erste Reflexionsmethode wird die !Fingerskala! (vgl. Anhang 7) verwendet. Die Kinder bewerten nonverbal ihre Arbeitsweise, um sich mit der Methodik der Reflexionen an sich vertraut zu machen.

Die zweite Reflexionsphase wird spielerisch mittels !die Keksrolle! (vgl. Anhang 10) durchgeführt. Die Kinder sind aufmerksamer und können sich auf eine kleine Belohnung freuen.

Die letzte Einheit vor der Pause können die Kinder !mit Gegenständen reflektieren! (vgl. Anhang 13), mit denen die Schüler ihre Rolle, ihren Charakter und ihre Gefühle symbolisieren können.

Für weitere Reflexionsmethoden sowie Techniken und zu einer tiefergehenden Beschäftigung: !Der Blick in den See! von Kurt Rutkowski.

Raum:	Dort, wo die Übung stattgefunden hat.
Dauer:	15 min direkt im Anschluss an die durchgeführten Aufgaben
Material:	Keksrolle, viele Figuren oder Gegenstände, etc. (der Kreativität sind keine Grenzen gesetzt)

5.4.5.3 Einheit 2: Vielfalt im Stadtteil

Ziele:

Diese Einheit soll an die Zielen aus der ersten Einheit anschließen. Die Kinder lernen während dieser Übung Verantwortung und Rücksicht auf die anderen Teilnehmer zu nehmen und als Gruppe eine Aufgabe zu bewältigen, an der die Teilnehmer in den Kleingruppen aktiv beteiligt sind.

Die Kinder lernen ihren Stadtteil kennen, können sich im Anschluss in ihm problemlos orientieren und ihn nutzen. Sie nehmen den Stadtteil außerdem als einen Raum voller neuer Möglichkeiten wahr und werden kreativer in ihrer Freizeitgestaltung.

Da die Kinder in den Kleingruppen vorrangig alleine sind, lernen sie Selbstvertrauen und gelangen zu mehr Selbstwertgefühl. Die Teilnehmer sollen in die Lage sein, in einer gewohnten Umgebung mit neuen Herausforderungen umgehen zu können oder aber sie lernen Herausforderungen auch auf ungewohntem Gelände zu meistern.

In der Gruppe müssen die Teilnehmer kooperieren und teamfähig sein, damit die Aufgabe bewerkstelligt werden kann. Dabei werden weitere Soziale und kommunikative Kompetenzen ausgebaut, wie die Überwindung einer möglichen Kontaktangst gegenüber einer nichtbekannten Person. In der Aufgabe sollen unbekannte Personen höflich angesprochen werden. Diesen Personen müssen die Kinder dann eventuell erklären, welche Aufgabe sie zu erledigen haben.

Die Kinder nehmen die kulturelle Vielfalt in ihrem Stadtteil wahr und sollen Interesse und Neugier dafür entwickeln. Zusätzlich wird ihre Wahrnehmung geschult sowie das Verknüpfen von Punkten auf einer Karte mit realen Dingen in der Umwelt (Kartenlesen).

Beschreibung:

Bevor die eigentliche Aktion startet, erfolgt ein Warm-up Spiel !Samurai! (vgl. Anhang 14), um die Kinder gedanklich aus der Pause zu holen und zurück ans Thema zu führen.

Für das Konzept des interkulturellen Abenteuers findet ein Orientierungslauf im Stadtteil statt. Die Kinder erhalten einen Stadtplan ohne Straßennamen oder ähnlichem. Dort sind einige Punkte dem Zeitumfang und den Fähigkeiten der Kinder entsprechend markiert, die von den Kleingruppen (5 Personen) gesucht werden müssen.

Die markierten Orte stellen Punkte des Stadtteils dar, an denen Vielfalt besonders gut zur Geltung kommen kann. Die Kinder sollen Fotos von diesen Orten machen, sind aber in der Gestaltung freigestellt. Das Foto soll nur widerspiegeln, wie vielfältig der Stadtteil ist. Es dürfen mehrere Fotos geschossen werden. Je nachdem was an dem Ort zu finden ist, sollen die Kinder durch Gespräche mit Passanten versuchen herauszufinden, welche kulturellen Aspekte dort vorzufinden sind. Die gesammelten Eindrücke können in Notizen festgehalten werden.

Die Sozialarbeiter befinden sich während der Aktion auch im Stadtteil. Sie sind an einer festen Stelle, die deutlich im Stadtplan markiert und leicht zu finden ist. Es sind so immer Ansprechpartner bei nicht alleinzulösenden Problem vorhanden. Als zusätzliche Ansprechpartner oder wenn die Sozialarbeiter nicht gefunden werden, verweilen die Lehrer an der Schule.

Wenn es möglich ist, sollten die Sozialarbeiter ihren Platz so wählen, dass sie die Teilnehmer ab und zu während der Aufgabe beobachten und kontrollieren können.

Reflexion:
Diese Einheit sollte in jedem Fall mit einer angemessenen Reflexion beendet werden. Die Teilnehmer sammeln ihre Erfahrungen alleine und wissen eventuell nicht mit ihnen umzugehen. Der Sozialarbeiter kann ihnen dabei helfen. Die Kinder erleben und lernen in dieser Einheit aus ihren Erfahrungen. Sie müssen den Raum bekommen, das mit den anderen zu teilen zu können.

Im Anschluss an die Reflexion der City Bound Aktion muss zusätzlich eine Gesamtreflexion des Tages stattfinden. Durch eine sinnvolle Überleitung und der Frage: ! Wo gibt es eine Verbindungen zwischen dem gerade Erlebten und den Erlebnissen des Vormittages?! kann dies gelingen. In der Gesamtreflexion soll nicht nur das Erlebte und die teilhabenden Personen reflektiert werden. Die Kinder sollen die Chance erhalten ein Feedback geben zu können. Sie sollen sich dazu äußern, wie ihnen die Aufgaben, der Tagesverlauf, die leitenden Personen, das Material etc. gefallen haben oder was ihnen nicht gefallen hat.

Als Reflexionsmethode werden ! Smileys! (vgl. Anhang 15) und eine anschließende Fragerunde verwendet.

Raum: Der Stadtteil
Dauer: ca. 2 Stunden
Material: Fotoapparate (pro Gruppe einer), Stadtplan selber angefertigt, Stifte, Papier, Aufkleber, Plakat
               (Die Fotos können teilweise nach der Aktion ausgedruckt werden und als Deko-Material für das Fest der Vielfalt verwendet werden. Dies darf den Kindern auch vor dem Start schon gesagt werden.)

5.4.5.4 Einheit 3: Team-Abenteuer in den Wolken

Ziel:

In Anlehnung an das Kapitel 4.6.4 können Hochseilgärten gut genutzt werden, um Teamfähigkeit zu erlernen und auszubauen. Diese Eigenschaften sollen den Kindern durch den Kurzbesuch in einem Hochseilgarten vermittelt werden. Sie testen ihre Grenzen aus und können eventuelle bestehende Ängste überwinden. Sie können für sich die Entscheidung treffen bestimmte Grenzen bestehen zu lassen (gute Selbsteinschätzung) und lernen diese zu begründen.

Durch den Erlebnisfaktor kann ein besonderes Gruppengefühl erzeugt werden, das lange nachwirkt. Das Wir-Gefühl hilft bei der Entwicklung von Anerkennung, Toleranz und Respekt gegenüber anderen Menschen und trägt zur eigenen Identitätsfindung bei.

Das Empathievermögen wird geschult, da die Kinder spüren lernen, wann der Aktive Angst haben könnte, um ihn in dieser Situation zu motivieren und anzufeuern. Die ersten Kinder, die an der Reihe waren kennen das Gefühl im Hochseilgarten zu sein und können das Gefühl auf die anderen Kinder übertragen und sich dadurch in sie hineinversetzten.

Das Ziel der Teamfähigkeit setzt am vorherigen Tag an. Der Hochseilgarten kann als erste Probe betrachtet werden, das bereits Erfahrene anzuwenden. Sie müssen anderen Personen vertrauen, sich selber welches schenken und sich stets der Verantwortung bewusst sein. Sie tragen die Verantwortung zum Einen dem Menschen gegenüber, der gerade aktiv im Hochseilgarten ist und zum Anderen dem ausgeliehenen Material gegenüber.

Sie erfahren intensiv die Bedeutung von klarer und verständlicher Kommunikation sowie das Pflichtbewusstsein sich an Regeln zu halten

Die Kinder werden durch die Sicherheitseinführung am Anfang mit der Aufgabe betraut, diese auch zu beachten. Den Kindern gibt es das Gefühl gibt, etwas Wichtiges zu tun. Ihr Selbstwert wird gesteigert und das Verantwortungsbewusstsein intensiviert.

Die Bewegungsmöglichkeit der Kinder wird gefördert, da die verschiedenen Hochseilgarten Elemente Gleichgewichtsinn und Beweglichkeit erfordern sowie eine gutes Geschick in der Körperkoordination.

Beschreibung:

Bevor die Kinder gemeinsam in den Reisebus einsteigen, um zu dem Hochseilgarten in Düsseldorf zu fahren, wird ein Warm-Up durchgeführt. !Kuschelfangen! (vgl. Anhang 16) soll die Kinder vor der Fahrt kurz auslasten und die Aufregung mindern.

Der Besuch im Hochseilgarten stellt etwas Besonderes in dem Gesamtkonzept dar: ein Erlebnis, an das sich die Kinder lange erinnern werden und von dem sie anderen Menschen erzählen. Das gemeinsame Erleben dieser Aktion sowie die Überwindung einzelne Aufgaben zu schaffen verbindet die Kinder untereinander. Sie erleben Gemeinschaft und können diese in den Schulalltag mit aufnehmen.

In den meisten Hochseilgärten gibt es einen internen Erlebnispädagogen, der die Gruppe (auch die Sozialarbeiter und Lehrer) durch das Programm führt.

Zu Beginn erfolgen eine Sicherheitseinführung, eine Erklärung über Elemente des Hochseilgartens sowie eine Überprüfung, ob die Kinder aufgepasst haben und mit dem Material umgehen können (dazu kann ein Niedriggarten-Element genutzt werden).

Die eigentliche Hochseilgartenaktion leitet der interne Erlebnispädagoge, doch die Lehrer und Sozialarbeiter sind die Ansprechpartner für die Kinder und müssen ihrer Aufsichtspflicht nachkommen. Da die Lehrer und Sozialarbeiter die Kinder während der vorherigen Aufgaben erlebt haben und beobachten konnten, können sie eventuelle Gefahren besser einschätzen oder auf bestimmte Merkmale der Gruppe achten, die sie mit dem Erlebnispädagogen gemeinsam in der Reflexion thematisieren.

Bei der Wahl des Hochseilgartens sollte darauf geachtet werden, dass die Elemente im Hochseilgarten die Chancen bieten, dass die Kinder als Team arbeiten müssen. Ideal ist eine Gruppengröße von 6-12 Kindern, was für dieses Konzept impliziert, dass zwei Gruppen zu zehn Kindern den Hochseilgarten absolvieren. Dabei wird im Wechsel ein Kind die aktive Rolle im Hochseilgarten haben. Die restlichen Kinder müssen an den Elementen am Boden verteilt arbeiteten, damit der Hochseilgarten-Kletterer den Parcours gut bewältigen kann. Sollte es sein, dass nicht alle gleichzeitig in eine aktive Aufgabe im Hochseilgarten haben, erfüllen sie die Funktion, die anderen auf Fehler zu überprüfen und die aktive Person anzufeuern.

Diese Aspekte können am Ende der Aktion thematisiert werden: ! Haben alle aktiv mitgemacht, wer hat seine Grenzen überwunden, hat jemand neue Dinger gelernt und wenn ja von wem, etc.?!

Um die Erlebnisse angemessen verarbeiten zu können wird die !5-Finger-Reflexion! (vgl. Anhang 17) angewandt, die eine gute Grundlage bildet, im Anschluss ins Gespräch zu kommen.

Raum: Hochseilgarten in Düsseldorf
Dauer: ca. 3 Stunden (kann je nach Veranstalter und Programm variieren)
Material: (wird häufig vor Ort ausgeliehen): Klettergurte und -helme für jedes Kind sowie Karabiner, Kletterseile, Bänder und andere Elemente.

Den Kindern wurde am Tag vorher vermittelt, dass sie sporttaugliche Anziehsachen tragen oder mitbringen, die kaputt gehen dürfen. Sie sollen keinen Schmuck tragen und lange Haare zu einem Zopf zusammen binden. Wertsachen sollen generell vermieden werden. Für den Snack sind die Kinder selber verantwortlich.

5.4.5.5 Einheit 4: Fest der Vielfalt

Ziel:

Das Hauptziel des Festes der Vielfalt ist die Überprüfung, ob die Kinder die erworbenen Kenntnisse, Fähigkeiten und Fertigkeiten umsetzten können und in ihr Handeln integrieren möchten.

Die Kinder müssen das Fest gemeinsam planen, Überlegungen anstellen und Kompromisse eingehen. Sie müssen kreativ sein und Konzentration aufweisen. Es stehen vor allem Kommunikation, Kooperation und Interaktion im Vordergrund und das auf alle Kinder gleichermaßen Rücksicht genommen wird.

Die Kinder sollen die vielfältigen Aspekte hervorheben und zeigen, welche Chancen im Alltag sowie in der Schule durch Vielfalt möglich sind.

Die Kinder erfahren durch die Vorbereitungsphase erneut, dass eine Aufgabe nur gelingen kann, wenn man sich auf die anderen Mitglieder verlassen kann und vertrauen hat, dass die anderen Gruppenmitglieder ihre Aufgaben richtig machen und sich für einander einsetzen.

Die Kinder sollen in dieser vierten Einheit das Erlebte reflektieren, indem sie aktiv etwas für sich und den Gruppenverband tun. Sie erfahren, dass es sich lohnt sich auf etwas Neues einzulassen und eine Aufgabe bis zum Ende durch zu arbeiten. Die Kinder können zeigen, dass sie begriffen haben, dass Vielfalt kein Anhaltspunkt ist, um Kinder nach bestimmten Kriterien auszugrenzen, sondern um sie nach jenen Kriterien zu integrieren. Aus den Kriterien können sie selber lernen und mehr Handlungsstrategien erhalten. Die Kinder entdecken die Chancen und Ressourcen, die ein interkulturelles Miteinander in der Vielfalt birgt.

Beschreibung:
Als Warm-Up wird !Drunter und Drüber! (vgl. Anhang 18) gespielt, bevor die Kinder in den Ablauf der vierten Phase eingeführt werden. Diese Einzelaktion hat fünf kurze Phasen:

- Einleitung
- Einteilung der Kleingruppen
- Aufgabenbearbeitung
- Präsentation und Durchführung des Festes
- Abschlussrunde

Die Kinder suchen sich ihre Aufgaben selber aus. Das Fest soll von den Kindern weitestgehend alleine organisiert und vorbereitet werden, eine kleine Auswahl an Material sowie das Essen steht ihnen zur Verfügung.

Eine Gruppe sucht Spiele aus und bereitet diese vor, eine andere Gruppe dekoriert (eventuell mit den Fotos vom vorherigen Tag) den Raum, den Hof oder die Wiese (je nach Wetter). Eine weitere Gruppe kümmert sich um die Zubereitung des Essens und der Getränke. Den Kindern bleibt der Raum sich etwas eigenes Ausdenken zu dürfen.

Nach der Vorbereitungsphase wird das Fest gefeiert und die Ergebnisse präsentiert.

Reflexion:
An dieser Stelle hat die Reflexion eine besondere Stellung. Es kann sein, dass die Kinder durch das Spielen, Feiern und Spaßhaben zu unruhig sind und sich nicht richtig konzertieren können. Eine Reflexion sollte aber unbedingt stattfinden. Es bietet sich an die Reflexion spielerisch und mit wenig Aufwand zu gestalten, wie ! Flaschendrehen! (vgl. Anhang 19) oder wenn möglich ! die offene Runde! (vgl. Anhang 20). Es sollen Verbindungen zu den aufregenden Erlebnissen des ganzen Tages gezogen werden sowie auf die gesamten zwei Tage des interkulturellen Abenteuers. Die Kinder sollten aufgefordert werden sich Gedanken zu machen, wie sie in Zukunft miteinander umgehen möchten und was sie anderen Kindern über diese zwei Tage berichten würden.

Raum:	Klassenraum, Schulhof oder eine große Wiese
Dauer:	20 min Einleitung, 10 min Gruppeneinteilung, 1 Stunde Gruppenphase, 1 Stunde Fest, 30 min Reflexion und Aufräumen
Material:	Lebensmittel, Küchenmaterial, Deko-Material, Fotos, Blumen, etc, Musikanlage

5.4.5.6 Auswertung

Die Auswertung oder die Evaluation sowie die eine eigene Reflexion der Aktion erfolgt ohne die Kinder im Anschluss. Die Lehrer und Sozialarbeiter bewerten die Aktion und das Verhalten der Kinder gemeinsam. Die Sozialarbeiter können den Lehren Vorschläge machen, wie sie das Thema dauerhaft in den Schulalltag integrieren können. Desweiteren bietet es sich an, in Kontakt bleiben, um regelmäßige Aktionen gemeinsam durchzuführen. Diese müssen dann nicht mehr diesem Umfang entsprechen.

Punkte, die bei der Evaluation, Reflexion und Prüfung der zu Beginn definierten Ziele berücksichtigt werden sollen:

- Konnten die Ziele in den Handlungen der Kinder beobachtet werden und wenn ja, welche?

- Wurden Kompromisse eingegangen oder wollten alle ihren Willen durch setzen?
- Wie haben sich die Kinder während oder über die Aktion geäußert (Reflexionsrunden einbezogen)?
- Wie war ihr Kommunikationsverhalten? Redeten sie durcheinander, haben sie sich zugehört, waren sie in der Lage ihre Emotionen in Worte zu fassen?
- Zeigten sie Regeln gegenüber Anerkennung und ermahnten sich gegenseitig, wenn sich Teilnehmer nicht daran hielten? Wenn ja, wie?
- Wurden bestehende Gruppenstrukturen der Kinder umstrukturiert?
- Haben sie Vertrauen in sich und die Gruppe gezeigt?
- Wie gehen die Kinder mit der Vielfalt um?
- Welche waren die besonderen Momente?
- Was hat einen selber an den zwei Tagen gestört? Was kann beim nächsten Mal besser gemacht werden?
- Wurden manche Ziele nicht erreicht? Wenn ja, welche und warum nicht?

Punkte, die nur auf längere Sicht beobachtet und ausgewertet werden können:

- Wie verhalten sich die Kinder untereinander? Gibt es Außenseiter? Welche Arten von Spiele werden gespielt? Wie ist das Rollenverhalten in der Gesamtgruppe? Machen sich die Kinder sorgen, wenn jemand krank ist und nicht in den Unterricht kommt?
- Sprechen sie von dem Erlebnis, auch mit anderen?
- Überlegen die Kinder gemeinsam bevor sie etwas tun, um den besten Weg zu wählen? Gehen sie gemeinsam einen Weg?
- Welche Veränderungen und Prozesse können beobachtet werden?

5.5 Zusammenfassung

Dieses fünfte Kapitel beschäftigt sich mit der Synthese von erlebnispädagogischen Elementen und der Interkulturellen Arbeit, aus der ein praxisorientiertes Konzept hervorgeht.

Ein Konzept beschreibt eine !handlungsorientierte Vereinbarung! (Dieckmann 2007: 575), die die Grundlage für das Handeln einer Einrichtung oder den Sozialarbeiter ist. In einem Konzept werden Ziele, Zielgruppe, die Methode sowie das Material festgelegt und im Anschluss überprüft. Die Methoden werden nach den gesetzten Zielen ausgewählt. Ziele bilden das Motiv für eine Handlung. Es gibt verschiedene Zielebenen, die sich der Sozialarbeiter vor einer Aktion ins Bewusstsein rufen muss und die in der Ausführung präsent sein müssen. Die Methode beschreibt den Weg durch den die zuvor abgestimmten Ziele erreicht werden sollen. Die Anforderung an den Sozialarbeiter steckt in der passgenauen Methodenwahl für die jeweilige Gruppe. Durch eine Konzeptentwicklung wird eine sorgfältige Planung gewährleistet, die im Anschluss ausgewertet und bei Bedarf verbessert werden kann. Konzepte sichern den qualitativen Standard einer Einrichtung.

Es gibt in den Disziplinen Erlebnispädagogik und Interkulturelle Arbeit Gemeinsamkeiten, Kombinationsmöglichkeiten und daraus resultierende Ansätze, die in zehn Thesen zusammengefasst werden können:

1. Es gibt gleiche und sich ergänzende Zielsetzungen, die geschickt kombiniert einen neuen Ansatz Interkultureller sowie erlebnispädagogischer Arbeit darstellen können.

2. Die Gemeinschaft und die Gruppe bilden einen zentralen Punkt, um effektiveres Lernen zu ermöglichen und Veränderung im Individuum und so in der Gesellschaft zu erreichen.

3. Die Veränderung zielt auf die Perspektive Vielfalt als Chance und Potenzial zu betrachten, um den Handlungsspielraum eines jeden Individuums zu erweitern.

4. Diese Chancen und Potenziale der Vielfalt können am besten wirken, wenn sie erlebt werden, da am effektivsten durch Erleben und Erfahren gelernt wird. Vielfalt muss zum Alltag gehören.

5. Bewegung und Sport unterstützen effektives Lernen. Die Kinder erhalten einen Schutzraum, in dem sie Regeln und Sozialverhalten lernen können, ohne dass sie das Gefühl haben müssen benotet und bewertet zu werden. Durch eine gute sportliche Leistung erhalten sie Anerkennung und den Anreiz dies auf andere Lebensbereiche ausweiten zu wollen.

6. Begegnung, Kontakt und Kommunikation spielen in dem Ansatz der Vielfalt eine große Rolle. Nur so können Stereotype und Vorurteile widerlegt werden. Positive Kontakte und Erfahrungen mit dem anderen können im Anschluss in neue Handlungsstrategien umgewandelt werden.

7. In der Erlebnispädagogik üben Personen ganz praktisch Problemlösestrategien, die sie im alltäglichen Leben anwenden können. Sie werden in ihrem Sozialverhalten sicherer sowie im interkulturellen Kontext beim Auftreten von Konflikten.

8. Durch die Synthese der Disziplinen werden die gestalterischen und methodischen Ansätze kombiniert. Für den Sozialarbeiter folgen daraus mehr Spielräume und Gestaltungsmöglichkeiten innerhalb seines verwendeten Ansatzes. Er kann zielgruppenorientierter arbeiten.

9. Interkulturelle Arbeit soll an einem möglichst neutralen Übungsort stattfinden, den die Natur gut repräsentiert. Von der Natur geht ein Erlebnisfaktor aus, der sich positiv auf das Lernen auswirkt. In der Natur können intensiver eigene Erfahrungen gesammelt und erlebt werden, die das Individuum eigenständig und besser begreift, als wenn im Gegensatz dazu die Lerninhalte theoretisch im Klassenraum vermittelt werden.

10. Als Zielgruppe sollten Kinder gewählt werden, da sie die Zukunft der Gesellschaft sind, für die sie die Verantwortung tragen werden und müssen.

Die Anforderungen an den Sozialarbeiter können aus beiden Disziplinen zu einem großen Gesamtanforderungsprofil zusammengefasst werden. Besonders wichtig im Kontext Interkultureller Arbeit ist die Reflexionsfähigkeit des Sozialarbeiters. Sie gewährleistet, dass die spezifischen Faktoren Interkultureller Arbeit, wie unterschiedliche Kommunikationsmuster und kulturbedingte Handlungsweisen als solche von den Teilnehmern interpretiert werden.

Der Sozialarbeiter muss sich bewusst sein, dass Missverständnisse oder Störungen schnell eine Begleiterscheinung sein können, wenn nicht alle Teilnehmer in ihrer Muttersprache kommunizieren können.

Das anschließende Soziale und Interkulturelle Kompetenzen fördernde Konzept ist auf zwei Tage angelegt. Die Teilnehmer können sich intensiv mit der Thematik auseinandersetzten. Durch die doch recht kurze Zeitspanne wird die Gefahr gemindert, dass die Teilnehmer sich langweilen.

Das Projekt findet in vier Phasen statt, in denen die Kinder die Chance erhalten zu erfahren, zu üben, zu lernen und sich im freien Feld zu erproben. In diesem Konzept werden Interaktionsaufgaben mit Kooperativen Abenteuerspielen kombiniert. Eine City Bound Aktion der Erlebnispädagogik gestaltet eine erlebnisreiche Stadtteilbegehung, um Vielfalt wahrzunehmen. Der Besuch eines Hochseilgartens stellt den Höhepunkt im Rahmen des Konzeptes dar. Die Kinder erhalten die Chance ihre in den zwei Tagen erprobten Handlungsstrategien und neue Perspektiven in dem Feste der Vielfalt unter Beweis zu stellen.

Dieses Projekt kann als Kooperationsprojekt eines Stadtteilzentrums und der dort ansässigen Schule stattfinden. Das Projekt dient als Anregung weitere interkulturelle Abenteuer-Aktionen in der Schullaufbahn zu integrieren, um zu erreichen, dass die Schüler Vielfalt als besonderes Potenzial erleben und erfahren.

6. Ein Schlusswort

Das erlebnispädagogische Konzept für die Interkulturelle Arbeit ist meiner Meinung nach eine sinnvolle Alternative, um Interkulturelles Arbeiten zu verändern bzw. effektiver zu gestalten. Der Veränderungs- oder Lernprozess in den einzelnen Individuen der Gesellschaft kann nachhaltig angeregt werden.

Auch wenn dieses Konzept auf Kinder im Schulalter zurechtgeschnitten ist, denke ich, dass es auf andere Zielgruppen bedarfsorientiert anwendbar ist. Jede Soziale Einrichtung, die die Themen der Kultur oder Vielfalt behandelt, sollte in ihre Arbeit unterstützend einige Elemente der Erlebnispädagogik mit einbeziehen. Meine Konsequenz ist, dass Interkulturalität in allen Sozialen Einrichtungen thematisiert werden muss. Nur so kann Vielfalt zur Normalität und zur Chance werden.

Die beschriebenen Ansätze moderner Interkultureller Pädagogik zeigen deutlich, dass der Bedarf an interkulturellen Angeboten aktuell vorhanden ist und größer wird. Im Zuge der Zunahme von Kulturen, die auf immer enger werdenden Raum gemeinschaftlich existieren müssen, sind Konflikte vorprogrammiert. Damit diese nicht eskalieren, muss die Gesellschaft auf neue Anforderungen der Pluralität eingestellt werden. Am besten gelingt dies, wenn die Individuen erkennen, dass diese neue Vielfalt viele Potenziale und Ressourcen für ihr eigenes Leben enthält.

Sozialarbeiter müssen dafür nicht nur mit Migranten adäquat umgehen können und kulturelle Lernprozesse der Interakteure initiieren und reflektieren, ihre Aufgabe ist es auch Antidiskriminierungsarbeit zu leisten, sich für spezifische Missstände der Migranten einzusetzen, Interkulturelle Öffnung in den sozialen Institutionen anzuregen und sich in der Sozialpolitik unter anderem für Gleichberechtigung einzusetzen (vgl. Schirilla 2007: 497). Die Professionalität der Sozialarbeiter durch Interkulturelle Kompetenz ist aus heutiger Sicht nicht wegzudenken. Diese kognitiven und sozialen Kompetenzen müssen ausgebaut werden, da sie nicht ! einfach in jedem Menschen vorhanden! sind. In diesem Kontext wird deutlich, das Interkulturelle Kompetenz eine Merkmal professioneller Sozialer Arbeit ist (vgl. Hinz-Rommel 1996: 100).

Während der intensiven Beschäftigung mit den Lerninhalten und den Methoden Interkultureller Arbeit ist mir aufgefallen, dass diese zwar der Aktualität angemessen konzipiert sind, aber leider häufig nur bestimmte Zielgruppen ansprechen. Interkulturelle Arbeit ist häufig in Form von Interkulturellen Trainings zu finden, vor allem in wirtschaftlichen Bereichen, in denen viel internationaler Kontakt herrscht. Auch der Bereich zur Förderung qualifizierter Fachkräfte wird oft angesprochen. Dies ist sehr wichtig, denn die Fachkräfte sind nötig, um die Gesellschaft zu erreichen. Dennoch empfinde ich es, als ob einige Zielgruppen nicht genügend erreicht würden, von daher soll dieses Konzept die Zielgruppe dementsprechend ausweiten können.

Einen anderen Kritikpunkt an den modernen Ansätzen Interkultureller Arbeit sehe ich in der Vermittlung von Interkultureller Kompetenz. Die bestehenden Methoden und Möglichkeit sind m. E. sehr gut gewählt und umsetzbar, aber vernachlässigen sie einen mir sehr wichtigen Punkt: das Erlebnis.

Die positiven Aspekte der Erlebnispädagogik werden in das Konzept der Interkulturellen Arbeit mit einbezogen. Das Erlebnis steigert die Emotionen während der Erfahrung, die ein Mensch macht. Diese Erfahrung bleibt ihm langfristig in seinem Gedächtnis. Desweiteren begreift der Mensch Dinge besser, wenn er sie selber erfährt. Dieser Leitgedanke der Erlebnispädagogik wird durch das Konzept in die Interkulturelle Arbeit wertvoll integriert.

Zusätzlich greift die Erlebnispädagogik wie die Interkulturelle Pädagogik auf das Medium der Gruppe zurück. Die Gruppe als Gemeinschaft trägt nochmals zu einem intensiveren Erleben bei, da man Aufgaben, Hindernisse und Probleme gemeinsam behandelt. Der einzelne Mensch erfährt die Emotionen und Erlebnisse der ganzen Gruppe und wird ein Teil von ihr. Die Gemeinschaft verbindet und wirkt verstärkt auf das persönliche Erlebnis. So lernt der Mensch am effektivsten.

In der Interkulturellen Arbeit wird meiner Meinung nach zu wenig Wert auf den Erlebnisfaktor gelegt, was durch meinen Versuch einer Synthese korrigiert werden soll. Desweiteren wird sich zu sehr darauf versteift, bestimmte Interkulturelle Kompetenzen mit den für die Wirtschaft nötigen Fähigkeiten zu fördern. Die Erlebnispädagogik dient an diesem Punkt als Hilfe. Sie kann alle Fähigkeit vermitteln, die ein Mensch benötigt, um sozial Handeln zu können. Kann ein Mensch sozial agieren, dann handelt er auch interkulturell kompetent.

Der Ansatz einer Interkulturellen Erlebnispädagogik kann als eine Fachdisziplin der Sozialen Arbeit bezeichnet werden, die sich gezielt mit Menschen beschäftigt, die sich in einer fälschlichen Auseinandersetzung mit der eigenen sowie der anderen Kultur befinden und unabdingbar ist.

Diese Meinung vertrete ich am Ende dieser Studie mehr noch als zu Beginn. Am Anfang betrachtete ich die Idee, Interkulturelle Pädagogik mit Elementen der Erlebnispädagogik zu kombinieren als eine Idee, die simpel umsetzbar und für bestimmte Einrichtungen sinnvoll sein kann. In der Entwicklung des Konzeptes wandelte sich meine Ansicht in die Auffassung, dass diese Variante eine notwendige (aber nicht die einzige) Grundlage ist, um hilfreiche Soziale Arbeit zu leisten.

Um zu dem Titel dieser Studie zurück zukommen ! ein Abenteuer mit Migrantinnen und Migranten! soll gesagt werden, dass das Abenteuer, das diese Arbeit skizziert, beschrieben werden kann als das Kennenlernen von Vielfalt, das Wahrnehmen anderer Perspektiven und das Erleben von vielfältiger Gemeinschaft. Dieses Abenteuer sollen natürlich nicht nur Migrantinnen und Migranten erleben, sondern auch die Menschen ohne Migrationshintergrund. Die ! Migrantinnen und Migranten! sind in dem Kontext dieser Arbeit ein Synonym oder Symbol für die Vielfalt. Es liegt nun an den Sozialarbeitern diese Perspektive in ihrer Arbeit umzusetzen, indem jede Person zu ihrer Zielgruppe wird.

Mein persönliches Fazit am Ende ist klar. Ich werde mich in Zukunft auf das Abenteuer der Vielfalt einlassen und erhoffe mir, dass viele Menschen dieser Ansicht folgen. Rassismus, Diskriminierung oder fehlerhaftes Sozialverhalten sowie Respektlosigkeit und Intoleranz sind Dinge, auf die die Menschheit verzichten kann. Ein wichtiger Schritt in die richtige Richtung dorthin, kann mit dem Blickwinkel Vielfalt als Potenzial und Ressource zu sehen, gemacht werden. Es liegt nun an uns allen diesen Schritt zu machen.

Abbildungsverzeichnis

Quellenverzeichnis

Literatur

Auernheimer, Georg 2007: Einführung in die interkulturelle Pädagogik. Wissenschaftliche Buchgesellschaft, Darmstadt, 5. Auflage

Auernheimer, Georg 2010: Einführung in die interkulturelle Pädagogik. Wissenschaftliche Buchgesellschaft, Darmstadt, 6. Auflage

Buck, Günther 2007: Gruppe. In: Deutscher Verein für öffentliche und private Fürsorge e.V.: Fachlexikon der sozialen Arbeit. Nomos Verlag, Baden-Baden, 6. Auflage, S. 428

Deubzer, Barbara; Feige, Karin (Hrsg.) 2004: Praxishandbuch City Bound. Erlebnisorientiertes soziales Lernen in der Stadt. Ziel Verlag. Augsburg

Dieckmann, Helmut 2007: Konzeptionsentwicklung. In: Deutscher Verein für öffentliche und private Fürsorge e.V.: Fachlexikon der sozialen Arbeit. Nomos Verlag, Baden-Baden, 6. Auflage, S. 575

Erll, Astrid; Gymnich, Marion 2010: Interkulturelle Kompetenz. Erfolgreich kommunizieren zwischen den Kulturen. Klett Lernern und Wissen GmbH, Stuttgart, 4. Auflage

Fittkau, Bernd; Müller-Wolf, Hans-Martin; Schulz von Thun, Firedmann 1977: Kommunizieren lernen (und umlernen). Georg Westermann Verlag Braunschweig, S. 9-100

Forgas, Joseph P. 1999: Soziale Interaktion und Kommunikation. Eine Einführung in die Sozialpsychologie. Psychologie Verlags Union, Weinheim, 4. Auflage

Freise, Josef 2007: Interkulturelle Soziale Arbeit. Theoretische Grundlagen ...Handlungsansätze ...Übungen zum Erwerb interkulturelle Kompetenzen., Wochenschau Verlag. Schwalbach, 2. Auflage

Fürst, Walter 2009: Gruppe Erleben. Soziales Lernen in der erlebnispädagogischen Gruppe. Ernst Reinhardt Verlag, München

Galuske, Michael 2011: Methoden der Sozialen Arbeit. Eine Einführung. Juventa Verlag. Weinheim und München, 9. Auflage

Gogolin, Ingrid; Krüger-Potratz, Marianne 2010: Einführung in die Interkulturelle Pädagogik. Verlag Barbara Buderich, Opladen 2. Auflage

Günther, Arno 2004: Transferprobleme in der Erlebnispädagigk. Das Erlebnis zwischen blindem Aktionismus und begleiteter pädagogischer Maßnahme. Diplomarbeit. Grin Verlag, S. 68

Hamburger, Franz 2009: Abschied von der Interkulturellen Pädagogik. Plädoyer für einen Wandel sozialpädagogischer Konzepte. Juventa Verlag. Weinheim und München

Handschuk, Sabine; Klawe Willy 2006: Interkulturelle Verständigung in der Sozialen Arbeit. Ein Erfahrungs- Lern- und Übungsprogramm zum Erwerb interkultureller Kompetenz. Juventa Verlag, Weinheim und München, 2. Auflage

Heckmair, Bernd; Michl, Werner 2008: Erleben und Lernen. Einführung in die Erlebnispädagogik. Ernst Rheinhardt Verlag, München 6. Auflage

Hinz-Rommel, Wolfgang 1994: Interkulturelle Kompetenz. Ein neues Anforderungsprofil für die soziale Arbeit. Waxmann Verlag GmbH, Münster

Losche, Helga/Stephanie Püttker 2009: Interkulturelle Kommunikation. Theoretische Einführung und Sammlung praktische Interaktionsübungen. Ziel Verlag, Augsburg, 5. Auflage

Krüger-Portratz, Marianne 2005 Interkulturelle Bildung. Eine Einführung. Waxmann Verlag GmbH, Münster

Michel, Christian; Novak, Felix: Kleines Psychologisches Wörterbuch. Verlag Herder KG Freiburg im Breisgrau 1975, S. 136

Michl, Werner 2009: Erlebnispädagogik. Ernst Reinhardt Verlag, München Basel

Mund, Petra 2007: Soziale Kompetenz. In: Deutscher Verein für öffentliche und private Fürsorge e.V.: Fachlexikon der sozialen Arbeit. Nomos Verlag, Baden-Baden, 6. Auflage, S. 855f

Mund, Petra 2007: Erlebnispädagogik. In: Deutscher Verein für öffentliche und private Fürsorge e.V.: Fachlexikon der sozialen Arbeit. Nomos Verlag, Baden-Baden, 6. Auflage, S. 261f

Nieke, Wolfgang 2008: Interkulturelle Erziehung und Bildung. Werteorientierung im Alltag. VS Verlag für Sozialwissenschaften, 3. Auflage

Niethammer, Wilhem 2006: Sport und Integration. In: Bibouche, Seddik (Hrsg.): Interkulturelle Integration in der Kinder- und Jugendarbeit. Orientierungen für die Praxis. Juventa Verlag, Weinheim und München

Nohl, Arnd-Michael 2006: Konzepte interkultureller Pädagogik. Eine Systemische Einführung. Julius Klinkhardt Verlag, Bad Heilbronn

Prengel, Annedore 2006: Pädagogik der Vielfalt. Verschiedenheit und Gleichberechtigung in Interkultureller, Feministischer und Integrativer Pädagogik. VS Verlag für Sozialwissenschaften, Wiesbaden, 3. Auflage

Reiners, Annette 2008: Praktische Erlebnispädagogik 1. Bewährte Sammlung motivierender Interaktionsspiele ..Band 1. Verlag Ziel, Augsburg, 8. Auflage

Rutkowski, Mart 2010: Der Blick in den See. Reflexion in Theorie und Praxis. Verlag Ziel, Augsburg

Schilling, Johannis 2005: Methodik/Didaktik Sozialer Arbeit. Ernst Reinhardt, GmbH &Co. KG, Verlag München, 4. Auflage

Schilling, Johannis 2008: Methodik/Didaktik Sozialer Arbeit. Ernst Reinhardt, GmbH &Co. KG, Verlag München, 5. Auflage

Schirilla, Nausikaa 2007: Interkulturelle Kompetenz. In: Deutscher Verein für öffentliche und private Fürsorge e.V.: Fachlexikon der sozialen Arbeit. Nomos Verlag, Baden-Baden, 6. Auflage, S. 497

Sonntag, Christoph 2010: Abenteuer Spiel 2. Eine Sammlung kooperativer Abenteuerspiele. Verlag Ziel, Augsburg

Stimmer, Franz (Hrsg.): Lexikon der Sozialpädagogik und der Sozialarbeit. R. Oldenburg Verlag. München und Weinheim 2000, 4. Auflage

Wellhöfer, Peter R. 2007: Gruppendynamik und Soziales Lernen. Theorie und Praxis in der Arbeit mit Gruppen. Lucius & Lucius Verlagsgesellschaft mbH Stuttgart, 3. Auflage

Internet

Definition Rassismus:
    http://www.bpb.de/popup/popup_lemmata.html?guid=V6X5ZL   (letzter Zugriff: 29.02.2012)

Definition Kompetenz:
    http://www.duden.de/rechtschreibung/Kompetenz   (letzter   Zugriff: 04.12.2011)

Definition Ethnie:
    http://www.duden.de/rechtschreibung/Ethnie (letzter Zugriff: 13.12.2011)

City Bound:
    http://www.go-excellence.de/citybound.html (letzter Zugriff: 08.08.2011)

Definition: Abenteuer.
    http://lexikapool.de/lexika/Abenteuer.html (letzter Zugriff: 03.08.2011)

Definition: Erlebnis.
    http://lexikapool.de/lexika/Erlebnis.html (letzter Zugriff: 03.08.2011)

http://www.duesseldorf.de/statistik/stadtforschung/download/gesamtstadt.pdf (letzter Zugriff: 18.04.2012)

http://www.duesseldorf.de/statistik/stadtforschung/download/stadtteile/rath.pdf (letzter Zugriff: 18.04.2012)

http://www.duesseldorf.de/statistik/stadtforschung/download/bildung/jb2010_13_01 _04_250.pdf (letzter Zugriff: 18.04.2012)

http://www.duesseldorf.de/statistik/stadtforschung/download/bildung/jb2010_13_01
_06_252.pdf (letzter Zugriff: 18.04.2012)

Anhang

Anlage 1: Tabelle über die Bevölkerung aus Düsseldorf

Quelle: (letzter Zugriff: 18.04.2012)
http://www.duesseldorf.de/statistik/stadtforschung/download/gesamtstadt.pdf

 Amt für Statistik und Wahlen
Landeshauptstadt Düsseldorf

► Düsseldorf

► Bevölkerung nach Geschlecht und Alter	
Einwohner/-innen	588.169
davon	
weiblich	306.228
männlich	281.941
unter 6 Jahre	32.924
6 bis unter 18 Jahre	56.282
18 bis unter 45 Jahre	229.902
45 bis unter 60 Jahre	123.473
60 bis unter 75 Jahre	96.043
75 Jahre und älter	49.545

Quelle: Amt für Statistik und Wahlen Stand 31.12.2010

► Bevölkerung nach Nationalität	
Ausländer/-innen	102.192
in Prozent	17,4
darunter aus	
Türkei	14.344
Griechenland	9.669
Japan	4.885
Italien	6.668
GUS	8.683

Quelle: Amt für Statistik und Wahlen,
Amt für Einwohnerwesen. Stand 31.12.2010

► Bevölkerungsentwicklung	1995	2000	2005	2010
Bevölkerung insgesamt	571.064	569.046	577.416	588.169
unter 6 Jahre	31.392	29.542	29.894	32.924
75 Jahre und älter	42.925	44.201	46.927	49.545
Ausländer/-innen	89.714	94.627	97.832	102.192

Quelle: Amt für Statistik und Wahlen Stand 31.12.2010

► Realnutzung	
Fläche (in ha)	21.664
davon in Prozent	
Wohnbauflächen	18,0
Gewerbliche Bauflächen	6,3
Gemischte Bauflächen	2,9
Sonderbauflächen	1,7
Ver- und Entsorgung, Wasserflächen	8,2
Verkehrsflächen	15,6
Grünflächen	9,3
Land- und Forstwirtschaftliche Flächen	35,1
Gemeinbedarfsflächen	2,9

Quelle: Vermessungs- und Liegenschaftsamt,
Stadtplanungsamt. Stand 31.12.2010

Anlage 2: Tabelle der Bevölkerung im Stadtteil Rath

Quelle: (letzter Zugriff: 18.04.2012)
http://www.duesseldorf.de/statistik/stadtforschung/download/stadtteile/rath.pdf

 Amt für Statistik und Wahlen
Landeshauptstadt Düsseldorf

► **Rath**

► Bevölkerung nach Geschlecht und Alter	Rath	Gesamtstadt
Einwohner/-innen	18.737	588.169
davon		
weiblich	9.677	306.228
männlich	9.060	281.941
unter 6 Jahre	1.246	32.924
6 bis unter 18 Jahre	2.181	56.282
18 bis unter 45 Jahre	6.972	229.902
45 bis unter 60 Jahre	3.870	123.473
60 bis unter 75 Jahre	2.963	96.043
75 Jahre und älter	1.505	49.545

Quelle: Amt für Statistik und Wahlen Stand: 31.12.2010

► Bevölkerung nach Nationalität	Rath	Gesamtstadt
Ausländer/-innen	4.543	102.192
in Prozent	24,2	17,4
darunter aus		
Türkei	891	14.344
Griechenland	649	9.669
Japan	19	4.885
Italien	334	6.668
GUS	326	8.683

Quelle: Amt für Statistik und Wahlen, Amt für Einwohnerwesen. Stand 31.12.2010

► Bevölkerungsentwicklung		1995	2000	2005	2010
Bevölkerung insgesamt	Rath	17.335	17.924	18.626	18.737
	Gesamtstadt	571.064	569.046	577.416	588.169
unter 6 Jahre	Rath	951	1.068	1.244	1.246
	Gesamtstadt	31.392	29.542	29.894	32.924
75 Jahre und älter	Rath	1.227	1.342	1.487	1.505
	Gesamtstadt	42.927	44.201	46.927	49.545
Ausländer/-innen	Rath	3.593	4.200	4.488	4.543
	Gesamtstadt	89.714	94.627	97.832	102.192

Quelle: Amt für Statistik und Wahlen. Stand 31.12.2010

► Realnutzung	Rath	Gesamtstadt
Fläche (in ha)	1.041	21.664
davon in Prozent		
Wohnbauflächen	10,7	18,0
Gewerbliche Bauflächen	17,1	6,3
Gemischte Bauflächen	1,2	2,9
Sonderbauflächen	0,4	1,7
Ver- und Entsorgung, Wasserflächen	0,3	8,2
Verkehrsflächen	13,8	15,6
Grünflächen	5,3	9,3
Land- und Forstwirtschaftliche Flächen	49,6	35,1
Gemeinbedarfsflächen	1,7	2,9

Quelle: Vermessungs- und Liegenschaftsamt, Stadtplanungsamt. Stand 31.12.2010

Anlage 3: Tabelle über Düsseldorfer Schüler nach Nationalität

Quelle: (letzter Zugriff: 18.04.2012)
http://www.duesseldorf.de/statistik/stadtforschung/download/bildung/jb2010_13_01_06_252.pdf

13-01-06
Die Schüler an den städtischen Schulen nach Wohnort, besuchter Schulform und Nationalität am Jahresende 2009

Wohnort	Grundschulen		Hauptschulen		Förderschulen		Realschulen		Gymnasien		Gesamtschulen	
	deutsch	ausländ.	deutsch	ausländ.	deutsch	ausländ.	deutsch	ausländ.	deutsch	ausländ.	deutsch	ausländ.
Düsseldorf zus. davon	15 298	2 349	2 503	1 396	1 484	512	4 786	1 891	11 722	1 916	2 738	1 327
Stadtbezirk 1	1 226	261	172	135	117	46	340	148	1 143	258	196	117
011 Altstadt	17	5	1	2	1	1	9	3	8	4	2	2
012 Carlstadt	36	1	1	-	1	-	5	-	36	2	2	1
013 Stadtmitte	156	80	32	41	19	26	37	37	114	79	25	34
014 Pempelfort	443	80	60	37	41	5	104	48	455	77	74	31
015 Derendorf	319	68	57	47	46	12	111	43	269	60	67	34
016 Golzheim	255	27	21	8	9	2	74	17	261	36	26	15
Stadtbezirk 2	1 351	262	211	145	134	56	384	170	977	195	235	146
021 Flingern Süd	246	87	49	53	36	23	56	49	85	57	39	58
022 Flingern Nord	506	88	112	59	66	25	177	70	364	61	95	47
023 Düsseltal	599	87	50	33	32	8	151	51	528	77	101	41
Stadtbezirk 3	2 220	450	388	351	214	115	713	377	1 361	345	393	227
031 Friedrichstadt	266	83	47	49	24	21	83	74	181	56	29	36
032 Unterbilk	314	35	59	29	19	6	94	49	225	40	36	16
033 Hafen	5	1	4	5	1	-	2	2	5	-	-	-
034 Hamm	95	3	15	2	3	1	57	4	56	1	5	-
035 Volmerswerth	47	2	4	4	3	-	34	2	66	12	8	3
036 Bilk	793	111	120	80	55	24	272	110	549	93	166	40
037 Oberbilk	647	214	135	181	108	62	150	136	235	138	130	130
038 Flehe	53	1	4	1	1	1	21	-	44	5	19	2
Stadtbezirk 4	922	154	59	46	31	10	205	91	952	102	98	33
041 Oberkassel	380	37	13	3	6	1	60	15	479	36	23	5
042 Heerdt	213	88	31	34	16	8	86	48	157	31	33	22
043 Lörick	190	26	9	7	5	1	41	25	153	22	36	4
044 Niederkassel	139	3	6	2	4	-	18	3	163	13	6	2
Stadtbezirk 5	1 205	67	74	28	38	3	257	25	553	36	42	9
051 Stockum	166	5	14	3	6	1	53	5	151	9	13	1
052 Lohausen	149	6	16	1	11	1	55	4	123	3	17	1
053 Kaiserswerth	232	15	15	20	10	1	60	9	83	10	5	5
054 Wittlaer	387	33	11	4	10	-	61	7	112	10	4	2
055 Angermund	196	6	11	-	-	-	16	-	57	4	3	-
056 Kalkum	75	2	7	-	1	-	12	-	27	-	-	-
Stadtbezirk 6	1 832	321	339	181	177	72	641	170	1 322	268	256	132
061 Lichtenbroich	242	43	33	14	28	12	48	18	129	23	14	9
062 Unterrath	599	56	87	31	43	8	253	30	551	64	65	24
063 Rath	582	154	130	99	75	28	193	77	321	101	98	56
064 Mörsenbroich	409	68	89	37	31	24	147	45	321	80	79	43
Stadtbezirk 7	1 384	104	173	77	106	19	457	84	1 609	108	258	78
071 Gerresheim	871	87	136	72	82	17	332	72	1 052	79	175	65
072 Grafenberg	142	7	10	2	5	1	23	4	141	10	24	3
073 Ludenberg	208	7	17	3	16	-	66	7	271	12	26	7
074 Hubbelrath	163	3	10	-	3	1	36	1	145	7	33	3
Stadtbezirk 8	1 603	229	224	111	217	61	571	177	1 137	195	515	226
081 Lierenfeld	285	73	45	39	56	24	99	55	138	55	82	62
082 Eller	878	138	136	70	130	35	290	109	493	122	333	153
083 Vennhausen	245	14	35	2	25	1	142	11	316	10	79	10
084 Unterbach	195	4	8	-	6	1	40	2	190	8	21	1
Stadtbezirk 9	2 731	407	508	246	276	112	869	295	2 055	330	635	333
091 Wersten	848	113	137	68	88	35	237	96	689	107	229	90
092 Himmelgeist	26	1	-	1	-	-	11	-	41	1	2	-
093 Holthausen	387	71	98	50	48	25	162	57	167	72	117	58
094 Reisholz	101	19	29	18	10	-	28	16	56	13	28	13
095 Benrath	450	41	75	20	23	10	148	28	422	36	75	36
096 Urdenbach	363	21	61	10	31	2	115	16	383	19	30	8
097 Itter	56	3	3	-	2	-	15	-	40	-	12	1
098 Hassels	500	138	105	79	74	40	153	82	257	82	142	127
Stadtbezirk 10	824	94	355	76	174	18	349	54	613	79	110	26
101 Garath	624	75	325	63	144	12	258	50	311	68	88	23
102 Hellerhof	200	19	30	13	30	6	91	4	302	11	22	3
Auswärtige zus.	188	27	107	24	32	8	121	28	987	86	112	29
ohne Angabe	1	-	3	1	1	-	4	1	2	1	1	-
Insgesamt	15 487	2 376	2 613	1 421	1 517	520	4 911	1 620	12 711	2 003	2 851	1 356

Quelle: Landeshauptstadt Düsseldorf - Schulverwaltungsamt

150

Anlage 4: Spielbeschreibung ! Gemeinsamkeiten!

Quelle: Sonntag, Christoph 2010: Abenteuer Spiel 2. Eine Sammlung kooperativer Abenteuerspiele. Verlag Ziel, Augsburg, S. 15

Spielbeschreibung:
Die Spieler gehen im Raum herum und jeweils zwei Personen finden sich zusammen. Nachdem sie sich kurz mit Namen vorgestellt haben, gilt es, fünf Gemeinsamkeiten zu finden. Wer zuerst eine Idee hat, stellt sie dem anderen in Form einer Frage vor, z. B.: ! Fährst du gern Fahrrad?" Wenn der andere Ja sagt, strecken beide die Hände in die Höhe und rufen ! eins". Sind sie auf diese Weise bei ! fünf" angekommen, verabschieden sie sich und laufen wieder im Raum herum. Nun gilt es, mit neuen Personen zu Dreiergruppen zusammenzukommen und wiederum fünf möglichst neue Gemeinsamkeiten zu finden. Das Spiel kann dann mit Gruppen aus vier, fünf usw. Personen so lange fortgesetzt werden, bis man den Eindruck hat, dass die meisten Gruppenmitglieder dabei einmal miteinander Kontakt hatten.

Kommentar:
Dieses simple Spiel eignet sich aus mehreren Gründen gut für Anfangssituationen: Die Gruppe kommt in Bewegung. Man kommt auf unkomplizierte Weise miteinander in Kontakt. Man erfährt bereits ein paar Namen, das einander Verbindende wird betont. Und man stimmt sich vorsichtig darauf ein, auch einmal etwas ! Verrücktes" zu machen .. Hände gemeinsam hochstrecken und dabei eine Zahl rufen.

Ort:
Wiese, Raum

Dauer:
10-20 Minuten

Gruppe:
20-30 Personen

Hilfsmittel:
keine

Anlage 5: Spielbeschreibung ! Wo ist mein Huhn?!!

Quelle: Sonntag, Christoph 2010: Abenteuer Spiel 2. Eine Sammlung kooperativer Abenteuerspiele. Verlag Ziel, Augsburg, S. 48

Spielbeschreibung:
Auf dem Platz ist eine Begrenzungslinie markiert, hinter der die Gruppe steht. Ein Spieler ist der Huhnwächter. Er steht ca. zehn Meter von der Begrenzungslinie entfernt, mit dem Rücken zur Gruppe. Direkt hinter ihm liegt das Gummihuhn auf dem Boden. In unregelmäßigen Abständen ruft der Huhnwächter laut ! Wo ist mein Huhn?!" und dreht sich bei dem Wort ! Huhn" zur Gruppe, um sich zu vergewissern, dass sein Huhn noch an seinem Platz liegt.

Die anderen Spieler haben die Aufgabe, das Gummihuhn zu stehlen und sicher hinter die Begrenzungslinie zu bringen ohne von dem Huhnwächter erwischt zu werden. Solange der Huhnwächter der Gruppe den Rücken zukehrt, können sich alle bewegen. Sobald dieser sich bei dem Wort ! Huhn" umdreht, müssen alle wie angewurzelt stehen bleiben und dürfen sich nicht mehr rühren. Wer sich dennoch bewegt, wird vom Huhnwächter ermahnt und muss zurück zur Grundlinie.

Ist das Huhn plötzlich verschwunden, muss der Huhnwächter ! Wer hat mein Huhn?" rufen und kann jedes Mal, wenn er sich umsieht, eine Person auffordern, ihre Hände zu zeigen. Hat er den Dieb erwischt, bekommt der Huhnwächter das Huhn zurück und die ganze Gruppe muss wieder von der Grundlinie starten.

Kommentar:
Dieses Spiel ist sowohl Spaßspiel als auch Kooperationsübung. Die Spieler können selbst entscheiden, ob sie das Huhn allein stehlen oder dies in Kooperation mit den anderen Spielern versuchen wollen.

Ort:
Großer Raum, Wiese

Dauer:
10-20 Minuten

Gruppe:
8-24 Spieler

Hilfsmittel:
Gummihuhn

Anlage 6: Spielbeschreibung ! Blickkontakt!

Quelle: Losche, Helga/Stephanie Püttker 2009: Interkulturelle Kommunikation. Theoretische Einführung und Sammlung praktischer Interaktionsübungen. Ziel Verlag, Augsburg, 5. Auflage, S. 127-129

Thema:
Nonverbale Kommunikation, Wahrnehmung, Blickkontakt

Ziel:
Wie wir wann und wie oft einander z. B. im Gespräch ansehen, läuft großteils unbewusst ab. Wenn jemand jedoch gegen die unausgesprochenen Regeln verstößt, werden wir gewahr, dass etwas nicht stimmt. Wir fühlen uns aus dem Kommunikationsgleis geworfen, unwohl, irritiert, verärgert.

Da sich das jeweils der Situation angemessene Blickverhalten verschiedener Kulturen z.T. stark unterscheidet, ist es wichtig, sich der eigenen Regeln und damit Erwartungen an eine Situation bewusst zu sein. Ein zweites Mal hinzusehen, ermöglicht dann vielleicht, die Situation angemessen zu beurteilen.

Teilnehmerinnen:
ab 3 Personen

Material:
Beobachtungsbogen (jeweils 2 pro Beobachter)

Vorbereitung:
Keine

Beschreibung:
Die Teilnehmerinnen schließen sich in Kleingruppen jeweils zu dritt zusammen.

In der ersten Runde sollten beide Gesprächspartnerinnen gleicher Nationalität sein. Die dritte Person nimmt die Rolle des Beobachters ein und erhält den Beobachtungsbogen. Ihre Aufgabe ist es, den Blickkontakt der beiden anderen während der folgenden Diskussion mit Hilfe des Fragebogens festzuhalten.

Die Diskussion sollte ungefähr 10 Minuten dauern und vorher ein Thema festgelegt werden.

In der zweiten Runde sollte eine/r der beiden Gesprächspartnerinnen anderer Nationalität sein oder, wenn dies nicht möglich ist, erhält eine/r die Anweisung für ein ungewöhnliches Blickverhalten (z. B. durchgehend intensives Anstarren oder Wegsehen während des Redens und/oder beim Zuhören, zu Boden blicken oder an die

Decke starren). Die Diskussion kann das erste Thema fortführen und sollte ebenfalls 10 Minuten dauern. Das Blickverhalten wird auf einem zweiten Beobachtungsbogen festgehalten.

Anschließend erfolgt die Auswertung in den entsprechenden Kleingruppen. Dabei sollten unter Einbeziehung der Beobachtungsergebnisse u. a. folgende Fragen erörtert werden:

Diskussionshilfen:

- Welche Gesprächssituation war leichter zu ertragen? Warum?
- Inwieweit ist das jeweilige Blickverhalten bewusst?
- Welches Blickverhalten wird als normal empfunden?
- Was für Empfindungen werden erzeugt, wenn sich das Gegenüber nicht erwartungsgemäß verhält? Wie wird das fremdartige Verhalten interpretiert? Wie wurde darauf reagiert?
- Wer befand sich schon in entsprechend unangenehmen oder unklaren Situationen? (Was starrt die mich so an? Kann der mich nicht ansehen, wenn ich mit ihm rede? ...)
- Was bedeuten die gewonnenen Erkenntnisse für kommende Alltagssituationen?

Variationen:
Wenn es sich um eine gemischt-nationale Gruppe handelt, sollten sich in der ersten Runde Gesprächspartnerinnen gleicher Nationalität zusammenfinden, in der zweiten jeweils eine/r der beiden die Gruppe wechseln, so dass sich Paare unterschiedlicher Nationalität zusammenfinden. Bei dieser Variante wird das jeweils normale Blickverhalten beibehalten.

Auch wenn sich der jeweilige Blickkodex nicht gravierend unterscheiden sollte, wird doch die Sensibilität für Blickverhalten aufgrund der nun entstandenen Erwartungshaltung entscheidend gesteigert.

Hinweise:
Keine

Quelle:
Nach Krupar, Karen R. 1973. Glance Interaction, S. 59.

Zur Info: Kopiervorlage auch abrufbar im Internet unter www.ziel.org/ik

Beobachtungsbogen:

1. Wohin blickt der Zuhörer/die Zuhörerin?

2. Wohin blickt der Sprecher/die Sprecherin?

3. Wohin und wie blickt jemand, der etwas sagen möchte?

4. Wie fällt das Blickverhalten am Ende der Rede aus?

5. Verändert sich das Blickverhalten mit dem persönlichen/allgemeinen Inhalt der Rede?

Anlage 7: Spielbeschreibung ! Fingerskala!

Quelle: Losche, Helga/Stephanie Püttker 2009: Interkulturelle Kommunikation. Theoretische Einführung und Sammlung praktische Interaktionsübungen. Ziel Verlag, Augsburg, 5. Auflage. S. 145-146

Thema:
nonverbale, direkte/indirekte Kommunikation, Feedback, Reflexion

Ziel:
Das Thema direkte Kommunikation in Form von verbalem Feedback und offener Meinungsäußerung bzw. Stellungnahme ist in sehr vielen Kulturen aus unterschiedlichen Gründen nahe einem Tabu.

Das hier vorliegende Arbeitsbuch stellt gerade auch in Bezug auf die Reflexion und Auswertung eine Methode unserer Kultur und Arbeitsmethodik dar, die darum nicht beliebig anwendbar ist für alle anderen kulturellen Begegnungen. Varianten bieten hier natürlich immer Auswertungen oder Feedbacks in Kleingruppen, in denen es Menschen häufig leichter fällt zu sprechen, als in Großgruppen. So können anschließend im kollektiven Sinne z. B. auch Kleingruppen-Ergebnisse präsentiert werden, womit Einzelnen die Hürde genommen wird, alleine vor der Gruppe zu sprechen.

Dennoch geht es ja bei uns immer, um gegenseitige Annäherung. Um daher auch den mehr indirekt kommunizierenden Teilnehmern ein Feld zum Experimentieren zu geben, sich direkter auszudrücken und für sie neue Verhaltensformen auszuprobieren, bietet sich die hier vorgestellte Methode an. Sie lässt dem Einzelnen soweit es geht die Möglichkeit, das Gesicht zu wahren und trotzdem eine Meinung zu bilden. Je nach Zusammensetzung und Bedürfnis der Gruppe kann das Ergebnis allen sichtbar gemacht werden oder auch beim Einzelnen, bzw. in Kleingruppen bleiben.

Teilnehmer:
6-20 Personen

Zeit:
ca. 5-10 Minuten

Beschreibung:
Die Teilnehmerinnen stellen sich nach einer Übung im Kreis zusammen mit dem/der AnleiterIn auf. Im Folgenden wird den Teilnehmerinnen eine Frage bezüglich der vorangegangenen Übung gestellt, die sie auf einer Skala von 0-10 beantworten

können (vorher festlegen, ob 0 für das beste oder schlechteste Wertungsergebnis steht). Die Einschätzung wird wie folgt vorgenommen:

- Die Teilnehmerinnen schließen alle die Augen und halten sie geschlossen, bis die Übungsleitung das Zeichen zum Öffnen gibt und nicht vorher.
- Sie strecken ihre Arme und Hände nach vorne aus
- Die entsprechende Frage wird von der Übungsleitung gestellt: z. B.: ! Auf einer Skala von 1 bis 10: Wie zufrieden bin ich mit dem Ergebnis der letzten Aufgabe? (oder dem Kommunikationsfluss im Team, der Art und Weise der Entscheidungsfindung oder dem Vorgehen oder....)
- Mit immer noch geschlossenen Augen wird nun anhand der Finger die individuelle Antwort gezeigt. Damit wird verhindert, dass sich zu viele der !Gruppenmeinung" anpassen. Sie sind stattdessen gefordert eine eigene Position zu zeigen.
- Erst wenn alle Hände die entsprechende Anzahl Finger anzeigen, kommt die Aufforderung zum Augenöffnen .. die Arme aber weiterhin vorne halten.

Diskussionshilfen:

Abschließend können je nach Bedürfnis oder Zusammensetzung die Teilnehmerinnen ermuntert werden, einige der Skaleneinschätzungen in der Großgruppe zu erläutern oder sich in Grüppchen mit gleicher oder nahe beieinander liegender Fingerzahl zusammenzufinden (das nimmt die Individualisierung der Meinungsäußerung), um etwas zu ihren Einschätzungen zu sagen.

- Wer von denen, die die höchste/niedrigste Anzahl Finger gezeigt hat, mag sich dazu äußern?
- Wer von denen aus dem mittleren Rangbereich mag etwas zu dieser Bewertung sagen?
- Was fällt auf, bei so unterschiedlichen/gleichen Meinungsäußerungen? Was sagt das für ein Team aus?
- Wie wird in der jeweiligen Kultur der Anwesenden mit unterschiedlichen Meinungen umgegangen?
- Was lässt sich aus dem Gesagten für einen zukünftigen Umgang mit unterschiedlichen Meinungen im Team, bzw. mit der Äußerung dieser Meinungen, lernen? Wie soll in diesem Team damit umgegangen werden?

Variationen:

1. Man kann die Meinung einzelner nonverbal auch auffangen, indem man z. B. eine imaginäre Skala auf den Boden legt (Stuhl A ist 0/keine Zustimmung und Stuhl B ist 10/volle Zustimmung) und die Teilnehmerinnen bittet, sich zwischen den Stühlen

entsprechend ihrer Meinung aufzustellen. Allerdings ist es hier wieder einfacher, sich anderen anzupassen, weil man sieht, wo sie sich hinstellen.

2. Oder aber man legt einen Gegenstand in die Mitte des Kreises und bittet die Teilnehmer sich bei voller Zustimmung direkt zu dem Gegenstand zu stellen und bei Ablehnung entsprechend weit weg.

Hinweise:
Keine

Quelle:
vgl. Gilsdorf, Rüdiger; Kistner, Günter: ! Kooperative Abenteuerspiele"; 1998, S. 161

Anlage 8: Spielbeschreibung ! Marktplatz von Pamplona!

Quelle: Sonntag, Christoph 2010: Abenteuer Spiel 2. Eine Sammlung kooperativer Abenteuerspiele. Verlag Ziel, Augsburg, S. 4

Spielbeschreibung:
Die Gruppe befindet sich in Spanien, genauer gesagt in Pamplona, um dort dem traditionellen Stiertreiben durch die Stadt beizuwohnen. Alle Spieler haben sich im Kreis um den Marktplatz (langes Seil, das zu einem Kreis verknotet ist) versammelt (alle Spieler halten das Seil mit beiden Händen fest).

Dann werden ein oder mehrere Stiere auf den Marktplatz gelassen (ein oder mehrere Spieler stellen sich innerhalb des Seiles auf). Auf ein Zeichen hin versuchen die Stiere die anwesenden Spanier am Marktplatzrand mit ihren Hörnern aufzuspießen (die Spieler in der Mitte versuchen mit ihren Händen die Hände der Außenstehenden abzuschlagen). Erwischt ein Stier einen der Spanier (der Stier berührt eine Hand, die das Seil festhält), kommt dieser in die Marktplatzmitte und der Stier wird frei (die Spieler tauschen die Rollen).

Die Spanier dürfen sich während des Stiertreibens jederzeit in Sicherheit bringen (das Seil mit einer oder auch beiden Händen gleichzeitig loslassen). Um dabei nicht den Eindruck zu erwecken, dies aus Angst getan zu haben, ruft jeder Spanier sobald er sich in Sicherheit bringt, ein lautes und überzeugendes ! Ole" in die Runde.

Sollten allerdings zu viele Spanier kurzfristig den Marktplatz verlassen haben (das Seil hängt durch und berührt an einer Stelle den Boden) nutzen dies alle anwesenden Stiere zur Flucht und ein neuer Stier muss auf den Marktplatz gelassen werden.

Ort:
Raum, Wiese

Dauer:
5-10 Minuten

Gruppe:
8-24 Spieler

Hilfsmittel:
Seil

Anlage 9: Spielbeschreibung ! das Spinnennetzt!

Quelle: Losche, Helga/Stephanie Püttker 2009: Interkulturelle Kommunikation. Theoretische Einführung und Sammlung praktische Interaktionsübungen. Ziel Verlag, Augsburg, 5. Auflage, S. 190-192

Thema:
Normen, Qualitätsanspruch, Regelkonformität und -Verständnis, Teamarbeit

Ziel:
Der Klassiker unter den erlebnisorientierten Interaktionsübungen bietet auch für internationale Teams kulturbezogene Diskussionsthemen. Besonders bei dieser Übung wird deutlich, wie die verschiedenen Teammitglieder mit dem Thema Rahmenbedingungen, Vorgaben und Regeln umgehen, d.h. konkret: gilt es eine Regel grundsätzlich zu befolgen oder gibt es hier und da Ausnahmen, wo sie außer Kraft gesetzt werden darf. Damit kann gleichzeitig das Thema !Qualitätsverständnis" verbunden werden.

Teilnehmerinnen:
8-15 Personen

Material:
Entweder ein !Fertig"-Spinnennetz (zu beziehen z. B. bei www.erlebnispaedagogik. de) oder 2 Bäume oder Pfosten (Möglichkeit für je 2 Fixpunkte), eine ca. 10-15 m lange Reepschnur, Gummischnüre oder Seilstücke sowie 4 Schnellspanner.

Vorbereitung:
Entweder das !Fertig"-Spinnennetz aufbauen (keine weiteren Hilfsmittel nötig) oder selber bauen. Dafür gibt es mehrere Möglichkeiten. Eine Variante ist folgende: 2 Bäume mit ca. 3 m Abstand zueinander und flachem, weichem Boden im Zwischenraum suchen. An den Bäumen wird in ca. 2 m Höhe und so weit es geht unten am Stamm jeweils ein Schnellspanner befestigt. Mit einer längeren Reepschnur kann nun eine Art Netzrahmen gebildet werden, indem die Schnur durch die 4 Schnellspanner an den Bäumen gezogen wird. Wenn man die Schnur nun spannt und an beiden Enden zusammenfügt, ergibt sich ein Schnurrechteck. An diesem !Rahmen" können nun die anderen Seilstücke zu einem Netz gebunden werden. Die Öffnungen im Netz sollten unterschiedlich groß sein und in der Anzahl der Teilnehmerinnen vorhanden sein, so dass jede/r mit dem Körper durch eine der Öffnungen schlüpfen kann.

Zeit:
ca. 1 Stunde

Beschreibung:
Man führt die gesamte Gruppe auf die Seite des Netzes, von der aus sie starten soll. Ziel ist es, dass am Ende die gesamte Gruppe auf der gegenüberliegenden Seite des Netzes steht. Die einzige Möglichkeit dorthin zu gelangen ist, durch die Öffnungen im Netz zu !kommen", d.h. nicht an der Seite vorbei, nicht unter dem Netz durch, noch über das Netz hinüber.

Es gibt dabei mehrere Bedingungen zu beachten:

- Jede Öffnung darf nur einmal benutzt werden, d. h. sie schließt sich sobald eine Person hindurch ist.
- Das Netz darf während der GESAMTEN Durchführungszeit nicht berührt werden.
- (optional) Die Hände der helfenden Personen, d.h. derer, die gerade nicht durch das Netz gehen, dürfen das Netz nicht und zu keiner Zeit während der gesamten Durchführung passieren. Niemand darf von keiner der beiden Seiten seine Hände durch eine Öffnung strecken; eine Überschreitung der imaginären Grenzlinie mit den Händen gilt als Fehler.
- Es darf nicht gesprungen werden. Auch Flugrollen sind nicht erlaubt.
- Bevor die erste Person durch eine der höher liegenden Öffnungen getragen wird, sollten sich auf der anderen Seite bereits mindestens 3 Personen befinden, die die Person entgegennehmen können.

Es gibt zwei mögliche Konsequenzen, sollte eine der Bedingungen nicht erfüllt werden:

- Wenn die Gruppe selbst bemerkt und ausspricht, dass eine Bedingung verletzt wurde, dann gehen die letzten 2-3 Personen, die das Netz passiert haben (oder gerade dabei waren) zurück und beginnen von vorne. Die jeweiligen Öffnungen, die diese benutzt haben gehen damit wieder auf und können neu benutzt werden.
- Wenn der/die Anleiterln einen Fehler sieht, ohne dass die Gruppe ihn zugibt oder bemerkt, muss die gesamte Gruppe von vorne anfangen.

Der Effekt dieser Auswahl an Konsequenzen ist die, dass die Übungsleitung zunächst aus der Verantwortung des Qualitätswächters (und damit auch des !Buhmanns") gezogen wird und die Gruppe viel schneller selber Verantwortung für ihre Qualität und ihren Anspruch übernimmt. Unterschiede im Qualitätsverständnis kommen somit in den Blick und werden besprechbar.

Diskussionshilfen:

- Was ist gut gelaufen?
- Wo gab es Schwierigkeiten?
- Gab es bestimmte Rollen, die eingenommen wurden? Gab es z. B. Sünden-böcke oder Gruppenführer?
- Wie ist die Gruppe mit den Regeln und Konsequenzen bei Regelverstößen umgegangen? Geht sie so auch im Alltag damit um?
- Gibt es dazu kulturell bedingt unterschiedliche Meinungen und Ausführungs-varianten?
- War der Qualitätsstandard hoch oder niedrig in der Gruppe?
- Wie geht die Gruppe mit dem Thema Qualitätsstandard im Alltag um?
- Hat sich etwas in der allgemeinen Motivation verändert, als die Gruppe eige-ne Verantwortung für die Fehlererkennung übernahm?
- Welche Atmosphäre/Stimmung herrschte in der Gruppe?
- Was löste am meisten Diskussionen aus?
- Wie geht die Gruppe mit Frust um?

Hinweise:

Achtung! Da bei dieser Übung der Körperkontakt teilweise sehr intensiv sein kann, ist diese Übung besonders vor dem Hintergrund von Kulturen, in denen Kör-perkontakt eher nicht normal ist, mit Vorsicht einzusetzen. Deshalb besonders hier die Freiwilligkeit betonen, sowie z. B. einige Beobachterrollen anbieten, bei denen Teilnehmerinnen sich auf die Beobachterrolle zurückziehen können, um z. B. da-nach der Gruppe ihr Feedback zu geben.

Diese Übung benötigt hohe Aufmerksamkeit von Seiten der Übungsleitung, da bei Unachtsamkeit Unfälle passieren können. Besonders wenn einzelne Personen durch die oberen Öffnungen getragen werden und die Öffnung passiert haben, lässt oft beim Herunterlassen der Personen die Konzentration nach. Die Übungsleitung sollte hier für evtl. Hilfestellung zur Verfügung stehen und wiederholt darauf hin-weisen, dass die Füße zuerst abgelassen werden sollen. Hier ist auch der Hinweis zur Konzentration angebracht, wenn die Stimmung all zu ausgelassen werden sollte.

Quelle:

etwas abgewandelt aus z. B. Gilsdorf, Rüdiger; Kistner, Günter: ! Kooperative Aben-teuerspiele! ; 1998, S. 126

Anlage 10: Spielbeschreibung ! die Keksrolle!

Quelle: Rutkowski, Mart 2010: Der Blick in den See. Reflexion in Theorie und Praxis. Verlag Ziel, Augsburg, S. 134-135

Beschreibung: Wie sieht die Methode aus und wie funktioniert sie?
Eine Keksrolle mit runden ! Doppeldeckerkeksen" wird herumgereicht. Die Keksrolle wurde im Vorfeld an den Enden oben und unten jeweils grün bzw. rot markiert, ggf. noch mit einem Plus- bzw. Minuszeichen. Nun wird die Rolle herumgereicht. Man hält die (wohlgemerkt ungeöffnete!) Keksrolle wie ein Mikrofon und spricht oben bzw. unten hinein, je nachdem, ob man Lob oder Kritik äußern möchte. Dabei gilt, dass nur, wer die Keksrolle hat, spricht. Anschließend wird die Rolle aufgemacht und alle mampfen die Kekse.

Einsatz der Methode: Wie und wann passt diese Methode gut?
Diese Methode (oder ähnliche) kann man gut an Stelle des Sprechstabes (s. u.) verwenden, wenn es nur darum geht, dass das Wort klar vergeben ist und alle anderen Teilnehmer still sein und zuhören sollen. Da die Methode eine relativ lockere Atmosphäre schafft, ist sie gut geeignet bei Prozessen mit Dynamik, aber wenig emotionaler Dichte. Bei ernsthaften Konflikten würde ich sie eher nicht verwenden. Diese Methode wurde für die Arbeit mit Jugendlichen entwickelt .. in erster Linie um das Geben und Nehmen von positivem wie kritischem Feedback zu üben. Sie kommt erstaunlich gut an, obwohl (oder vielleicht gerade weil?) sie ein bisschen albern ist. Das lockert auf und unterstützt das spielerische Üben von Reflexion oder Feedback.
Stolpersteine: Worauf man achten sollte!
Die Qualität der Methode ist auch gleichzeitig ihr Stolperstein: Auch wenn diese Methode sogar mit ! coolen" Jugendlichen gut funktioniert hat ...so ist das kein Garant dafür, dass sie das immer tut. Ich würde das von der Beziehung der Jugendlichen zur Leitung abhängig machen. Wenn die Jugendlichen den Trainer nicht akzeptieren bzw. respektieren, ist mit Keksen auch nichts zu retten. Abraten würde ich von der Verwendung dieser Methode mit Erwachsenen: Die Stimmung wird schnell etwas zu albern .. und die Keksrolle hat sonst keine spezifische Qualität, welche für Erwachsene besonders sinnvoll ist. Da würde ich lieber den Sprechstab, den Sprechstein, die Tasse T. oder ein vergleichbares System verwenden. Der Nachteil an der Keksrollen-Methode ist, dass man sie vorher vorbereiten muss und nicht spontan einsetzen kann.

Anleitung: So sagen wir es!
! Wir haben hier ein Multifunktions-Reflexions-Keksrollen-Mikrophon. (Spricht hinein) Hallo? Hallo! Hört Ihr mich? (entgeisterte Blicke, signalisierte Zustimmung) Sehr gut, es funktioniert. Wie Ihr seht hat dieses Keksrollen-Mikrophon-Ding eine Plus-Seite für alles, was Ihr positives zu sagen habt. Vielleicht hat jemand in der Übung etwas gut gemacht .. dann sagt das bitte! Will ich nun etwas darüber sagen, was ich nicht so gut fand, drehe ich das Multifunktions-Reflexions-Mikrophons-Keksrollen-Dings einfach um und sage das, was mir an negativen Sachen aufgefallen ist. Ich führe das mal kurz vor..." (gibt eine positives und ein kritisches Feedback) ! Gibt es dazu Fragen?" ! Ja, essen wir die Kekse nachher? ! Sobald wir mit der Runde fertig sind, selbstverständlich!"

Variationen: Das kann man auch noch machen!
Eine nicht sehr schöne Variante besteht darin, das Keksessen an das Sprechen zu binden ! aber das ist Gummibärchenpädagogik. Ich nenne diese Möglichkeit hier nur der Vollständigkeit halber.

Besser gefällt mir, dass jeder, der gesprochen hat, sich unmittelbar nach dem Sprechen einen Keks herausholen darf. (Dann können alle Keksessenden zumindest parallel keine Nebengespräche führen.) Aber dadurch fällt die Idee der zwei Pole weg und außerdem kann die Aufmerksamkeit auch durchs Kekskauen gesenkt werden.

Praxishilfe:
Man sollte sicherstellen, dass es sich bei den Keksen um die großen Kekse handelt (die kleineren Doppelkekse zerkrümeln leichter in der Packung) und dass ggf. noch eine zweite Packung da ist, damit am Schluss jeder auch wirklich mindestens einen Keks hatte. Für die Pole eignet sich eine Umwicklung mit weißem Panzerband und die Bemaiung mit rotem und grünem Flipchartstift.

Noch ein Gedanke: Meine gute Freundin und Kollegin Anke, welche mir von dieser Methode erzählt hat, sagte folgendes: ! Manchmal ist es einfach wichtig, beim Reden etwas in den Händen zu halten. Man kann sich daran festhalten und auch ein bisschen dahinter ! verstecken!. Darum funktioniert die Methode vielleicht auch bei Jugendlichen so gut.!

Anlage 11: Spielbeschreibung ! Kulturelle Statue!

Quelle: Losche, Helga/Stephanie Püttker 2009: Interkulturelle Kommunikation. Theoretische Einführung und Sammlung praktische Interaktionsübungen. Ziel Verlag, Augsburg, 5. Auflage, S. 16

Thema:
Warm up, Selbstbild .. Fremdbild (Identität), Stereotype, Kennenlernen

Ziel:
Wenn wir von anderen Menschen Stereotype über unsere Kultur hören, dann kann es sein, dass diese Äußerungen manchmal übel genommen werden, da man selber ungern in eine Schublade gesteckt werden mag .. auch wenn wir dabei ganz genau wissen, dass wir teilweise genau das gleiche mit Mitgliedern anderer Kulturen machen. Harmonischer läuft es daher oft ab, wenn die Menschen Gelegenheit bekommen, sich selber darzustellen und so der Gruppe ein Selbstbild der eigenen Kultur zu geben. Häufig stimmt dieses Bild mit dem jeweiligen Fremdbild oder den bekannten Stereotypen über dieses Land überein, nur dass dann sozusagen die ! Erlaubnis" erteilt wurde, darüber zu sprechen und vielleicht auch gemeinsam zu schmunzeln.

Teilnehmerinnen:
6-20 Personen, internationale Gruppe

Material:
Keins

Vorbereitung:
Keine

Zeit:
ca. 20 Minuten je nach Gruppengröße

Beschreibung:
Die Gruppe teilt sich in monokulturelle Kleingruppen auf. Jede Gruppe ist ab nun ein nationales Künstlerteam und hat die große Ehre, an der nächsten Weltausstellung eine Statue präsentieren zu können, die ihr eigenes Land darstellen soll. Jede Gruppe hat 10 Minuten Zeit, um sich zu überlegen, wie sie ihre Kultur abbilden will. Das Material für die Statue bilden in dem Falle die eigenen Körper der jeweiligen Künstlergruppe. Danach werden die Ergebnisse nacheinander vorgestellt.

Diskussionshilfen:

- Welche Kultur wird durch die jeweilige Statue dargestellt?
- War die Kultur für jeden eindeutig erkennbar oder gab es Teilnehmerinnen, die Schwierigkeiten hatten, die Statue zu interpretieren? Und warum?
- Welches Thema oder welches Bild wäre sonst noch möglich gewesen für eine entsprechende Darstellung?
- Gab es Überraschungen für die Betrachter der Statuen?
- Stimmen Selbstbild und Fremdbild überein?

Variationen:
Keine

Hinweise:
Keine

Quelle:
Nicht angegeben

Anlage 12: Spielbeschreibung ! das Pendel!

Quelle: Reiners, Annette 2008: Praktische Erlebnispädagogik 1. Bewährte Sammlung motivierender Interaktionsspiele ..Band 1. Verlag Ziel, Augsburg, 8. Auflage, S. 85

Ziel:
Entwicklung von Vertrauen zu anderen Gruppenmitgliedern; Entspannung

Teilnehmer:
8-10 Personen

Alter:
ab 15 Jahre

Material:
Keins

Beschreibung:
Alle Teilnehmer, bis auf einen, stellen sich in einem engen Kreis ...Schulter an Schulter ...auf. Die übriggebliebene Person stellt sich in die Mitte des Kreises (Durchmesser des Kreises möglichst klein und nicht mehr als zwei Meter). Sie schließt die Augen oder ihr werden die Augen verbunden. Nun lässt sie sich steif wie ein Brett in eine Richtung fallen. Die Teilnehmer, die in dieser Richtung stehen, fangen den Fall leicht ab und schubsen die Person sanft (!) in eine andere Richtung. Nach einer gewissen Zeit (etwa drei Minuten) wechselt ein anderer Teilnehmer mit der Person in der Mitte.

Variationen:
Keine

Erfahrungen
Dies ist ein weiteres Spiel, das das Gefühl von Zusammenhalt, von Halten und Gehaltenwerden vermittelt und Vertrauen verlangt. Es besteht aber die Gefahr, dass die Feinfühligkeit der »Halter« nachlässt, wenn dieses Spiel zu lange gespielt wird. Sobald die Übung in grobe Schubserei ausartet und die nötige Atmosphäre verlorengeht, muss es abgebrochen werden.

Anlage 13: Spielbeschreibung ! Reflektieren mit Gegenständen!

Quelle: Rutkowski, Mart 2010: Der Blick in den See. Reflexion in Theorie und Praxis. Verlag Ziel, Augsburg, S. 142-143

Beschreibung: Wie sieht die Methode aus und wie funktioniert sie?
In der Mitte eines Sitzkreises liegen etwas doppelt bis dreimal so viele Gegenstände aus wie Teilnehmer dabei sind. Die Gegenstände sollten mit der Aktion in erkennbarem Zusammenhang stehen oder eine hohe symbolische Deutungsvielfalt besitzen. Jeder der Teilnehmer soll sich nun einen Gegenstand heraussuchen, der symbolisch für etwas steht, das der Teilnehmer mit dem Prozess verbindet. Es gibt eine Vielzahl von Anleitungsvariationen:

- ! Suche Dir einen Gegenstand heraus, der für etwas steht, das Dir im Zusammenhang mit der Aktion besonders wichtig ist. Erzähle uns, wofür der Gegenstand steht.!
- ! Suche Dir einen Gegenstand heraus, der für eine Erkenntnis oder einen Gedanken steht, der Dir im Zusammenhang mit der Aktion besonders wichtig erscheint. Was für ein Gedanke ist das?!
- ! Nimm Dir einen Gegenstand, der symbolisch für die Rolle steht, die Du innerhalb des Prozesses übernommen hast. Erzähl uns mit Hilfe des Gegenstandes, wie Du Deine Rolle wahrgenommen hast.!

Einsatz der Methode: Wie und wann passt diese Methode gut?
Diese Methode sollte besser bei niedriger Dynamik angewandt werden. Symbole sind deutungsbedürftig und nicht diskutabel. Es verdirbt die Atmosphäre und führt die Methode ad absurdum, wenn Teilnehmer ihre Wahrnehmungen an Hand von Symbolen erklären und dann darüber diskutiert wird. Es geht bei dieser Methode primär darum, die Wahrnehmung der einzelnen TN zu hören und für alle offen zu legen. Die Methode passt gut bei Tagesoder Seminarrückblick oder aber bei Aktionen, bei denen sehr unterschiedliche persönliche Sichtweisen und Gefühle wahrscheinlich sind. Sie eignet sich bei kleineren (eher undramatisch verlaufenen) Teamtasks, bei CityBound, Nachtaktionen, kleineren Soli u. a. In der Arbeit mit Schülern ist es gut, sehr präzise Fragen zu stellen und ggf. Beispiele zu nennen.

Stolpersteine: Worauf man achten sollte!
In der Kürze liegt die Würze! Bei dieser Methode sollte jeder drei wesentliche Sätze von sich geben ...Romane sind unerwünscht! Grundsätzlich sollte man diese Methode nur bei Gruppen einsetzen, bei denen es wahrscheinlich ist, dass die Teilnehmer

den Brückenschlag von der Aktion zum Gegenstand und umgekehrt auch hinbekommen!

Variationen: Das kann man auch noch machen!
Eine sehr strukturierende (und dann auch für sehr dynamische Prozesse passende) Variante wäre, nur etwa 5 Gegenstände auszuwählen, sie in die Mitte zu legen und mit einer Bedeutung zu versehen. Z. B.:

- ein Schlüssel = ein Schlüsselerlebnis
- eine kleine Figur = eine Person, der ich etwas sagen möchte
- eine Lupe = etwas, das genau betrachtet werden sollte
- ein Specksteinherz = ein Gefühl
- ein Karabiner = das hat mir Sicherheit gegeben

Eine sehr persönliche Variation ist diese:
! Nimm einen Gegenstand aus der Mitte, der für etwas steht, dass jemand aus der Gruppe hier eingebracht hat. Lege den Gegenstand vor die Person und erzähle allen, was der Gegenstand im Zusammenhang mit der Person symbolisiert.!
Je nach Steuerungsbedarf, kann man darauf hinweisen, dass es sich ausschließlich um positiv hervorzuhebende Dinge handeln sollte. Man kann dies natürlich auch als Raum der Kritik nutzen, muss dann aber als Trainer auch mutig genug sein, bei nicht-konstruktiver Kritik zu intervenieren.
Eine weitere Variante besteht darin, die TN selbstständig auf die Suche nach passenden Gegenständen zu schicken. Je nach Intention und vorheriger Aktion kann es sehr schön sein, wenn die TN nur ! natürliche Gegenstände aus Wald und Wiese! mitbringen sollen.

Mögliche Gegenstände:

ein Spiegel	ein Kompass	ein Fernglas
ein Stein	eine Tasse	Reepschnur
Streichhölzer	ein Herz	Wolle
eine Murmel	ein Wattebausch	ein Puzzlestück
Fichtenzapfen	ein Multitool	ein Ast
ein Fahrradlicht	ein Kreisel	ein Teelicht
eine Taschenlampe	ein Würfel	eine Augenbinde
ein Überraschungs-Ei	Bauklötze	ein Tuch
ein Karabiner	eine Feder	ein Messer
ein Schlüsselbund	eine Brille	eine Batterie
eine Holzfigur	eine Lupe	eine Sicherheitsnadel

Anlage 14: Spielbeschreibung ! Samurai!

Quelle: Sonntag, Christoph 2010: Abenteuer Spiel 2. Eine Sammlung kooperativer Abenteuerspiele. Verlag Ziel, Augsburg, S. 44

Spielbeschreibung:
Vor wichtigen Ereignissen führen Samurai immer ein Ritual durch, um sich ihrer eigenen Stärken bewusst zu werden und Körper und Geist eins werden zu lassen.

Zunächst stehen alle Samurai im Kreis, atmen ganz tief ein und aus und sammeln ihren Geist. Die Füße stehen etwa schulterbreit voneinander entfernt, der Rücken ist gerade, die Brust stolzgeschwellt und die Arme hängen salopp herunter. Der Blick ist konzentriert, ernst und erhaben.

Der Spielleiter fängt an, indem er beide Hände vor dem Bauch zusammenführt und sein imaginäres Schwert ruckartig hoch über den Kopf streckt. Dabei ertönt aus seiner Brust von ganz tief unten ein laut vernehmbares ! Huooooaaahhhhhl", das abrupt endet.

Die Samurai rechts und links der Spielleitung zücken nun ihrerseits ihre imaginären Schwerter und vollführen in einer eleganten Drehbewegung einen angetäuschten Hieb, der auf den Bauch des Spielleiters zielt und kurz davor ohne direkten Kontakt endet bzw. einfriert. Natürlich wenden auch diese beiden ihre Stimmen an, um ihre gesamte Energie in den Schlag zu übertragen und lassen ein krachendes ! Hooaaauhah!" ertönen. Der Spielleiter seinerseits beendet nun seinen angefangenen Schwerthieb, indem er begleitet von einem weiteren ! Haaaaaaaooouuualü" die zusammengeführten Hände eindeutig in Richtung eines beliebigen Spielers führt. Dieser nimmt die ankommende Energie auf und überträgt diese in einen eigenen Schwerthieb nach oben. Damit beginnt der ritualisierte Ablauf von vorn.

Natürlich werden die Bewegungen mit der Zeit immer schneller und es entsteht eine Art Trance, aus der alle Samurai voller Energie und mit gefestigtem Geist hervorgehen.

Variante:
Sobald ein Spieler einen Fehler im Bewegungsablauf macht, zu schreien vergisst oder zu langsam war, ruft der Spielleiter laut den Namen des Spielers. Daraufhin verschränken alle Samurai begleitet von einem vernehmbaren Zischen der Luft die Arme und rufen gleichzeitig ! RRRRAAUSSS!"

Der entsprechende Spieler scheidet aus und wird bei dem ritualisierten Ablauf nicht mehr berücksichtigt. Er kann dennoch weiter mitspielen, indem er versucht andere Samurai in ihrer Konzentration zu stören. Er muss allerdings auf seinem Platz stehen bleiben und darf keinen Spieler berühren.

Das Spiel endet, wenn nur noch drei Samurai übrig sind oder die verbliebenen Spieler so in Trance sind, dass keiner auch nur den geringsten Fehler begeht und Zeit und Raum völlig unbedeutende Floskeln für diese Samurai sind.

Anlage 15: Spielbeschreibung ! Smileys

Quelle: Rutkowski, Mart 2010: Der Blick in den See. Reflexion in Theorie und Praxis. Verlag Ziel, Augsburg, S. 151-152

Beschreibung: Wie sieht die Methode aus und wie funktioniert sie?
Jeder TN erhält eine laminierte Karte mit Smileys und soll sich überlegen, welches Smiley seiner Stimmungslage gerade entspricht. Falls keines der Smileys für ihn zutrifft, malt er auf die Rückseite der Karte seine Stimmungslage in den leeren Gesichtskreis. Danach erzählt der TN, warum ein bestimmtes Smiley ihm gerade entspricht. Man kann den TN die Karte auch über einen gewissen Zeitraum hinweg mitgeben und sie auffordern, bei/nach jeder neuen Aktion einmal kurz das Kärtchen herauszuholen und zu prüfen, bei welchem Smiley sie gerade sind. Auf diese Weise können die TN üben, auf ihre Gefühle bewusst zu achten.

Einsatz der Methode: Wie und wann passt diese Methode gut?
Diese Methode ist ähnlich wie das Wetterstimmungsbarometer, wenn auch etwas weniger abstrakt. Dadurch, dass sie direkter und klarer ist, lässt sie sich auch besser in der Arbeit mit Schülern verwenden. Auch diese Methode lässt sich nur begrenzt während gruppendynamischer Spiele einsetzen. Sie eignet sich in erster Linie um die aktuelle Stimmungslage abzuklären. Die relativ enge Auswahl an Gefühlssmileys hat einen guten Grund: Wenn die Auswahl nicht ausreicht und keines der Gefühle passt, muss der TN genauer heraus differenzieren, wie sein Gefühl lautet. Dieses Formulieren von Gefühlen kann ein spannender Prozess sein. Ein anderer Vorteil: Zu den Stimmungslagen kann sehr direkt gefragt werden: Du sagst, Deine jetzige Stimmung sei wie die des ! Schlecht-gelaunt-Smileys". Was brauchst Du, um zumindest ein ! Ernst+nachdenklich-Smiley" zu werden ...oder gar wieder ein ! Gute-Laune-Smiley"?

Stolpersteine: Worauf man achten sollte!
Es ist schwer, den richtigen Zeitpunkt für diese Methode zu finden. In einem Prozessverlauf ist es sicher nicht die beste erste Reflexionsmethode. Zu späteren Zeitpunkten wiederum braucht es oft differenziertere und stärker strukturierende Methoden. Ich würde die Methode einsetzen, wenn sich die TN etwas aneinander gewöhnt haben und eine niedrigschwellige Methode gebraucht wird um zum Thema ! eigene Gefühle" umzuschwenken.

Anleitung: So sagen wir es!
! Jeder von Euch bekommt jetzt ein Kärtchen mit Smileys. Schaut sie Euch gut an. Gibt es ein Smiley, dass eure jetzige Stimmung widerspiegelt? Welches Smiley

!bist" Du gerade? Denke kurz darüber nach und erzähle uns dann davon. Falls keines der Smileys passt, kannst Du Deine jetzige Stimmung in den leeren Kreis auf der Rückseite malen."

Variationen: Das kann man auch noch machen!

- Hinweis: Wem die Smileys nicht passen, der findet schon nach wenigen Klicks dutzende von Internetseiten mit vielen kostenlosen Smileys zum Herunterladen!
- Man kann die Smileys auf ein großes Plakat kopieren und die TN bitten, einen Klebepunkt zu ihrem aktuellen Stimmungs-Smiley zu kleben.
- Auch hier ist eine Variante mit zerschnittenen Kärtchen im Kreis möglich (s.o., Wetterstimmungsbarometer). Ebenso spannend kann es sein, die Smileys ohne Beschriftung zu kopieren, so dass sie TN sich selbst überlegen müssen, was das jeweilige Smiley ausdrückt.
- Auch nicht uninteressant ist es, nur mit leeren Kreisen zu arbeiten und die TN ihre Smileys ausschließlich selbst malen zu lassen. Das ist insbesondere in Kombination mit der Methode !Gefühlskärtchen" nicht schlecht! Die Gefühle lassen sich übrigens mittels Skalierungen noch genauer herausdifferenzieren! *(! Auf einer Skala von 1 bis 10 ! wie unsicher fühlst Du Dich gerade?")* (Achtung! Anspruchsvoll!)
- Sonstige Varianten ähnlich wie beim Wetterstimmungsbarometer.

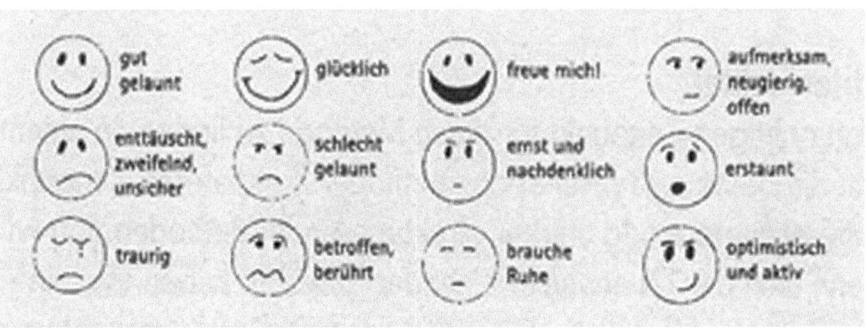

Anlage 16: Spielbeschreibung ! Kuschelfangen!

Quelle: Reiners, Annette 2008: Praktische Erlebnispädagogik 1. Bewährte Sammlung motivierender Interaktionsspiele ..Band 1. Verlag Ziel, Augsburg, 8. Auflage, S. 64

Ziel:
Warm up, Bewegung, Abbauen von Berührungsängsten, Strategie

Teilnehmer:
8-14 Personen

Alter:
ab 10 Jahren

Material:
ein bis zwei Tücher

Beschreibung:
Je nach Gruppengröße sind ein oder zwei Teilnehmer die Jäger, die einen anderen Teilnehmer abklopfen sollen. Dieser wird dann zum Jäger. Die Jäger sind mit einem Tuch gekennzeichnet. Wenn sich aber zwei Gejagte einander umarmen bzw. sich unter dem Arm einhaken, sind sie für fünf Sekunden tabu, der Jäger darf auch nicht vor ihnen stehen bleiben. Es darf nicht zweimal die gleiche Person hintereinander umarmt werden.

Variationen:
Keine

Erfahrungen:
Kann sehr gut Berührungsängste abbauen und auch als Gesprächsanlass zum Thema »Wie gehen wir miteinander um?« genutzt werden.

Anlage 17: Spielbeschreibung ! 5-Finger-Reflexion!

Quelle: Rutkowski, Mart 2010: Der Blick in den See. Reflexion in Theorie und Praxis. Verlag Ziel, Augsburg, S. 162-163

Beschreibung: Wie sieht die Methode aus und wie funktioniert sie?
Mit Hilfe der fünf Finger einer Hand wird etwas rückwirkend betrachtet. Dabei stehen die fünf Finger für folgendes:

- Daumen: war top!
- Zeigefinger: Auf... möchte ich besonders hinweisen!
- Mittelfinger (! Stinkefinger!): Das hat mir gestunken! Der Mittelfinger kann auch bedeuten:! Das stand für mich im Mittelpunkt" ...was bei Jugendlichen gerne eine gewisse Erheiterung hervorruft...
- Ringfinger: Mein Gefühl zu...
- Kleiner Finger: *Da hat etwas (zu) wenig Raum bekommen!*

Dabei gehen alle Teilnehmer mit Hilfe ihrer Hand die Aktion nochmals durch und geben Statements zu den Dingen ab, die ihnen wichtig sind.

Einsatz der Methode: Wie und wann passt diese Methode gut?
Diese Methode passt gut bei Prozessen mit wenig emotionaler Dichte .. sie lässt sich sogar einsetzen, wenn weder viel emotionale Dichte noch viel Dynamik da waren. Die Ergebnisse sind solide, aber manchmal auch etwas oberflächlich. Ich verwende die Methode gerne, wenn die Ergebnisse abzusehen sind und die Dauer überschaubar bleiben soll. Eine gute Methode für die Arbeit mit Jugendlichen, auch schon am ersten Tag eines Prozesses!

Stolpersteine: Worauf man achten sollte!
Die Methode hat einen recht begrenzten Anwendungsbereich, da ihre Struktur automatisch bestimmte Themen ein- bzw. ausgrenzt. Sie ist gut geeignet, wenn man viel über Gedanken, Empfindungen usw. wissen will, d.h. sie ist gut für eine Wahrnehmungsabfrage. Weniger gut ist sie, wenn man bereits eigene Fragen zum Prozess mit sich herumträgt .. diese dann ! hineinzuwurschteln! ist eher deplaziert.

Anleitung: So sagen wir es!
! Wir möchten gerne einen Blick darauf werfen, wie es Euch mit der Aktion ergangen ist. Hierzu verwenden wir die sogenannte 5-Finger-Reflexion. Dabei steht der Daumen für ! Das war top!, der Zeigefinger für ! Hierauf will ich hinweisen!!, der Mittelfinger als der berühmte Stinke-Finger für ! das hat mir gestunken/das fand ich

doof", der Ringfinger für ein wichtiges Gefühl und der kleine Finger für ! Das nahm wenig Raum ein/das hatte wenig Platz." Geht nun gedanklich noch einmal die Aktion durch und sagt uns mit Hilfe der fünf Finger, was Euch gerade im Kopf herumspukt."

Variationen: Das kann man auch noch machen!
Möglich ist es auch, die fünf Finger auf Din-A-4-Blätter zu kopieren und dann von den Teilnehmern beschriften zu lassen. Ähnliches geht auch mit einer Riesenhand auf einem Plakat, wobei dann alle Teilnehmer das eine Plakat gemeinsam beschriften. Möglich wäre sicher auch, die Methode im Zusammenhang mit einer spezifischen Frage zu verwenden …aber das nimmt ihr eigentlich den offenen Charakter und dann kann man auch gleich eine andere Methode verwenden.

Anlage 18: Spielbeschreibung ! Drunter und Drüber!

Quelle: Reiners, Annette 2008: Praktische Erlebnispädagogik 1. Bewährte Sammlung motivierender Interaktionsspiele ..Band 1. Verlag Ziel, Augsburg, 8. Auflage, S. 74

Ziel:
Warming-up; Förderung der Kommunikations- und Konzentrationsfähigkeit; Teamarbeit

Teilnehmer:
mindestens 6

Alter:
ab 10 Jahre

Material:
20 Gegenstände von unterschiedlicher Größe (Bälle, Steine, Zweige)

Beschreibung:
Die Gruppe stellt sich in einer Reihe auf. Der Betreuer legt die 20 Objekte vor die Füße des ersten Teilnehmers. Auf ein Zeichen hin beginnt der Erste, die Gegenstände nach hinten weiterzugeben, indem er sie einzeln über seinen Kopf dem Hintermann in die Hand gibt. Wenn ein Teil den Letzten der Reihe erreicht hat, wird es zwischen den Beinen hindurch bis zum Ersten wieder zurückgegeben. Dieser legt es vor sich auf den Boden.

Variationen:
(1) Der Kopf der Schlange gibt die Gegenstände, die bei ihm von hinten ankommen, wieder nach hinten durch (Endlosspiel).
(2) Ältere Gruppen können dieses Spiel auch blind spielen.

Erfahrungen:
Diese Übung ist ein für alle Altersgruppen amüsantes Spiel, das ein hohes Maß an Konzentration und Koordination erfordert. Da das Ziel der Gruppe sein sollte, möglichst schnell die Gegenstände weiterzugeben, ist eine gute, aber knappe Kommunikation vonnöten. Somit eignet sich dieses Spiel vor allem als Vorbereitung auf Expeditionen wie beispielsweise Segeln, da es auch bei diesen Aktivitäten darauf ankommen wird, schnell und mit wenigen Anweisungen zu handeln. Es ist die Aufgabe des Betreuers, darauf hinzuweisen.

Anlage 19: Spielbeschreibung ! Flaschendrehen!

Quelle: Rutkowski, Mart 2010: Der Blick in den See. Reflexion in Theorie und Praxis. Verlag Ziel, Augsburg, S. 153

Beschreibung: Wie sieht die Methode aus und wie funktioniert sie?
Alle sitzen im Kreis, in der Mitte liegt eine Flasche und wird gedreht. Wer sie dreht, stellt eine Frage zum Prozess und derjenige, auf den sie zeigt, muss sie beantworten.

Einsatz der Methode: Wie und wann passt diese Methode gut?
Diese Methode ist etwas für Nostalgiker, die sich gerne an diverse Kindergeburtstage oder frühe Jugendzeiten erinnern.

Dementsprechend ist diese Methode auch mit ein bisschen Humor zu nehmen. Sie eignet sich nach Aktionen mit wenig emotionaler Dichte und wenig bis mittelmäßig viel Dynamik. Sprich: Es sollte genug passiert sein, dass den Teilnehmern Fragen einfallen, aber nicht so viel, dass man stark strukturieren muss. Ich würde diese Methode in der Orientierungsphase nach leichteren Teamtasks wie Lagerbau, Flussüberquerung, laufendem A o.a. einsetzen. (Aber nur, wenn keine zu heftigen Prozesse entstanden sind!)

Stolpersteine: Worauf man achten sollte!
Jede Methode braucht nicht nur eine bestimmte Atmosphäre, sondern schafft auch eine solche. Das Flaschendrehen erzeugt zum Einen eine Atmosphäre der Spannung, zum Anderen lockert es die Stimmung stark auf ...manchmal so stark, dass die Gefahr besteht, die nötige Ernsthaftigkeit zu verlieren. Mit Jugendlichen würde ich diese Methode aus offensichtlichen Gründen nicht einsetzen ...ich freue mich aber über Rückmeldungen, die besagen, dass die Methode auch hier gut funktioniert hat. Ein struktureller Stolperstein ist, dass entweder nicht zwangsläufig jeder drankommt oder aber dass dem, der dran ist, keine gute Frage einfällt. Das lässt sich aber einfach modifizieren, indem man die Regel einführt, dass reihum gedreht und nur das Erzählen dem Zufall überlassen wird. Alternativ kann die Regel auch heißen, dass jeder dreht, dem eine Frage einfällt. Man kann es natürlich auch so machen, dass der, auf den die Flasche zeigt, eine Frage an alle stellt.

Anlage 20: Spielbeschreibung ! offene Runde!

Quelle: Rutkowski, Mart 2010: Der Blick in den See. Reflexion in Theorie und Praxis. Verlag Ziel, Augsburg, S. 188-189

Beschreibung: Wie sieht die Methode aus und wie funktioniert sie?
Die offene Runde ist die mit Abstand anspruchsvollste Methode ..gleichzeitig kann sie die einfachste sein. Sie funktioniert ganz einfach, indem gesammelt wird, was gerade präsent ist, was im Raum steht, was gesagt werden will, was wahrgenommen wurde. Die offene Runde fokussiert bei Bedarf auf eine bestimmte Fragestellung ... oftmals tut sie noch nicht einmal das. In der offenen Runde wird v.a. gesammelt, was da ist.

Einsatz der Methode: Wie und wann passt diese Methode gut?
Diese Methode passt mit Blick auf das Reflexions-Parameter-Modell gut in den ersten Quadranten: ! Wenig Dynamik und wenig emotionale Dichte". Sie eignet sich also gut um kurz (!) die Eindrücke abzuholen, wenn innerhalb des Prozesses nicht viel zu beobachten war. Solche Prozesse ereignen sich in der Orientierungsphase oder wenn eine Aktion für die Teilnehmer keine besondere Herausforderung dargestellt hat. Allerdings kann ! Offene Runde" auch bedeuten, gezielt nach bestimmten Dingen zu fragen, die dem Trainer aufgefallen sind und über die er mehr wissen möchte. Die offene Runde strukturiert nicht. Alles, was hierin geschieht, geschieht durch die Teilnehmer und mit Hilfe des Trainers.

Stolpersteine: Worauf man achten sollte!
Für mich ist die offene Runde meist eine ! Notlösung" wenn ich keine Vorstellung von dem habe, was möglicherweise präsent ist ...dann frage ich genau danach. Es gibt aber auch Momente, in denen relativ offensichtlich nicht viel passiert ist. An solchen Stellen sollte man sich überlegen, ob man überhaupt gemeinsam reflektiert oder ob es nicht besser ist, es einfach bleiben zu lassen. An solchen Stellen kann man als Trainer auch einfach kommentieren, was man gesehen hat (! Kommentiertes Handlungslernen"), und es dabei bewenden lassen. Schwieriger wird es, wenn in der offenen Runde wichtige Themen auftauchen. Dann muss der Trainer mithelfen, dass die Reflexion nicht ins Unkonkrete zerfasert. Er sollte das Gespräch derart moderieren, dass die Teilnehmer auch weiterkommen. Das bedeutet z. B. einen Konflikt zu klären, bevor zu einem anderen Thema übergeleitet wird, oder gemeinsam nach Lösungen zu suchen, bevor neue Fragestellungen auf den Tisch kommen. Das ist es, was eine offene Runde anspruchsvoll macht. Zur Moderation dienen an diesen Stellen die vielen anderen in diesem Buch dargestellten Methoden (und darüber hinaus alles, was der Trainer nützlich findet). Meistens ist es an einer solchen Stelle

für den Trainer wichtig, diese Methoden und Modelle im Kopf(\) zu haben, damit er im Rahmen der offenen Runde gute Fragen stellen kann. Mittendrin ! offen" zu einer anderen Methode über zu schwenken kann als Bruch daher kommen.

Offene Runden sind gefährlich: Die typische Falle ist, danach zu fragen, wie alle sich fühlen, woraufhin keiner antwortet, weil nichts passiert ist. Gleichzeitig kann in einer emotional sehr dichten Situation genau diese Frage wichtige Türen aufmachen, wenn sie in aller Schlichtheit und mit viel Empathie gestellt wird.

Anleitung: So sagen wir es
! OK! Wir wollen kurz sammeln, was Euch in der Übung begegnet ist ...dazu machen wir eine sogenannte ! offene Runde". Was habt Ihr beobachtet? Was habt Ihr wahrgenommen? Gab es einen besonderen Moment oder ein besonderes Gefühl? Hat jemand eine Frage oder einen wichtigen Gedanken? Schaut noch mal auf die Übung und sagt, was gerade bei Euch präsent ist-alles frei, ungeordnet, was gerade da ist! Wer möchte darf anfangen!"

Variationen: Das kann man auch noch machen
An dieser Stelle kann man natürlich unterschiedlich fokussieren: Man stellt eine eng fokussierende *Frage* und holt dazu Meinungen und Äußerungen ab. Möglich ist auch die Vorgabe, dass jeder lediglich eine Frage äußern darf, welche dann unbeantwortet stehen gelassen wird. Auch möglich ist es, die Teilnehmer aufzufordern, eine wichtige Erkenntnis zu formulieren. In der offenen Runde ist alles offen ... nichts ist verboten, nichts ist vorgeschrieben.

Praxishilfe:
Offene Runden benötigen aufgrund der fehlenden Struktur weitaus mehr Präsenz von Seiten der Leitung als Reflexionsmethoden mit mehr Struktur. Das bedeutet auch, dass die Leitung den richtigen Zeitpunkt finden muss, wann die Runde geschlossen werden sollte ...sonst kann eine offene Runde endlos lange dauern und hohe Unzufriedenheit hervorrufen. Darum ist es gut in einer ersten Runde abzuholen, was gerade da ist, und danach denjenigen Teilnehmern gezielte Fragen zu stellen, bei denen ! interessante" Themen stecken. (Unter ! interessanten" Themen verstehe ich Themen, die der genaueren Betrachtung durch Gruppe und Leitung bedürfen, damit daraus später keine Schieflagen im Prozess entstehen.) Ich kann in der offenen Runde auch nach der Metaebene fragen, wenn bei den Teilnehmern wenig Themen oder Fragen präsent sind. (! Was glaubt Ihr, warum machen wir solche Sachen? Was für ein Sinn steckt dahinter?") Ich empfehle die offene Runde gezielt einzusetzen, wenn jede andere Reflexionsmethode ! zu viel des Guten" wäre. Der Impuls eine offene Runde zu gestalten ist oftmals ein guter Hinweis um hinzuschauen, ob man überhaupt mit der Gruppe reflektieren will.

Centaurus Buchtipp

Christoph Schiefele

Die Bedeutung von Alltags- und Spielformaten für die Erweiterung sprachlich-kommunikativer Fähigkeiten

Eine empirische Vergleichsstudie über vier Kinder

Reihe Pädagogik, Bd. 46, 2012, 278 S., ISBN 978-3-86226-200-7, € **24,80**

Die Bedeutung von Alltags- und Spielformaten für die Erweiterung sprachlich-kommunikativer Fähigkeiten

Eine empirische Vergleichsstudie über vier Kinder

CENTAURUS

Aufgrund des Verständnisses von Sprache als Schüsselkompetenz nimmt die Thematik Sprache im Elementarbereich sowohl in Kindertageseinrichtungen als auch in bildungspolitischen Diskussionen aktuell einen zentralen Stellenwert ein. Es besteht Einigkeit darüber, dass Kinder mit Schwierigkeiten und Entwicklungsverzögerungen in sprachlich-kommunikativen Bereichen eine gezielte Unterstützung bei der Erweiterung ihrer kommunikativen Fähigkeiten benötigen. Häufig wird bei der Umsetzung dieser Unterstützungsmaßnahmen allerdings die zentrale Bedeutung von Alltags- und Spielformaten, wie sie auch im natürlichen kindlichen Spracherwerb auftreten, vernachlässigt.

Das Buch leistet einen wichtigen Beitrag, die umfangreichen Chancen von Alltags- und Spielformaten bei der Erweiterung sprachlich-kommunikativer Fähigkeiten von Kindern darzustellen, um daraus unverzichtbare Elemente einer Unterstützung von Kindern mit sprachlich-kommunikativen Schwierigkeiten im Elementarbereich aufzuzeigen.

Am ausführlichen Beispiel eines Jungen wird die Bedeutung gemeinsamer Interaktionen für die Kommunikations- und Sprachentwicklung anhand von Alltags- und Spielsituationen aufgezeigt. Durch den qualitativen Vergleich dieses Beispielkindes mit drei weiteren, ausgewählten Einzelfallstudien werden bedeutsame Gemeinsamkeiten und Unterschiede bei der Unterstützung von Kindern mit Unterstützungsbedarf in ihren sprachlich-kommunikativen Fähigkeiten herausgearbeitet und nachvollziehbar dargestellt.

www.centaurus-verlag.de

Centaurus Buchtipps

Sarah Strauß
Peer & Education & Gewaltprävention
Theorie und Praxis dargestellt am Projekt Schlag.fertig
Reihe Pädagogik, Bd. 44, 2012, 423 S.,
ISBN978-3-86226-189-5, **26,80**

Katrin Schrenker
Vom Ich zum Du zum Wir
Perspektivenwechsel und Triangulierung in der frühen Kindheit
Reihe Pädagogik, Bd. 43, 2012, 382 S.,
ISBN978-3-86226-169-7, **25,80**

Christine Dünser
Warum Schule nicht gelingen kann
Reihe Pädagogik, Bd. 42, 2012, 268 S.,
ISBN 978-386226-152-9, **24,80**

Silvia von Steinsdorff, Helin Ruf-Uçar (Hrsg.)
Implementierung von Rechtsnormen
Gewalt gegen Frauen in der Türkei und in Deutschland
Reihe Sozialwissenschaften, Bd. 40, 2012, 126 S.,
ISBN 978-386226-173-4, **22,80**

Sayime Erben
Gewalt und Ehre
Ehrbezogene Gewalt aus Täterperspektive
Reihe Sozialwissenschaften, Bd. 39, 2012, 116 S.,
ISBN 978-3-86226-146-8, **18,80**

Marlene Alshut
Gender im Mainstream?
Geschlechtergerechte Arbeit mit Kindern und Jugendlichen
Gender & Diversity, Bd. 8, 2012, 190 S.,
ISBN 978-3-86226-191-8, **20,90**

Ümit Ko!an
Interkulturelle Kommunikation in der Nachbarschaft
Zur Analyse der Kommunikation zwischen den Nachbarn mit türkischem und deutschem
Hintergrund in der Dortmunder Nordstadt
Gender & Diversity, Bd. 7, 2012, 248 S.,
ISBN 978-3-86226-177-2, **25,80**

Saskia Hofmann
Yes she can!
Konfrontative Pädagogik in der Mädchenarbeit
Gender & Diversity, Bd. 2, 2011, 135 S.,
ISBN 978-386226-050-8, **18,80**

Informationen und weitere Titel unter **www.centaurus-verlag.de**